생각의 차이가 일류를 만든다

INSIGHTFUL

생각의 차이가

Think 4.0 시대의 역발상 콘서트

일류를 만든다

INSPIRATIONAL

이동규 지음

21세기북스

탁월함을 위한 여행

Life Excellence Journey

로마제국 네로 황제의 스승이자 스토아철학의 대가인 세네카는 "살아 있는 한 계속해서 사는 법을 배워라"고 말했다. 롱런(long run) 하려면 롱런(long learn)해야 한다고도 한다. 특히 이런 격변의 시대엔 계속 배워야 산다. 주위를 둘러보면 너도나도 스마트폰을 들고 다니지만 진짜 스마트한 사람은 찾기가 어렵다. 알고 보면 '안다'의 반대는 모른다가 아니라 안다는 착각이다. 영국의 정치가 벤저민 디즈레일리는 "자신의 무지함을 인식하는 것이 앎을 향한 큰 진전이다"라고 했다. 그가 꼽은 배움의 세 가지 기둥은 많이 보고(see), 겪고(suffer), 공부하는(study) 것이다.

우리 현실은 어떤가? 세계적 미래학자인 앨빈 토플러는 생전에

"한국의 학생들은 하루 15시간 동안 학교와 학원에서 미래에 필요하지도 않은 지식과 존재하지도 않을 직업을 위해 시간을 낭비하고 있다"고 지적한 바 있다. 더불어 세계 3대 투자가로 꼽히는 짐 로저스는 KBS 〈명견만리〉에 출연하여 "수많은 한국 청년들이 공무원을 꿈꾸는데 이런 경우는 세계 어디에도 없다. 이러한 열풍은 부끄러운 일이다"라고 했다.

"노력은 재능을 이길 수 없다"는 것은 이미 과학적으로 밝혀진 사실이다. 우선 하늘이 주신 자신만의 '직(職)'이 아닌 '업(業)'을 발견하는 일은 한마디로 '내 인생의 보물찾기'다. 하수는 남을 연구하고, 고수는 나를 연구하는 법이다. 공부(工夫)란 결국 나를 찾는 일이다. 일단 공부란 '즐거운 고생'이고, 일은 '힘든 재미'란 걸 받아들여야 한다. 이게 되면 그 다음에는 크게 걱정할 일이 없다.

그리 길지 않은 우리 인생의 두 가지 축은 '의미'와 '재미'다. 한국인들이 세계 최고로 잘하는 것은 의미 있는 일을 재미없게 하는 것이다. 국내 대부분의 직장은 회의실에 들어가면 누구나 회의적으로 변하는 고통숭배형 조직문화의 리얼한 현장이다. 헛똑똑 코리아의 민낯은 이뿐만이 아니다.

현재 우리 모두는 새로운 역사적 변곡점을 지나고 있다. 그것은 인공지능(AI)으로 대표되는 제4차 산업혁명이라는 거대한 변화의 물결이다. 그 본질은 한마디로 '생각하는 만물혁명'으로, 모든 것이 연결된 초지능사회로의 진화라고 요약된다. 이것은 인류가 한 번도 가보지 못한 미지의 기술 신대륙이자 전인미답의 신세계다. 지금까지

들도 보도 못 한 형태의 파괴적 경쟁이 도처에 발생하고 있으며, 예전에는 상상도 못 한 꿈의 비즈니스 모델이 화산처럼 분출하는 융합 기술혁명기다.

"세상은 전문지식의 시대(age of expertise)에서 데이터의 시대(age of data)로 바뀌었다." 작금의 디지털 트랜스포메이션 시대의 혁신을 가장 잘 표현한 문장이다. 이 시대의 혁신은 과거와는 전혀 다르다. 개인적 천재성보다 집단지성, 빅데이터, 기계학습 등을 활용한 변화는 특정 산업 차원을 넘어 국가 시스템의 근본을 뒤흔드는 변혁을 시도하고 있다.

그럼에도 불구하고 인간만이 가진 창의성과 상상력의 중요성은 아무리 강조해도 지나치지 않다. 지금은 알고 싶은 건 뭐든지 초단위 검색이 가능한 시대다. 이는 엄청난 기술적 혁명이기도 하지만 동시에 자신의 뇌를 아웃소싱하는 결과를 초래하여 무뇌아로 전락할 가능성이 농후하다. 오랜 경험에서 발효된 안목과 지혜는 소멸시효가 없다. 결국 '생각의 품질'이 관건이다. 이제 아는 것은 더 이상 힘이 아니다.

무엇보다 기존 교육의 패러다임이 급격히 무너지고 있다. 정보 격차로 인해 교육 불평등 수준도 더욱 극심해질 전망이다. 한국에서 "개천에서 용 난다"는 말은 이미 전설의 고향이 된 지 오래다. 기존 지식의 바벨탑이 무너지고, 지금까지 전문가라 불리던 계층도 그 직업 자체가 없어지거나 잉여인간으로 타락할 수도 있는 세상이 눈앞에 다가온 것이다. 그리 멀지 않은 장래에 기술적 특이점(Singularity)이 예정되어 있는 가운데, 바야흐로 인간과 로봇의 불꽃 튀는 대회

전이 예고되고 있다. 그러나 이러한 높은 파도 위에서 지식과 정보의 고난도 서핑을 즐길 수 있는 나라는 사실 몇 개 안 된다. 전 세계에서 가장 창의적인 위대한 한국인들에게 이건 엄청난 기회가 아닐 수 없다.

그렇다면 기억, 논리, 연산, 추리까지 인간을 압도하는 인공지능과 스마트 로봇의 대공습 시대에 도대체 뭘 어떻게 해야 가치 있는 사람으로 살 수 있을까? 미지의 세계에 대한 두려움이 없을 순 없겠지만, 오히려 자신의 가치를 크게 드높이는 역발상을 가질 것을 강추한다.

이 난해한 시대를 관통하는 두 가지 키워드는 '창의'와 '융합'이다. 결국 해답은 평소 자신만의 생각근육을 키우는 사고 혁신에 달려 있다. 세상의 발전은 결국 인간 생각의 발전이고 역사다. 차별적 사고력을 위해 필요한 건 역시 '검색'보다 '사색'이다. 세상을 바꾸는 발상과 같은 깊이 있는 사고는 고독을 먹고 자란 사유에서 나오는 법이기 때문이다. 최근 학습보다 '탈학습(Unlearning)'이 강조되고, 성실한 모범생보다 엉뚱한 괴짜들이 뜨는 이유도 같은 맥락이다.

작금의 한국은 국가의 두 가지 축인 안보와 경제가 동시에 위기를 맞고 있다. 제조업 중심의 산업구조와 수출로 번영해온 주식회사 코리아는 국가 운영의 총체적 대전환을 요구받고 있다. 우리가 자랑해온 주력 산업들도 새로운 제4의 물결 앞에서 힘을 잃고 표류하고 있다. 가장 절실한 과제는 교육 대혁신을 통해 통섭적 · 융합적 · 창조적 사고를 갖춘 인재를 육성해내는 것이다. 이는 핀란드처럼 가정과 학교, 직장과 사회 교육의 기존의 틀과 내용, 방법을 확 바꿔야만 가능한 일이다.

각자도생이 거론될 정도의 난세에 가장 필요한 덕목은 바로 '역발상'이다. 보통 사람들에게 난세는 역으로 자신의 내공을 기를 좋은 기회다. 운명이란 준비된 자만 탈 수 있는 버스와 같다. 특히 오랜 세월 자신을 준비해온 사람은 난세의 영웅이 될 수 있는 절호의 찬스이기도 하다.

향후 본격적으로 펼쳐질 인공지능(AI) 시대에 인간의 생존 자격증은 바로 창의력이다. 인공지능은 가능해도 인공지혜는 불가능하기 때문이다. 결국 인간이 저 막강한 인공지능과 스마트 로봇을 고급 하인으로 부릴 주인이 되기 위한 핵심역량은 획기적 창의성과 입체적 상상력이다. 'T자형' 인재, 메타 아이디어, 지식의 연금술, 에디톨로지, 브리꼴레르(Bricoleur) 등이 부상하는 이유이기도 하다.

따라서 지금은 창조적 상상가가 뜨고 유쾌한 반란이 주목받는 사고의 대전환기다. 가장 중요한 건 '새로운 다름'을 향한 최초의 생각과 낯선 것들의 연결이다. 이것은 결국 본질과의 만남이며 익숙한 것과의 이별이다. 같은 맥락에서 관점의 이동, 다르게 생각하기, 생각의 물구나무서기 등이 주목받고 있다. 결국 이는 영원한 철학적 명제인 'Think Out of Box'로 집약된다. 아무리 뛰어난 사람도 좁은 우물에서만 놀다 보면 편견과 선입견에 빠져들게 마련이기 때문이다. 잡 노마드(Job Nomad) 시대에 전문가란 전적으로 문제가 많은 사람이란 이야기까지 나오는 이유다.

마르셀 프루스트는 "진정한 발견의 항해는 새로운 땅을 찾는 데 있는 것이 아니라, 새로운 눈으로 보는 데 있다"고 말했다. 이 책은 기존의 진부한 경영혁신서가 아니며, 자기계발서도 아니다. 굳이 말하자면 'Think 4.0 시대의 자기발견서'다. 이 책의 키워드는 한마디로 '다르게 생각하라(Umdenken)'이다. '검색보다 사색'이란 명제하에 다양한 역발상 사례들을 삽입하여 생생한 현장감과 명쾌함이 이 책을 읽는 이들에게 깊은 영감을 선사할 것으로 확신한다. 독자들은 각자의 생각근육을 키우고 마음의 울림을 느끼게 될 것이다.

여기에 실은 글 중에는 연재 고정칼럼, 외부 기고문 등이 다수 포함되어 있다. 더불어 지난 30여 년간 다양한 직업을 거치며 숙성시켜온 필자만의 고독한 생각창고(house of thinking)를 단 두 줄로 압축해서 생산한 최신작 『두줄칼럼』의 핵심 내용도 상당수 포함되어 있다. 이는 웹카드 형식으로 만들어진 국내 최초의 독창적인 초미니 칼럼이다. 또한 동서양 인문과 경영 석학들의 촌철살인 인용과 함께 다양한 선진경영 사례를 삽입하여 실전 경영서로도 매우 유용할 것이다.

스티브 잡스는 생전에 이런 말을 한 적이 있다. "우리는 우주에 흔적을 남기기 위해 여기에 있다. 세상을 바꿀 기회를 잡고 싶은가?" 이 책은 이 땅의 생활인들에게 새로운 변화에 대해 당당히 맞서는 자신감을 주고 싶은 간절한 마음으로 서술했음을 밝히고 싶다. 또한 이 작업은 시대의 키워드인 창조와 융합, 공유와 협업의 정신에도 부합하는 일이라는 확신도 가세했다. 나아가 우리 한국인들의 생각 근육을 키우고, 높은 비전을 갖도록 하는 데 일조하고자 하는 생각도 영향을 미쳤다.

이 책의 중요한 특징은 국내에선 보기 드문 인문과 경영의 융합적 내용이 주를 이루고 있다는 점이다. 인문이란 자유롭게 사는 기술이다. 이에 비해 경영이란 가치를 만드는 기술이다. 원래 인문을 모르면 허전하고, 경영을 모르면 비현실이다. 그런데 이 두 가지는 인간 연구(human study)란 점에서 큰 공통점을 갖고 있다. 따라서 인문적 소양이 부족한 사람이 경영을 한다는 것은 사실 무면허 운전에 가깝다.

따라서 이 책의 내용은 크게 다음과 같이 요약된다.

첫째, 인문과 경영의 지적 융합을 시도한 유니크한 책이다.

둘째, 인공지능 시대에 가치 있는 사람으로 살아갈 수 있는 지식과 사색의 언어 플랫폼이다.

셋째, 난세를 이겨낼 수 있는 지혜와 역발상이 핵심 포인트다.

넷째, 각자의 일상적인 삶과 실전 경영에서 바로 써먹을 수 있는 사례 위주의 실용서다.

변화는 언제나 불안함을 잉태하고 있다. 그러나 변화가 없다면 새로운 시도의 설렘이나 성공의 환희도 없을 것이다. 이럴 때일수록 빅토르 위고의 『레미제라블』의 한 구절을 떠올려보자. "미래는 약한 자들에게는 불가능이고, 용기 있는 자들에게는 기회다."

끝으로 필자가 돈을 벌기보다는 '시대를 벌자'는 철학하에 사회적 보시로 덜컥 시작한 〈두줄아카데미〉는 벌써 2기 졸업을 앞두고 있다. 그리고 부족한 사람을 늘 옆에서 지켜준 사랑하는 아내와 세 아이들 그리고 21세기북스 편집팀에게도 깊은 감사의 마음을 전하고 싶다.

필자의 작은 소망이라면 이 책에 담겨진 내용이 이 어려운 시대를 헤쳐 나갈 개념적 등대이자 시대의 마중물로서 독자들의 소중한 라이프 노트가 되어주었으면 하는 것이다. 더불어 이 작은 책 한 권이 우리 사회 기저에 흐르는 역사의 자정작용에 일조하여 이 시대를 살아가는 모든 이들에게 진정한 희망과 각성의 거름이 되고, 나아가 필자의 평생 화두인 '선한 영향력'의 나비효과가 되어주길 기대해본다.

2019년 가을, 일원동 서재에서
얼마 전 소천하신 어머니께 이 책을 바칩니다.

CONTENTS

INSIGHTFUL
INSPIRATIONAL

1장 Think 4.0 시대의 생각혁명
- 인공지능을 이겨라

2장

역발상 콘서트
- 발사하고 조준하라

3장

내 인생의 바탕화면
- 나를 공부하라

이동규 교수의 ! 두줄칼럼 185

4장

인문·경영의 융합 클래스

- 명품보다 명작을 사라

5장

생각을 수출하라

- 1등보다 1류가 되어라

INSIGHTFUL

INSPIRATIONAL

Think 4.0 시대의
생각혁명
인공지능을 이겨라

괴짜 천재들의 행진

현재 인류에게 있어 최대 위협은 무엇일까? 이 도발적 질문에 대해 "그것은 바로 인공지능(AI)이라고 세계적 물리학자 스티븐 호킹 박사와 테슬라의 일론 머스크 회장은 경고했다"고 영국의 일간 「가디언」지가 보도한 바 있다.

오늘날 우리들은 각자 더 이상 회피할 수 없는 엄청난 도전에 직면하고 있다. 그 본질은 제4차 산업혁명이라 불리는 전대미문 대변혁의 거대한 물결이다. 매년 글로벌 경제의 화두를 제시해온 스위스 다보스포럼은 이미 2016년 핵심 타이틀로 '제4차 산업혁명의 이해(Mastering the Fourth Industrial Revolution)'를 내걸었다. 그리고 이는 '디지털과 바이오, 물리 등의 경계를 융합하는 기술혁명'이라고 정의했다.

제3의 물결(정보화혁명)을 훌쩍 뛰어넘는 가공할 제4의 물결의 정체는 무엇일까? 이러한 새로운 흐름과 변화를 가리켜 혹자는 꿈의 사회(Dream society), 초현실사회(Surreal society) 또는 휴먼 르네상스의 도래 등으로 미화하고도 있다.

분명한 것은 이번 새 물결은 과거 그 어떤 것보다도 강력하고 광범위하며 거대한 흐름이라는 점이다. 우선 인공지능을 필두로 사물인터넷(IoT), 로봇, 드론, 무인자동차 등 신산업혁명의 자궁에서 속속 태어나는 비밀병기 앞에서 기존에 우리가 일궈온 전통산업들은 맥없이 쓰러져갈 전망이다. IT와 금융이 결합한 핀테크(Fin-tech) 돌풍은 화폐의 종말도 예고하고 있다.

이러한 놀라운 변화의 미래는 '모든 것이 연결된 보다 지능적인 사회로의 진화'라고 요약된다. 초연결, 초지능, 초산업, 초경제 등은 제4차 산업혁명을 상징하는 키워드들로, 그 본질은 한마디로 '생각하는 만물혁명'이다. 종국에는 현실과 가상을 융합하는 하나의 통합 시스템으로서 이른바 지능형 CPS(Cyber-Physical System) 구축을 상정하고 있다.

경제 시스템의 변화도 초대형 태풍급이다. 『소유의 종말(원제 : The Age of Access)』로 잘 알려진 미래학자, 제레미 리프킨(Jeremy Rifkin)이 주장해온 새로운 경제 패러다임의 전환은 다음과 같이 요약된다. 소유에서 접속으로, 시장에서 네트워크로, 소비주의에서 지속가능성으로, 시장 자본에서 사회적 자본으로, 그리고 공유경제와 탄소후시대로의 전환이다. 그런데 인구는 줄어들고, 경제는 방향성을 잃고, 블록체인과 같은 파괴적 기술은 하루가 다르게 쏟아지고 있다. 기업들의 대응도 필사적이다. 예컨대, 거인 IBM이 내건 구호는 '더 똑똑한 지구(Smarter Planet)'다.

한편 인류 역사에서 지난 100년은 경이로운 격변의 시대라 평가되고 있다. 지능 로봇이 인류를 위협하고 나아가 지구를 다스린다는 이야기는 이제 더 이상 공상과학(SF)의 스토리만은 아니다. 우선 미국의 레이 커즈와일(Ray Kurzweil)이 주장한 '특이점(Singularity)' 개념은 큰 반향을 불러일으킨 바 있다. 그는 특이점에 도달하는 20여 년 후, 인간보다 10억 배 우수한 초인공지능 단계에 들어서면 인간으로선 더 이상 통제가 불가능한 상황에 빠진다고 주장하고 있다.

또한 미국의 사회과학자 로빈 핸슨(Robin Hanson)에 따르면 세계 경제의 규모가 이전보다 2배 증가하는 데에 필요한 시간을 추산한 결과, 수렵채집사회에서는 22만 4천 년, 농경사회에서는 909년, 그리고 산업사회에서는 6.3년이 걸렸다고 한다. 하지만 앞으로 발생할 새로운 인류의 변곡점에서 세계 경제의 규모는 수 주일마다 2배씩 늘어나게 될 것이라고 한다. 특히 그는 인간의 뇌를 로봇에 소프트웨어 업로드 하는 방식으로 실제 인간의 뇌처럼 생각하고 느끼고 동작하는 스마트 머신 EMS를 탄생시킬 수 있다고 해서 큰 충격을 주었다. 이런 막연한 공포가 확산되면서 세계는 디스토피아를 넘어 '로보칼립스(Robocalypse, 로봇과 종말을 뜻하는 Apocalypse의 합성어)'란 신생어가 상징하듯 인류의 종말까지 암시하는 계시록적 담론도 퍼지고 있는 실정이다.

여기서 그 새로운 변곡점은 바로 폭발적인 디지털 혁명이다. 전 세계적으로 노래, 책, 영화, 블로그 포스트, 트윗 그리고 각종 신제품들은 매년 천문학적 규모로 쏟아지고 있다. 그런데 세계 최대의 콘텐츠 회사인 페이스북(Facebook)은 콘텐츠를 만들지 않는다. 세계 최대의 택시회사 우버(Uber)에는 택시가 한 대도 없다. 세계 최대 숙박업체인 에어비앤비(Airbnb)는 소유 호텔이 하나도 없다. 이런 변화는 인류가 한 번도 경험해보지 못한 전인미답의 신천지다.

가장 우려되는 건 크게 두 가지다. 첫째는 소득계층별 부의 불평등 심화이며, 둘째는 대량실업이다. 특히 인공지능을 탑재한 스마트 로봇들은 인간의 거의 모든 직업군을 넘볼 것으로 예상되고 있다. 심지어 다음 세대에는 로봇 상사에게 결재를 받아야 할 것이라는 웃지 못할 이야기도 나오고 있다.

그러나 인공지능(AI, Artificial Intelligence) 시대가 본격 도래하면 대다수 인간은 할 일이 없는 잉여인간으로 전락할 것이라는 선동적 전망은 상당수 과장된 것으로 평가되고 있다. 오히려 이러한 파괴적 변화를 우리 삶을 획기적으로 바꿀 기술적 혁신으로 선용할 수 있는 계기로 만드는 역발상이 요구된다. 인공지능은 가능해도 인공지혜는 들어본 적이 없듯이, 인간이 도우미로 개발한 기계의 노예가 되는 일은 결코 없을 것이라 믿기 때문이다.

따라서 향후 이런 변화를 빨리 캐치해서 적응, 활용하는 사람의 몸값은 천정부지로 치솟겠지만, 구닥다리 지식이나 경험을 부여잡고 버티는 사람들의 미래는 불 꺼진 공단의 전봇대처럼 쇠락해갈 것이다. 기존의 전문가 계층 또한 자칫하면 21세기형 문맹으로 굴러

떨어질 판이다.

그렇다면 기억, 연산, 논리, 추리까지 인간을 압도하는 인공지능의 대공습 시대에 도대체 뭘 어떻게 해야 가치 있는 인간으로 살아갈 수 있을까?

이러한 문제는 향후 필요한 인재상에 대한 논의와도 깊은 관련이 있다. 지금까지 한 우물만 성실하게 파온 전문가를 'I자형' 인재라 한다면, 선진국에선 오래전부터 'T자형' 인재를 키워왔다. 이른바 통섭형, 융합형 인재상이다. 이와 함께 메타 아이디어, 지식의 연금술, 에디톨로지, 브리꼴레르(Bricoleur) 등과 같이 장르를 넘나드는 다제적 컨셉들이 주목받는 이유이기도 하다.

어린 시절 학교생활에 충실하고 공부 잘했던 친구들이 나중에 만나보면 주로 공무원이나 선생님이 되어 있음은 그리 놀랄 일이 아니다. 자고로 세상을 바꾼 사람들의 면면을 보면 모범생과는 거리가 멀다. 평소 괴팍하거나 엉뚱한 괴짜(geek)가 큰일을 내는 법이다. 정답형 인간만을 양산해온 이 나라에서 노벨상 수상자가 한 명도 안 나오는 이유이기도 하다.

애플(Apple)의 광고는 "지금이야말로 미친 자들을 위해 축배를 들어야 할 때"라고 외쳤다. 기존의 제도나 관행으로 볼 때는 부적응자, 반항아, 사고뭉치 그리고 네모난 구멍에 박힌 둥근 말뚝 같은 이들이 세상을 바꾸게 될 것이다. 세상을 다르게 바라보는 사람들은 규칙을 싫어하고 현실에 안주하는 것을 절대 원치 않기 때문이다.

궁극적으로 인간이 막강한 인공지능과 스마트 로봇을 하인으로 부릴 주인으로 남기 위한 핵심 역량은 입체적인 상상력과 획기적인 창의성이라고 할 수 있다. 이를 위해 우리가 얻어야 하는 것은 다양한 '관점(perspective)'이다. 창조적 사고를 갖기 위한 훈련 중 가장 강조되어 온 것 또한 관점의 이동이다. 중세 르네상스 3대 천재 중 하나인 레오나르도 다빈치도 "관점은 안내자이자 출입문이다. 관점 없이는 아무것도 잘할 수 없다"라고 예술가들에게 조언했다. 관점의 중요성은 정치와 경제 분야에서 더욱 현저한 차이를 제공한다. 역사를 돌아봐도 새 시대의 주인공은 언제나 새로운 관점을 갖고 새 길을 연 나라였다.

"시대는 세대를 낳고, 세대는 시대를 만든다."

알고 보면 한국은 국제수학능력경시대회 14년 연속 우승한 천재들의 나라다. 세계적인 e-Sports 분야에서도 소위 고수는 대부분 한국인이다. 문제는 그들의 능력을 한껏 키워내지 못하는 우리 사회의 파행적 불임구조에 있다.

그럼에도 불구하고 우리가 주목할 만한 것은 2019 FIFA U-20 대표 이강인 선수와 같이 기존 세대와는 전혀 다른 'Z세대'의 역동성이다. 이들은 유엔통계 기준으로 세계 인구의 32%를 차지하고 있다. 2019년 기준 만 24세 이하인 Z세대는 아직 학생이거나 사회초년생으로 X세대의 자녀 세대다. 특히 이들은 어릴 적부터 디지털 문화 속에서 스마트폰을 쥐고 자란 세대로 최근 영국 「이코노미스트」는 '포노 사피엔스(Phono Sapiens)'라고 지칭해서 부르고 있다. 또한 이들은 공정함을 중요한 가치로 여기며, 시각적인 자극 이외에 '낯설렘(낯선 경험이 주는 설렘)'을 중요시하는 특징을 보이고 있다.

희망적인 것은 블룸버그 통신이 평가한 혁신지수에서 우리나라가 수년 연속 1위를 차지했다는 사실이다. 블룸버그는 관련 기사의 첫머리를 '아이디어의 세계에선 한국이 왕'이라고 뽑았다. 진짜 실력은 위기 때 드러나는 법이다. 우선 세계 반도체 왕좌에 이어 바이오와 헬스케어를 미래 신수종사업으로 삼고자 하는 삼성그룹의 전략적 선택에 귀추가 주목되고 있다. 향후 붐을 이룰 미래 전기자동차 시장에서의 좋은 소식도 있다. 최근 스위스 투자은행 UBS가 의뢰한 GM 전기차 '볼트'의 분석 결과, 차량 전체 원가에서 LG화학이 납품한 배터리 비중(43%)을 비롯해 전체 원가의 56%가 'Made by LG'였다고 한다. 더불어 인구의 절반(여성)이 생명공학 제품인 김치를 제조할 줄 아는 세계 최고의 바이오 국가임에 비해 이렇다 할 글로벌 성공작이 없던 한국의 바이오, 제약 및 화장품 산업에 새로운 빛이 비치기 시작했다는 사실도 고무적이다.

바야흐로 인류는 경제, 사회, 문화, 예술 등 분야를 막론하고 미지의 신세계로 들어서고 있다. 따지고 보면 이것은 어느 누구도 가보지 못한 두려운 초행길이다. 그러나 결연한 의지와 창조적 사고로 도전하는 사람들에겐 대단히 벅차고 흥미로운 여행이 될 것이다.

최근 팝의 전설적 밴드인 비틀즈와 비견되고 있는 자랑스러운 방탄소년단(BTS)을 보라. 실제로 빌 게이츠, 스티브 잡스, 마크 저커버그와 같은 천재는 대한민국에 얼마든지 있다. 이 지구상에서 가장 우수하고 창의적이라고 자타가 공인해온 한국인들이 아니던가. 투병 중인 이어령 교수는 '삼색의 통합'을 제안한다. "과거는 '검색'하고, 현재는 '사색'하고, 미래는 '탐색'하라. 검색은 컴퓨터기술로, 사색은 명상으로, 탐색은 모험심으로 한다. 이 삼색을 통합할 때 젊음의 삶은 변한다."

우주적 관점에서 제4차 산업혁명을 선도하며 수많은 분야에서 떠오를 빛나는 별들을 바라보자. 가슴 설레는 'Think 4.0' 시대, 대한민국의 새로운 미래를 열어젖힐 젊은 괴짜 천재들의 행진을 기대해 본다.

검색보다 사색이다

　　　　　　　　　요즘 우리나라 사람들은 하늘을 잃어버린 지 오래다. 창공의 맑고 거대한 기운을 느끼기보다는 너도나도 스마트폰에 얼굴을 파묻고 땅만 보고 지낸다. 스마트폰이 보급되기 전까지만 해도 지하철 안에서 독서하는 사람이 많았지만 이제는 거의 보기 힘든 장면이 되었다. 그 대신에 젓가락으로 콩을 집을 수 있는 민족의 DNA는 이제 거의 마술에 가까운 엄지족으로 재탄생하고 있다. 한국은 현재 스마트폰 보급률과 초고속 인터넷 보급률에 있어서 OECD 국가 중 최선도국이다. 이런 점에서 우리들은 분명 세계 최고 수준의 '스마트 국가'에 살고 있다.

　　지난 수천 년간 인류는 동서양을 대표하는 슈퍼스타들이 만들어놓은 사유적 산물로 인해 그것을 학습하며 지식과 전공의 칸막이

28

를 이어왔다. 그러나 구글의 음성인식이 키보드를 대신하고, 소위 'TGIF(Twitter, Google, iPhone, Facebook)'로 상징되는 글로벌 SNS의 유통은 빅데이터의 대홍수기를 가져왔다. 철학자 데카르트의 대명제인 "나는 생각한다, 고로 존재한다"조차 이제는 "나는 연결되어 있다, 고로 존재한다(I'm connected, therefore I am)"라고 하는 시대다.

바야흐로 인간은 로봇이나 컴퓨터가 할 수 없는 일을 하지 못하면 존재 의미는커녕 생존조차 위협받는 지경에 이르고 있다. 이를 반대로 해석해보면 인터넷과 SNS, 웨어러블 기기에 이르기까지 디지털 ICT 기술의 혁명적 변화에도 불구하고, 역설적으로 인간 사고의 품질과 가치는 그 어느 때보다도 중요한 시기가 도래한 것으로 보아야 한다.

전문가들에 따르면 인터넷 접속 인구는 10년 후면 50억 명에 이를 것이며, 지식은 매주 2배씩 늘어날 것이라는 드라마틱한 전망을 내놓고 있다. 1초면 어떤 내용의 검색도 가능한 세상에서 암기력이나 저장용량은 큰 의미가 없게 된다. 이제 아는 것은 더 이상 힘이 아니며, 지식이 경쟁력인 시대는 끝났다는 외침도 자주 들려오고 있다. 결국 나만의 차별적인 생각이 힘이고 경쟁력인 것이다.

그러나 현실은 그리 녹록지만은 않다. 미국의 저명한 IT 칼럼니스트인 니콜라스 카(Nicholas G. Carr)는 저서 『생각하지 않는 사람들』에서 일종의 뇌 강탈자로서 인터넷의 위험을 경고하고 있다. 그는 이 책에서 "인류는 지식을 함양하는 존재에서 전자 데이터라는 숲의 사냥꾼이나 수집가로 전락하고 있다"고 크게 우려하고 있다. 이제 어떤 사람들에게 책을 읽힌다는 것은 셔츠를 직접 만들어 입거나 짐승을 직접 도살하는 것만큼이나 구식이고 심지어 멍청한 일이 되고 있다고도 했다.

전 국민의 70% 가까운 사람들이 일개 포털 사이트에 올라온 뉴스와 정보, 지식으로 하루를 보내고 있는 현실에서 빌 게이츠나 아인슈타인이 나오길 기대하긴 힘들다. 삼성전자가 신입사원 채용 시 종이신문을 보지 않는 사람은 뽑지 않겠다고 한 것도 결국 사고의 중요성을 강조한 것이다. 그러나 지금 이 시간에도 검색의 고수를 자랑하는 고급 무뇌아들이 대량으로 이 사회에 쏟아져 나오고 있다. 수업시간에 한 학생이 질문했다. "교수님, 지난번 과제를 잘못 내셨는데요?" 이어진 그 학생의 말을 듣고 난 거의 졸도할 뻔했다. "인터넷에 없습니다."

통계를 봐도 이 같은 상황은 매우 심각한 수준이다. 미래 지성인으로 커야 할 대학생이 하루 책을 읽는 시간(42분)은 인터넷을 이용하는 시간(127분)의 3분의 1에도 못 미치는 수준이다. 한국인 열 명 중 셋(33.2%)은 1년에 책 한 권도 읽지 않는다. 국민의 연간 독서량 또한 0.8권에 불과해 유엔 191개국 중 166위라는 기록은 경제대국 대한민국의 위상을 무색하게 한다. 세계 최고의 창의성을 가진 우리 민족이 손가락과 눈동자에 의존하는 검색의 노예가 되어가고, 우리 선현들과 같은 사색의 향기는 사라져가고 있다.

한편 『2030 기회의 대이동』에서 저자 최윤식은 "미래는 누구의 것인가?"라는 화두와 관련하여, "디지털 사회가 가속화되어갈수록 오히려 아날로그적인 예술적 상상력이 그 어떤 능력보다 큰 능력으로 인정받을 것이다. 결국 끊임없이 새로움을 만들어내는 것은 상상력의 몫이다"라고 역설했다. 요컨대, 탁월함보다 새로움을 창조하는 능력이 더 중요해진다는 것이다. 여기서 상상은 기존의 금기에 대한 도전이자 기분 좋은 반란이다.

예술적 상상력이란 기존의 것을 부정하고 전혀 새롭거나 또는 엉뚱함을 적극적으로 받아들이고 찾아 나서는 힘으로 작동되는 인간의 최고 능력이다. 인터넷에 떠다니는 것을 퍼다가 나열하여 퍼즐식으로 짜 맞추는 학습으로는 '정답형 인간'을 길러낼 순 있겠지만, 절대 '해답형 인간'을 육성해낼 순 없다. 오로지 인류가 쌓아온 지혜와 사색의 향기에 빠져들어야만 자신만의 목소리를 가질 수 있고 새로운 시대정신을 구현할 수 있는 정신가치를 얻게 될 것이다. 국내 교육의 대전환이 시급한 실정이다.

시대를 바꾸는 창의력은 폭넓은 교양과 깊이 있는 생각에서 나오는 것이며, 교양은 독서의 힘에서 나온다. 우리 사회에 모바일 메신저 '카톡' 돌풍을 일으킨 SNS 시대의 주역, 카카오의 김범수 의장조차 "인터넷 검색은 독서를 대신할 수 없다"고 단언한다.

역시 검색보다 사색이다. 진정 사유는 고독을 먹고 자란다.

탈학습(Unlearning)의 시대

- '배운 것을 버려라'

요즘은 어딜 가나 '4차'란 말이 대유행이다. 웬만한 포럼이나 조찬 특강에는 예외 없이 4차 산업혁명이란 타이틀로 차고 넘친다. 인공지능, 사물인터넷, 빅데이터, 클라우드 컴퓨팅, 바이오, 가상현실(VR), 3D 프린팅 등 기술 신대륙의 발걸음소리도 점점 커지고 있다.

특히 스마트 로봇은 거의 전 분야에서 인간을 압도해오고 있다. 이미 의료계는 물론이고 자산관리업계에도 로봇이 운용하는 수익형 펀드가 등장한 지 오래이며, 국내 로펌에는 인공지능(AI) 변호사까지 등장했다. 30년 이상 법관을 지낸 강민구 서울고법 부장판사는 "지금까지 유능한 변호사를 판단하는 기준은 법조문과 해당 판례를 얼마나 많이 알고 있느냐는 것이었다. 하지만 법률지식에 있어 인간 변호사는 앞으로 인공지능을 따라갈 수 없다"라고 말했다. 2016년 미국 뉴욕의 유명 로펌, 베이커드앤드호스테들러에 처음 도입된 AI 변호사 로스는 초당 1억 장의 법률 문서를 검토해 개별 사건에 가장 적합한 판례를 찾아내 추천한다. 강 판사는 소통과 공감 능력 등 기존과는 전혀 다른 역량이 향후 유능한 변호사의 조건이 될 것임을 강조한다.

다른 분야들도 사정은 비슷하다. 기존의 전문가들이 쌓아온 지식의 바벨탑이 무너져 내리고 있는 것이다. 이는 그동안 인간이 자랑해온 인식 체계와 학습 생태계 전체에 대한 대공습이 아닐 수 없다. 이는 분명 숨 막히는 새로운 공포다.

돌이켜보면 지금까지 경영학에서 강조돼온 것은 학습(Learning) 이었다. 원래 'learn'이란 말의 어원은 '길을 찾다'라는 뜻이며, 자신의 부족함을 메워나가는 과정의 의미가 강하다. 하지만 엄청난 변화의 격랑 앞에서는 기존의 인식과 사고의 관성으로는 큰 한계에 부딪힐 수밖에 없다. 이 한계를 극복하고 지적 자유를 누리기 위한 방안으로 탈학습과 재학습 개념이 새롭게 제시되고 있다.

우선 '탈학습(Unlearning)'은 기존에 내가 배우고 알았던 것으로부터 벗어나는 또 하나의 새로운 학습 형태이자 상투성의 추종과 이혼하는 결단이다. 그리고 '재학습(Relearning)'이란 나에겐 낯설지만 새로운 행동원리를 따르는 것을 뜻한다. 결국 기존의 통념이나 시대의 흐름에 뒤처진 낡은 인식은 과감하게 벗어버리고, 새롭게 부상하는 진실이나 과학적 정보를 끊임없이 배우고 채워나가는 배전의 노력이 요구된다는 것이다.

여기서 중요한 것은 이러한 생각의 근육을 키우는 일은 디지털식 접근보단 오히려 아날로그적 접근이 훨씬 효과적이란 점이다. 인공지능이란 강적에 맞서 인간이 우위에 설 수 있는 길은 결국 창조적 사고에 달려 있기 때문이다. 최근 국내에서 인문학적 소양 늘리기가 붐을 이루고 있는 것도 이와 깊은 관련이 있다.

더불어 '무용지식(無用知識, Obsoledge)'이란 신조어도 탄생했다. 이는 미래학자 앨빈 토플러(Alvin Toffler)의 저서 『부의 미래』에서 처음 등장한 용어인데 'obsolete + knowledge'의 합성어다. 낡아서 쓸모가 없어졌을 뿐 아니라 위험을 낳기도 하는 진부한 지식을 말한다. 그는 "변화가 더욱 빨라지면서 지식이 무용지식으로 바뀌는 속도 역시 빨라지고 있다. 끊임없이 지식을 갱신하지 않는 한 직장생활을 통해 쌓은 경력의 가치도 줄어들고 만다"라고 주장했다.

기업들의 고민도 커져만 가고 있다. 회사는 성장해도 CEO가 제때 변화하지 못하면 리더십 붕괴로 이어지고 결국 회사는 망하게 된다. 2018년 미국에서 출간된 『서바이벌에서 스라이벌로(Survival to Thrival)』는 성장 단계에서 정체되어 진퇴양난에 빠진 기업들, 특히 B2B 스타트업이 급성장 단계를 체계화할 수 있는 전략지침서이다.

저자인 모바일아이언사의 CEO, 로버트 틴커(Robert Tinker)는 생존(Survival)을 넘어서 급성장 단계로 옮겨가지 못하는 스타트업에 대해 고민하다가 보험사 광고에서 사용된 '스라이벌(Thrival)'이란 단어에 주목했다고 한다. 그가 강조한 포인트 역시 익숙함과의 이별이다. 그는 특히 기업 성장전략에서 '탈학습(Unlearning)' 단계를 강조했다. 각 단계를 넘어갈수록 기존에 배운 것들을 버리는 전략으로 탈학습을 하지 않으면 진정한 변화를 추구할 수 없고 다음 단계로 나아가지 못해 실패한다는 것이다. 요컨대, 기업 차원에서의 탈학습이란 각 회사에서 이뤄낸 과거의 성공방정식을 적극적으로 잊고 새로운 기술과 방식을 받아들여야 한다는 이론이다.

마지막으로, 관련 내용을 필자의 저서인 『한국인의 경영코드』에서 다시 한 번 인용해본다. "최근 경영학에서 가장 강조되는 개념 중에 'Learning'이 있다. 그러나 동시에 'Unlearning Process'가 작동해야 비로소 창조적 사고가 쏟아진다. 이러한 과정들은 고정관념에 대한 단호한 거부이자 기존 생각의 물구나무서기다." 한마디로 말하자면, 배운 것을 버리고 아는 것을 역분해하라는 말이다.

창조란 '최초의 생각'이다

애플의 창업자 스티브 잡스는 세상을 떠난 지 벌써 오래지만, 혁신과 창조성을 이야기할 때 여전히 가장 먼저 떠오르는 인물이다. 철학자 볼테르(Voltaire)가 "독창성이란 사려 깊은 모방에 불과하다"고 간파했듯이 모방은 창조의 어머니다. 잡스 또한 모방을 중시해 '창조적 모방가(Imovator, 모방과 혁신의 합성어)'를 육성하기도 했다. 그가 평소 직원들에게 강조했다는 피카소의 어록, "저급 예술가는 베끼고(copy) 고급 예술가는 훔친다(steal)"라는 말의 의미 또한 그 시사하는 바가 깊다.

그러나 시대는 잡스를 훌쩍 뛰어넘어 광속으로 변해가고 있다. 바야흐로 인간과 로봇의 불꽃 튀는 대전이 예고되고 있다. 향후 본격적으로 펼쳐질 인공지능(AI) 시대에 인간의 '생존 자격증'은 바로

36

창의력이다. 창의(創意)의 상징은 그리스신화에서 프로메테우스가 훔쳐 인간에게 건네준 '프로메테우스의 불(Promethean Fire)'이다. 창의에 실행이 결합되어야 비로소 창조가 나온다. 다만 창의성이란 단어에 함몰되면 오히려 창의성과 멀어지게 될 가능성이 높아진다는 사실은 유의해야 할 점이다.

순식간에 무엇이든 검색할 수 있는 지금 세상에서 개인의 경쟁력은 '생각하는 법을 생각하기(Think how to think)'에 달려 있다. 창조도 결국 생각의 습관이기 때문이다. 실로 천재들의 창조 습관에는 '이미지로 생각하라', '구조를 해체하라', '단순화하라', '뒤집어 보아라', '배우는 법을 배워라', '비평가들을 비평하라' 등등 수없이 많은 종류가 있다.

그래서인지 요즘은 온통 세상이 창조적 인재 열풍이다. '창조성(creativity)'이란 단어를 처음 쓴 사람은 언어학자 노암 촘스키(Noam Chomsky)다. 일반적으로 창조성은 새롭고도 유용한 생각과 통찰, 문제 해결책을 생산해내는 것으로 정의된다. 구체적으로 창조성은 예술가만을 위한 재능이 아니며, 부모를 포함하여 다양한 직업군의 사람들에게도 반드시 필요한 덕목이다. 결국 리더의 최종 목표는 무엇이 답인지 고르는 것이 아니라, 더 나은 답을 창조하는 것이기 때문이다.

그렇다면 나는 과연 창조적 인재인가? 여기서 창조적 사고를 위한 몇 가지 핵심 요소를 살펴보자.

첫째, 호기심(Curiosity)이다.

말보로 광고로 유명한 레오 버넷(Leo Burnett)은 모든 인생에 대한 호기심이 위대한 창조자들의 비밀이라고 말했다. 호기심이야말로 모든 상상과 창조의 첫걸음이자 핵심 원료다. 세상에서 호기심이 가장 왕성한 건 바로 아이들이다. 종일 '왜?'를 외치는 아이들의 순수한 호기심을 심리학 용어로 'Innocent why'라고 한다. 이는 때때로 놀라운 발견으로 이어지거나 대박을 터뜨리기도 한다. 과거 픽사(Pixar)가 만들어 공전의 히트를 기록한 애니메이션 영화 〈토이 스토리〉가 그 좋은 사례다. 호기심이 없다면 나이가 젊어도 이미 노인이다. 나이가 들수록 '어떻게(Know-how)'보다 '왜(Know-why)'를 중시해야 하는 이유다. '왜'야말로 본질에 접근하는 가장 유력한 방법이기 때문이다.

둘째, 재미(Fun)다.

인생의 두 가지 축은 '의미'와 '재미'다. 의미와 재미가 결합하면 당할 자가 없다. 그러나 우리나라는 학교는 물론이고 정부, 공공기관, 민간 기업에 이르기까지 거의 모든 조직의 분위기가 의미는 있어도 재미가 없다. 이런 상황에선 창조는커녕 생산성조차 높아질 리 없다. 대표적인 게 회의 시간이다. 회의실에만 들어가면 회의적인 얼굴로 변하는 직원들이 회식 자리에만 가면 열정을 뿜어낸다.

재미의 위력은 상상 이상으로 막강하다. 게임 디자이너 제시 셸은 재미는 '놀라움을 수반한 즐거움'이라고 정의한다. 월트 디즈니는 "불가능을 가능케 하는 유일한 방법은 재미다"라고 했다.

수많은 노벨상 수상자들은 그들이 일궈낸 창의적 성과에 대한 질문에 대해 하나같이 "좋아하는 걸 하라(Do what you love)"고 대답했다. 좋아해야 재미가 붙고, 이는 즐거움으로 확산된다. 창조는 즐거움이란 텃밭에서만 수확할 수 있는 열매이기 때문이다.

따라서 조직에 창조성을 불러일으키고 싶은 리더는 무엇보다 직원들의 가슴이 설레고 요동치게 만들어야 한다. 경영학에서 말하는 '루돌프 효과(Rudolph Effect)'가 이것이다. 국내 수많은 기관, 기업을 평가해보면 불 끄는 직원은 많아도 불 지르는 직원은 거의 찾아볼 수 없다. 역설적인 말이지만 뛰어난 조직일수록 '방화범'을 길러야 한다. 업무 시간의 일정 비율을 설정하여 자기 흥미와 관심에 맞는 일을 할 시간을 보장해주는 3M의 '15% 룰'이나 구글의 '20% 룰'이 노리는 것이 그것이다.

교육 부문 또한 마찬가지다. 여기서 한국인들 대부분이 오해하고 있는 공부의 진짜 의미를 따져보자. '공부(工夫)'란 원래 하늘과 땅을 연결하는 공(工)의 주체가 사람(人)이라는 뜻이다. 현재 이 말은 동양 3국에서 그 의미가 각각 다르다. 유독 어릴 적부터 하도 "공부해라"는 말을 들어온 우리는 공부라 하면 일단 머리가 지끈지끈해진다. 그리고 떠오르는 건 무서운 선생님과 두꺼운 책이다.

거기에 기름을 붓는 게 부모다. "엄마랑 새끼손가락 걸고 약속해. 공부할 땐 공부하고 놀 땐 노는 거야, 알겠지?" 여기에 손가락을 거는 순간, 그 아이 뇌에는 평생 공부란 지겹고 노는 건 즐거운 것으로 각인이 된다. 가장 아끼는 자식을 위한답시고 한 것들이 거꾸로 그 자식의 일생을 망가뜨리는 이 땅의 헛똑똑 부모들의 끝없는 행진은 오늘 이 시간에도 이어지고 있다.

어릴 때 그 즐거웠던 수학놀이가 학교에 들어가면 슬그머니 놀이는 빠지고 수학만 남는다. 즐겁지 않은데 잘될 턱이 없다. 역시 최고의 공부는 놀이다. 이런 아이들이 자라 취직을 하면 회의는 지겹고 회식은 즐거운 사람으로 진화한다. 행복은 공부 순이란 말이 있는 것처럼, 의외로 공부만큼 재미있고 쉬운 것도 없다는 사람도 많다. 반면에 "난 한 번도 공부가 재미있었던 적이 없다"는 사람들도 부지기수다.

옛날에는 공부를 구도(求道)라 했다. 공부란 자연과 인간을 탐구하는 일이며, 결국 세상에 대한 올바른 인식과 자기 성찰이다. 자연과 인생을 배우고 익힘에 있어 가장 중요한 것은 바로 자신이 이를 기꺼이 즐겁게 행하는 것이다. 한마디로 '즐거운 고생'인 것이다. 서구에서 일(work)에 대해 '힘든 재미'라 정의하는 것과 마찬가지다.

『논어』 「헌문편(憲問篇)」에 나오는 '위기지학(爲己之學)'은 바로 이런 의미를 가리키고 있다. 즉, 진짜 공부란 남에게 보여주기 위해 노동으로 하는 것이 아니라, 내가 즐겁고 신나는 과정을 놀이로 즐긴다는 거다. 이런 상태의 공부를 할 때야 비로소 다양한 관점을 이해하고, 나아가 수많은 개념을 나만의 방식으로 재개념화하거나 재정의할 수 있는 법이다. 맹자는 학문을 가리켜 잃어버린 마음을 다시 구하는 것이라 표현했고, 『대학』에선 '명명덕(明明德)', 즉 밝았던 덕을 다시 밝히는 것으로 풀이했다.

세계적 시인 파블로 네루다는 《질문의 책》에서 "나였던 그 아이는 어디 있을까. 아직 내 속에 있을까 아니면 사라졌을까?"를 되묻고 있다. 공부는 나였던 그 아이를 찾아 나를 다시 생각해보고 정의 내리는 과정이다. 그리고 나는 나임을 솔직하게 시인하고 나로서 살아가는 삶이야말로 가장 아름답고 행복한 삶임을 증명하는 과정이 공부다.

셋째, 연결(Connection)이다.

알고 보면 '하늘 아래 새로운 것은 없다'고 한다. 정확히 표현하면 창조성은 '낯선 것들의 연결'이다. 이를 위해 가장 필요한 건 맥락적 사고다. 이와 관련해서 문화심리학자 김정운 교수는 『에디톨로지』에서 "인간의 창조란 무에서 유를 만들어내는 것이 결코 아니며, 기존의 것들을 새롭게 재구성하는 데서 탄생한다"고 주장한다. 한마디로 창조는 편집(editing)이라는 말이다.

지독히도 낯섦을 추구하는 사람들은 편집광이라 불린다. 역발상 왕국 IDEO사의 CEO이자 『디자인에 집중하라』의 저자 팀 브라운(Tim Brown)은 "우리가 원하는 수준의 깊은 혜안을 얻기 위해서는, 남들과는 전혀 다르게 살고 생각하고 소비하는 극단적인 사용자들이 있는 정규분포 양쪽의 바깥으로 가야 한다"고 했다. 작고한 인텔 전 CEO 앤디 그로브(Andy Grove) 또한 낯섦에 대해 다르게 생각하기를 강조하며 "성공은 안주를 낳고, 안주는 실패를 낳는다"고 말했다.

제2의 백남준으로 일컬어지는 세계적인 설치미술가 강익중도 자신의 예술관을 표현함에 있어 연결을 강조한다. "경계선을 연결선으로 바꾸는 것이 작가의 역할이라고 생각한다. 그것은 미래와 과거, 너와 나, 동과 서, 남과 북 등을 잇는 작업이다. 그 궁극의 지향은 조화다." 시인들이 즐겨 쓰는 '기상(寄想, Conceit)'이란 기법 또한 비슷한 맥락에서 이해된다. 이는 상반되는 두 가지 사물 또는 개념을 대담하게 연결하여, 뜻밖의 유사성을 발견하려 하는 지적인 시의 수법이다. 17세기 영국의 형이상시파(形而上詩派)라 일컬어지는 시인들이 이 대담한 방법을 즐겨 사용했다고 한다.

최근 예술을 비롯한 여러 분야에서 주목을 끌고 있는 '브리꼴라주(Bricolage)'란 개념도 흥미롭다. 이 말은 프랑스 인류학자인 클로드 레비스트로스가 브라질의 원시부족사회를 연구하고 1962년 발간한 『야생의 사고』에서 처음 사용한 용어다. 그는 여기서 부족사회의 문화담당자에 주목했는데, '브리꼴레르(Bricoleur)'는 다양한 일에 능한 사람을 의미한다. 이들이 기존의 것들을 연결, 응용, 통합해서 새로운 것을 만들어내는 기술이 브리꼴라주다. 현대적 의미에서 브리꼴라주는 문제에 대한 해결책을 즉석에서 고안하거나 합당한 창의성을 발휘하는 능력으로 받아들여지고 있다.

본래 인간의 뇌는 과거에 없던 새로운 연결이 만들어지면서 창조적 생각을 하게 된다. 사회도 서로 다른 분야가 연결되면서 창조적 혁신이 일어나게 된다. 따라서 창조성의 발현 조건은 연결을 가로막는 장애를 제거하고, 연결을 촉진시키는 데 있다. 제4차 산업혁명 시대에 초연결성(Super-connectivity)이 대표적인 키워드로 꼽히는 이유다.

호기심, 재미 그리고 연결을 통해 인간은 창조의 신세계로 진입한다. 창조적 행위란 결국 본질과의 만남이자, 익숙한 것과의 이별이다. 이것은 또 다른 차원에서 보면 고통스런 세계로의 이주다. 전유현 박사가 『잡스처럼 창조하고 구글처럼 경영하라』에서 이야기한 '낯선 환경에 노출하기 위한 습관' 중 몇 가지를 소개하면 "출근 수단을 가끔 변경하라! 안 만나던 부서(타 업종 친구)와 점심 식사를 하라! 서점에서 가지 않던 코너를 둘러보라! 아이들과 놀며 그들의 세계를 관찰하라!" 등이 있다.

학문적으로 보면, 가장 대표적인 브레인스토밍(Brainstorming)을 비롯하여 트리즈(TRIZ)에 이르기까지 인간의 창조성을 증가시키기 위한 SIT(Systematic Inventive Thinking) 차원에서의 도구와 기법들은 이미 상당수 개발되어 왔다. 그러나 수많은 시도에도 불구하고 문제의 진정한 해결을 보장하는 토털 솔루션은 찾지 못하고 있다. 이에 따라 합리라는 미명하에 논리와 분석에 치우쳐온 기존의 좌뇌형 접근을 탈피하여, 감성과 창조성을 중시하는 하이터치 우뇌형 접근을 결합한 통합적 사고(integrative thinking)가 주목되고 있다. 이것은 한마디로 어설픈 정답이 아니라 진정한 해답을 찾아내는 일이다. 특히 최근에 IDEO, 필립스, P&G 등 선진기업에서 유행하고 있는 디자인 싱킹(Design Thinking)은 좌뇌와 우뇌의 통합적 접근을 강조하는 새로운 창조기법으로 뜨고 있다. 또한 학습에 게임의 요소를 적용한 '게이미피케이션(Gamification)'은 공부에 재미를 더한 대안으로 급부상하고 있다.

한편 기업 차원에서 주로 거론되는 혁신(innovation)도 그 본질에서는 창조와 다를 바 없다. 글로벌 첨단기업들이 이루고자 하는 3단계 혁신의 모습은 룰 브레이커(Rule Breaker), 게임 체인저(Game Changer), 트렌드 세터(Trend Setter)다. 혁신은 창조이며, 창조란 결국 유쾌한 반란이자 기분 좋은 파괴다. 20세기 위대한 경제학자인 슘페터(J. Schumpeter)가 혁신을 가리켜 '창조적 파괴(creative destruction)'라고 부른 이유다.

Think 1st!

언젠가는 최고도 깨지고 최대도 깨진다. 그러나 최초는 영원하다. 요컨대, 창조란 한마디로 '최초의 생각'이다. 우리는 미국, 일본, 중국이 못하는 걸 최초로 생각해내야 한다. 이를 위해서는 늘 다르게 생각하기, 생각의 물구나무서기와 같은 역발상 훈련, 긍정적으로 부정하는 영감 훈련 등을 통해 생각근육을 길러야 한다.

4차 산업혁명을 알리는 거대한 고동 소리가 울리고 있다. 전 세계에서 가장 창의적인 민족이라 할 수 있는 우리는 지금부터 최초의 새로움을 만들어내야 한다. 새로운 생각, 새로운 시스템, 새로운 컬처로 잉태한 '새로운 다름'이 온 세상을 바꿀 것이다.

아인슈타인은 "창조성은 전염되는 것이다"고 했다. 이제부터 우리 모두 상상과 창조의 기분 좋은 바이러스를 마음껏 퍼뜨려보자.

생각의 차이가 일류를 만든다

지금까지 대한민국의 성장 간판은 크게 3가지, 즉 제조업, 재벌, 수출로 요약된다. 최근 국내 경제 상황을 보면 저성장 기조하에 주요 경제지표 대부분이 동반 추락하는 가운데, 산업 현장의 활기는 줄어들고 중소기업과 자영업자들은 한계 상황으로 내몰리고 있다. 국내 전체 기업의 매출도 줄어들고 있다. 세계경제포럼(WEF)이 발표하는 국가경쟁력 평가에서도 한국은 2010년 이래 계속 추락하고 있다. 스위스 국제경영개발원(IMD)이 발표한 올해 국가경쟁력 순위에선 28위를 기록하여 말레이시아와 태국에도 밀린 초라한 성적표를 받았다.

세계 5대 공업국이자 7대 무역국인 주식회사 대한민국의 미래에 대한 전망은 비관론 일색이다. 이미 늙어버린 중진국이라는 지적 아래 과거 일본의 뒤를 따라 한국판 '잃어버릴 10년'을 우려하는 목소리도 커지고 있다. 지난 IMF 사태 당시처럼 이번에도 역시 구조조정만이 해답이라는 목소리가 터져 나오고 있다. 그러나 이번 격랑의 본질은 과거 그것들과는 전혀 다른 차원이라 기존의 항생제나 대증요법들만 가지고는 절대 해결이 불가능하다. 기존의 아날로그적인 사고를 완전히 갈아엎는 국가적 사고의 대전환이 필요하다.

한편 세계는 전인미답의 제4차 산업혁명의 태동을 알리고 있다. 새로운 제4의 물결의 핵심은 단연 인공지능(AI)이다. 아마존, 구글, 애플, 테슬라 등은 물론이고 중국의 성장엔진 BAT(바이두, 알리바바, 텐센트)와 같은 유수의 기업들은 전혀 새로운 전장 확대에 올인하고 있다. 새로운 경제전쟁의 본질은 국가적 지능 총량의 경쟁으로서 이른바 '뉴 하드(New Hard)'를 지향하고 있다. 이는 기존의 하드웨어 일변도의 제조 능력이 아니라, 그 운영 핵심을 좌우하는 소프트웨어 파워로 결판날 것임은 주지의 사실이다.

현실은 기가 막힌 수준이다. 우리나라가 세계 500대도 아닌, 아시아 500대 기업에 단 한 개도 오르지 못한 유일한 분야가 바로 소프트웨어라는 사실은 그리 놀라운 일이 아니다. 불법 다운로드가 판을 치고, 무조건 베끼고 훔치고, 선수다 싶으면 채가는 암담한 현실에서 나온 당연한 결과다. 21세기 율곡의 소프트웨어 전문가 100만 양병설이 국가적 어젠다로 설정되어야 할 때가 아닐 수 없다.

소프트웨어란 한마디로 '생각의 혁신'이다. 이는 어릴 적부터 길러져야 한다. 초등학교 필수 교과목에 스칸디나비아 국가들처럼 코딩(Coding)이 포함될 거란 소식은 비록 늦었지만 환영할 일이다. 결국 교육 대혁신을 통해 통섭적, 융합적, 창조적 사고를 갖춘 미래형 인재를 육성해내는 것이 가장 절실하다. 지금처럼 젊은이들이 핸드폰에 코를 박고 검색의 노예가 되어가는 동시에 줄지어 공무원 시험에 목숨을 거는 이런 식으로는 어림도 없다. 이는 핀란드처럼 가정과 학교, 직장과 사회 교육의 틀과 내용, 방법을 확 바꾸어야만 가능한 일이다.

Think Different!

이는 스티브 잡스가 생전에 자주 내세웠던 글귀다. 이 말의 원래 뜻은 '다르게 생각하기'보다는 '다른 것(something different)을 생각하라'는 뜻이다. 사실 아무리 뛰어난 사람이라 해도 일단 한 구멍에 빠지면 거기서 헤어 나오긴 쉽지 않은 법이다. 우스갯소리로 "인간은 누구나 편견과 선입견이라는 개 두 마리를 안고 산다"는 말이 있다. 따라서 영원한 철학적 사고 명제인 'Out of Box(창조적, 독창적으로 생각한다는 의미)'의 무게는 아무리 강조해도 지나치지 않다. 그래야만 생각이 굳어져 더 이상 변화되지 않는 '앵커링(Anchoring) 현상'에서 자유로울 수 있게 된다.

발상의 전환.

이 말은 하도 자주 들어 식상하긴 하지만, 고정관념과 편견에 물든 현대인에겐 여전히 유효한 수단이다. 가장 필요한 것은 입장을 바꾸어보는 역지사지(易地思之) 내지 관점의 이동이다. 발상이란 것도 알고 보면 생각의 습관이다. 일단 경험이나 아는 것이 부족하면 발상은 나오지 않는다. 그러나 깨달음이 없으면 발상은 전환되지 않는다.

발상에서 '상(想)'이란 글자는 '사(思)'와는 다르게 머리의 문제가 아니라 마음의 문제다. 상상(想像)은 영어로는 'Imagine'이다. 한마디로 '이미지로 생각하라'는 뜻이다. 인간에게 있어 이미지란 마음이란 카메라에 잡히는 영상과도 같은 것이다. 일찍이 아인슈타인은 "최고의 지성은 상상력이다"라고 했다. 누가 천재인가의 여부는 기억력, 연산 능력이 아닌 상상력의 수준이 결정한다는 의미다.

여기서 인간의 꿈을 땅에 실현하여 상상을 경영하는 곳이 있다. 바로 디즈니랜드다. 미국 플로리다주 올랜도 본사에 있는 거대한 엔터테인먼트파크에 가본 사람이면 누구나 벅찬 감동을 느낄 수 있다. 이 회사는 그들만의 서비스 문화를 정의하는 용어 사전을 갖고 있다. 대표적인 것이 'Imagineering'이다. 이는 'Imagine'과 'Engineering'을 합성한 단어로 '상상을 만들어낸다'는 뜻이다. 현장에서 만난 어느 직원의 명함에도 'Service Imagineer'란 타이틀이 적혀 있었다.

그 엄숙한 GE그룹조차 과거 잭 웰치(Jack Welch)에 이어 제프리 이멜트(Jeffrey Immelt) 회장이 취임하면서 내세운 'Imagination@work'란 모토 하에 기업문화의 대전환을 추진한 것은 널리 알려진 사실이다. 향후 인공지능의 대공습에 맞서 조직의 독창적인 상상력 수준을 높이려는 노력은 더욱 거세지고 있다. 예컨대, 블렌디드 러닝(Blended Learning), PBL(Project Based Learning), 디자인 씽킹(Design Thinking), 앰비언트 광고(Ambient Advertising) 등 다양한 창조공학적 시도가 학교와 기업 현장을 막론하고 널리 퍼지고 있다.

한편 '기억'의 반대는 무엇일까? 이스라엘의 건국 공신이자 대통령을 역임한 시몬 페레스(Shimon Peres)는 젊은이들을 만나면 기억의 반대말이 무엇이냐고 질문했다고 한다. 대부분 '망각'이라고 대답하지만, 그는 '상상'이라고 잘라 말한다. 눈앞에 다가온 제4의 물결에서도 성공의 키는 어떻게 다르게 생각하고 상상하는가에 달려 있다.

2019년 4월 말에 터진 미국 MIT 대학의 사건은 그들의 상상력 찬양을 극적으로 보여주고 있다. 이것은 세계 최고의 이공계 명문 MIT 대학의 명물, 50m 높이의 거대한 그레이트 돔(Great Dome)이 〈캡틴 아메리카〉의 방패로 변신한 사건이다. 이번 일을 기획한 그룹은 스스로를 '해커 집단(Hackers)'으로 칭하며, 영화 〈어벤져스 : 엔드게임〉의 대미를 기념하기 위해 수십 명의 학생이 1년이 넘는 긴 시간 동안 이 일을 기획하고 준비했다고 밝혔다. 그런데 이와 비슷한 일은 과거에도 많이 있어온 것이라 사실은 학교 측도 이를 묵인해왔음은 공공연한 비밀로 알려져 있다. 이들은 자신들의 정체도 밝히지 않은 채, 때로는 위험을 감수하면서까지 왜 대대로 이 같은 일을 벌여오고 있는 걸까? 그것은 바로 "사람들이 보고 상상력을 펴도록 하기 위해서다(We hope people look at it and it gets their imagination going)"라고 MIT 천재 해커들은 말한다. 과연 상상력이야말로 역사를 바꾸는 핵심 원동력이 아닐 수 없다.

이제 한국은 더 이상 고요한 아침의 나라가 아니다. 이제는 21세기 '동방학습지국'으로 재탄생되어야 한다. 우리에게 중요한 것은 목표보다 방향이다. 삶에 방향이 없다는 것은 그 자체로서 재앙이다. 영어로 재앙을 뜻하는 단어 'Disaster'는 사라진다는 뜻의 'dis'와 별을 뜻하는 'aster'로 구성되어 있다. 나침반이 없던 시절에 뱃사람들은 별을 보고 방향을 잡았는데, 구름이 끼거나 폭풍우가 오면 별이 사라져 방향을 잃게 되므로 그것을 재앙이라고 한 것이다.

동쪽이고 서쪽이고 분간도 못 하던 젊은 시절, 나는 유독 목표라는 개념에 대해 무의식적 저항아였던 것 같다. 다니던 직장 선배가 늘 충고하던 말이 "넌 목표 개념이 없어서 장래가 걱정된다"는 것이었다. 내게 있어서 목표보다 방향이 수백 배 중요하다는 깨달음은 나이가 한참 들어서야 저절로 읊게 된 삶의 지혜였다.

그러나 성과지상주의에 내몰린 이 땅의 거의 대부분의 직장인들은 목표 달성이 지상과제다. 더욱이 시도 때도 없이 벌어지는 각종 성과평가는 이들에게 방향이란 것은 생각할 틈조차 주지 않는다. 오직 핵심성과지표(KPI)의 달성 여부만이 주요 관심사가 되어버린 그들에게 애초부터 우아한 수준의 가치나 품질, 기타 사회적 책임 등을 기대하기란 거의 불가능한 일일 것이다. 특히 전략목표, 경영목표, 사업목표, 본부목표, 세부목표 등 유사한 이름의 목표가 칼춤을 추게 되면 대부분 조직은 유령이 지배하는 세상이 된다. 실제 경영평가를 해보면 실사 현장에서 자신의 속한 조직의 목표를 제대로 알고 있는 직원은 놀랍게도 거의 없는 것이 현실이다. 기업의 비전과 핵심가치(core value) 또한 그 공유(sharing) 정도가 중요한데 이것 역시 상황은 마찬가지다. 이는 경영에서 권한 위임과 투명한 정보 공유가 얼마나 중요한지를 깨우쳐주는 대목이기도 하다.

제 길을 찾기 위해선 무엇보다 방향을 제대로 잡아야 하는 게 근본 이치다. 알고 보면 방향은 인생의 나침반이자 핸들이다. 일단 북쪽으로 간 사람은 남쪽으로 돌아가기는 거의 틀렸다고 보면 된다. 목표는 바꿀 수 있고, 또 바꾸어야 하는 것이지만 방향은 다르다.

이를 위해 가장 시급한 것은 일사불란식의 경직되고 획일화된 조직문화를 전면 재편하는 일이다. 그 질긴 생명력을 가진 차이나타운을 쫓아낼 정도로 지독한 배타의식은 조직생활에도 그대로 침투되어 상사병과 갑질로 진화되고 있다. 치열한 경쟁을 뚫고 가까스로 입사한 신입사원들은 청운의 꿈을 안고 들뜬 마음으로 출근하게 된다. 하지만 얼마 지나지 않아 듣게 되는 각종 언어폭력에 그들의 꿈은 이내 시들어버리고, 비겁한 선배들을 따라 눈치 9단으로 변해버린다.

"절이 싫으면 중이 떠나라. 모난 돌이 정 맞는다. 가만있으면 중간이나 간다. 누구랑 더 오래 직장생활 할 것 같으냐?" 등등 상사와 선배들의 짬밥성 노하우를 겪고 있다 보면 역시 "침묵은 금이다"라는 금언이 자동적으로 떠오르게 된다. 이런 분위기에서 젊은 패기나 창의적 사고는 일종의 사치다. 회의는 지겹고 회식은 즐거운, 그저 그렇고 그런 중간급 사회인으로의 전락은 그리 오래 걸리지 않는다. 이러다 보니 직장에 모처럼 우수한 인재가 들어와도 견디지 못하고 나가버리는 일도 비일비재하다. 모름지기 자기보다 우수한 사람들이 주위에 많아야 자신도 발전하는 법이다.

생각의 차이가 일류를 만든다!

이젠 그동안 우리 가정이나 사회가 무의식적으로 강요해온 1등이란 이데올로기에서 벗어나 '1등보다 1류'라는 가치체계의 이동이 절실하다. 'No.1'보다 'Only 1'이 중시되는 경향도 같은 맥락이다. 이는 결국 검색보다 사색, 지식보다 상상, 수치보다 가치, 성공보다 성장으로의 인식의 대전환을 의미한다.

　결국 우리 모두가 이 세상에 다양성만큼 강한 것은 없다는 걸 깊이 깨닫고 이를 실천해나가는 것이 가장 중요한 일이다. 'Agree to disagree', 즉 다름(different)과 틀림(wrong)은 다른 것이라는 진리를 공유하고, 나와 다름을 인정하는 긍정의 분위기를 배양해나가야 한다. 직원들의 자율적이고 창의적인 문화를 이루어낼 때 비로소 소프트뱅크 손정의 회장이 늘 강조하는 경영진의 계기비행이 가능하다. 최근 조직문화 대수술에 나선 국내 주요 기업들의 움직임에 새로운 희망을 걸고 싶은 이유다.

　일찍이 사마천의 발분설(發憤說, 소설은 작가가 마음속 울분을 토한 것이라는 의미)을 계승한 당나라 한유는 자신의 생애와 창작과의 관련에 대해 논하면서 이른바 '불평즉명(不平則鳴)'의 사상을 주장했다. 이는 시대가 어렵고 궁핍할 때 훌륭한 사람은 '좋은 울음'을 울어야 한다는 것이다. 요컨대, 시인은 어렵고 힘든 시대에 마음이 자극되어 명작을 남긴다는 의미다.

　난세에 영웅이 난다고 했던가. 우리 사회 각 분야에 걸쳐 수많은 영웅들의 출현을 기대해본다. 언제나 결론은 사람이다.

내 애인은 인공지능

"1980년대에는 PC가 큰 화제였습니다. 1990년대는 인터넷의 등장으로 모든 것이 바뀌었습니다. 10년 뒤에는 스마트폰의 탄생으로 많은 것이 달라졌습니다. 이제 10년 후에는 모든 것이 연결된 놀라운 세상이 올 것입니다." 인도 출신의 구글 CEO 선다 피차이(Sundar Pichai)의 말이다.

현재 전 세계에서 매일 쏟아지는 방대한 빅데이터를 체계화해서 활용하려면 사물인터넷을 기반으로 인공지능과 머신러닝(Machine Learning, 기계학습)을 쓸 수밖에 없다. '머신러닝'이란 컴퓨터가 알고리즘을 기반으로 학습하고, 그 축적된 데이터를 바탕으로 특정 질문이나 상황의 결과를 정확히 예측하는 기술을 말한다. 음성인식, 자동번역에서 무인차, 헬스케어에 이르기까지 검색을 넘어 생활 전반의 영역으로 사업을 확장하고 있는 구글이 올인하고 있는 신사업 분야다. 그들이 생각하고 있는 머신러닝의 수준에 대해 구글 지주회사인 알파벳(Alphabet)의 에릭 슈미트(Eric Schmidt) 회장이 "현대 물리학 논문을 쓸 정도"라고 한 말에선 전율까지 느끼게 된다.

이미 바둑, 장기, 체스와 같은 두뇌게임의 챔피언 자리에서 인간은 밀려난 지 오래다. 특히 알파고 쓰나미가 한국을 휩쓸고 간 이후, 국내에는 인공지능이 가져올 미래에 대한 관심, 동경, 걱정, 두려움이 혼재되어 각 부문에 2차 여진을 일으키고 있다. 구글이 인수하여 공을 들여온 인공지능의 핵심기술인 딥러닝(deep learning)의 가공할 위력은 유감없이 발휘되었다. 이는 1956년 다트머스 회의에서 처음 인공지능(AI)이란 용어가 등장한 이후 60년 만의 일이다.

정보검색(information retrieval) 기술은 최근 딥러닝 외에 인지컴퓨팅(cognitive computing), 벡터라이징(vectorizing), 기타 신경망 기술로까지 눈부신 발전을 거듭해오고 있다. 이미 단 1초 만에 루빅스 큐브를 풀어내는 사건이 일어났으며, 마이크로소프트의 음성 비서는 아카데미 수상자 24명 가운데 20명을 정확히 맞힌 바 있다. 이젠 가위바위보와 같은 심리게임에서조차 100전 100승을 한다고 한다. 그 비결은 초고속 카메라에 있는데, 상대방 손의 초기 동작만 보고 1000분의 1초 만에 무엇을 낼지 파악해 이긴다는 것이다. 더욱이 인공지능을 탑재한 첨단 알고리즘은 빅데이터와 맞물려 무서운 속도로 발전하고 있다.

그러나 하이테크는 인간에게 엄청난 부와 편익을 제공해주지만, 역설적으로 인간의 일자리를 위협하는 불편한 존재이기도 하다. 최근에는 육체적 노동직뿐만 아니라 고등동물인 인간 고유의 영역으로 인식돼온 분석력, 창의력, 나아가 감성적 능력을 요구하는 직업에까지도 왕성하게 진출하고 있다. 클래식 작곡은 물론이고 추상화도 척척 그려내고 있다. 과학기술 전문기자 피터 노왁(Peter Nowak)이 저서 『휴먼 3.0』에서 미래 사회를 지배할 '새로운 인류'라 부르고 있는 로봇이 그 대표선수다.

여기서 '로봇(Robot)'이란 단어는 체코 소설가인 카렐 차페크(Karel Capek)가 1921년 희곡 『로봇』에서 처음으로 사용했다. 로봇의 어원은 체코어로 노동을 의미하는 'robota'이다. 전체 줄거리는 인간의 노동을 대신 수행하도록 만들어진 로봇이 주인에게 반역하여 인간을 몰아내고 자신들만의 세상을 만든다는 내용이다. 로봇에 대한 인간의 공포는 세계적 명장, 스탠리 큐브릭 감독의 영화 〈스페이스 오디세이 2001〉에서도 잘 나타난다. 여기 등장하는 로봇인 HAL 9000은 인간에 대항하여 명령과 통제를 거부하는 건방진 로봇이자 인공지능이 가져올 두려운 미래상을 보여주는 좋은 사례다.

이와 관련하여 2013년 발표된 옥스퍼드 대학교 마틴스쿨의 연구 결과는 "기술 발전으로 인해 향후 20년 이내에 현재 직업의 약 47%가 사라질 가능성이 크다"고 전망했다. 이들은 700개의 직업군을 대상으로 각 직업에서 진행되는 컴퓨터화 속도 및 임금, 필요 학력 등을 종합해서 분석했는데, 우선 텔레마케터가 사라질 공산이 가장 크다고 했다. 이외에도 약사, 굴착기 운전기사, 동물관리인, 시계수선공, 손해사정사, 전화교환원, 부동산중개인, 현금출납원 등도 장래 없어질 직업군으로 분류되었다.

문제는 현재 기계가 일자리를 대체하는 속도가 새로운 일자리를 창출하는 속도를 훨씬 앞지른다는 점이다. 이것은 과거 산업혁명 때와는 전혀 다른 양상이다. 이미 일본에선 오래전 피아니스트 로봇이 나오더니 은행 텔러나 호텔 벨보이 로봇도 등장했고, 중국의 음식점에는 국수를 가늘게 잘라내는 누들봇이 들어섰다. 미국 샌프란시스코의 병원에선 로봇약사가 약을 지어준다. 벽돌 쌓고, 창문 닦고, 집 짓는 정교한 양손 로봇도 개발되었다. 몇 년 전 수천 명이 근무했던 독일 공장에선 근로자들이 일으킨 파업에 로봇을 투입해 완전 진압한 데 이어, 중국에서는 2만 명이 근무하던 공장에 로봇을 투입한 뒤 결국 로봇을 관리하는 직원 100명만 남은 사례도 보고되고 있는 실정이다.

가장 고난도의 지식과 경험이 요구되는 의료 분야에도 이러한 충격은 예외가 아니다. 이미 IBM의 닥터 '왓슨(Watson)'의 활약상은 잘 알려져 있다. 나아가 2019년 5월 국제학술지 「네이처 메디슨」에는 국제 공동연구진이 개발한 인공지능 닥터가 폐암 진단에서 전문의사 6명을 이긴 연구 결과도 발표되었다.

미국 언론계에서는 '로봇 저널리즘'이 화제다. 특히 결과가 숫자로 쉽게 나타나는 스포츠 분야나 금융 보도에선 알고리즘 기자가 자동으로 기사를 작성하고 있다. 가격 측면에서 보아도 현재 일반 산업용 로봇 가격은 1000만 원대 이하로 떨어졌으며, 미국 자동차 회사의 산업용 로봇 운영비는 일반 맥도날드 매장 직원의 임금과 거의 비슷한 수준이라고 한다. 그들은 노조도 없고 휴일에도 쉬지 않으며, 야근 잔업수당도 안 받고 성실하게 일만 한다는 것이다.

당연히 "로봇이 내 일터를 빼앗지 않을까?" 하는 우려도 급속히 커지고 있다. 일부에서는 19세기 영국의 섬유산업 노동자들이 자신들의 일자리를 지키기 위해 방직기계를 파괴했던 '러다이트 운동(Luddite Movement)'을 다시 벌여야 할 때라고 주장하기도 한다.

향후 스마트 로봇과 인공지능에 의해 대체될 것으로 보이는 직업에는 상당수의 지적 전문노동 분야도 포함될 것이 확실하다. 미국 NBC 방송은 약사, 변호사, 운전사, 우주비행사, 점원, 군인, 베이비시터, 재난구조원 등을 선정했다. 반면에 섬세한 사람의 손길이 필요한 이발사, 승무원, 코디네이터, 제빵사 등과 고도의 창의성이 필요한 예술가와 종교인, 기타 시니어 산업과 같이 다른 사람과 정서적으로 교감을 나눠야 하는 직업은 끝까지 자리를 지킬 것으로 전망된다. 아무래도 로봇 목사나 목탁을 든 로봇 스님을 상상하면 영 아닌 것 같긴 하다.

현재 세계적으로 이들이 잠식하는 인간의 일자리 전망에 대해선 낙관론과 비관론이 팽팽하다. 미래에 등장할 새로운 직업군에 대해 토머스 프레이 다빈치연구소장은 "10년 후 일자리 중 60%는 아직 탄생하지도 않았다. 증강현실(AR) 건축가나 도시농업경영자, 소셜 교육전문가, 기후변화 전문가 등의 직업이 생겨날 것이다"라고 예측하고 있기도 하다.

남녀관계도 점입가경일 듯하다. 스파이크 존즈 감독의 2013년 미국 영화 〈HER〉에는 로봇 애인이 등장한다. 대필 작가로 살아가는 주인공 테오도르는 아내와 이혼을 준비 중인데, 그 공허함을 채우기 위해 현실의 여인 대신 인공지능 여인인 사만다와 섬세한 사랑에 빠진다. 그는 그동안 그녀가 사귄 수많은 애인들에 대한 질투심도 느낀다. 사만다는 맞춤형 운영체제를 통해 스스로 생각하고 진화하며 사랑을 이어나간다는 파격적인 설정이다. 이제 우리들은 누구나 인공지능 애인과 환상적인 연애에 빠질 수 있는 아찔한 시대에 들어서고 있는 것이다.

융·복합의 함정

　　　　　　　　　　　　　　　　제4의 물결이 거세다. 학
문·산업·기술 간 융합을 토대로 한 소위 융합경제(convergenomics)의
가공할 파워는 인류의 20세기 제조문명의 유산을 그 뿌리째 흔들어
대고 있다. 과거 1차 산업으로 경시해온 농업 분야만 해도, 기존 산
업의 개념을 합쳐 '6차(1×2×3=6) 융·복합 산업'이라는 이름으로 재
평가되고 있다. 농업(agri-culture)에서 'Culture'에 포커스를 맞춰보면
전혀 다른 가능성으로 재탄생시킬 수 있다는 것이다. 따라서 이젠
사양산업이란 말 자체가 사양길이란 말도 성립되고 있다.

　　특히 플랫폼 혁명이 전 산업 분야로 확산되고 있는 가운데, 미
래형 기술융합은 산업융합과 서로 맞물려 돌아가면서 전혀 새로운
시장을 만들어내고 있다. 예컨대 인공지능(AI)과 사물인터넷(IoT)이

결합한 'AIoT'가 주목을 끌고 있으며, 유전공학·나노·로보틱스가 3자 융합한 형태의 GNR 등 어디서 어떤 것이 튀어나올지 아무도 모르는 세상이 되어가고 있다.

산업의 만형인 2차 제조업에서는 스마트 공장(Smart Factory)으로의 전환이 들불처럼 번지고 있다. 3차 서비스 부문은 제조 부문과 융합하는 이른바 '서비타이제이션(Servitization)' 현상이 현저하다. 이러한 흐름의 배경에는 반도체를 대체할 새로운 4차 산업혁명의 쌀이라 불리는 '데이터'가 자리 잡고 있다. 시대는 바야흐로 과거 데이터 매니지먼트 및 마이닝 수준을 넘어 새로운 '데이터 사이언스(Data Science)' 시대로 급속 진입하고 있다. 미래에 가장 유망하다고 전망되는 직업 1위가 바로 데이터 사이언티스트다.

선진국들은 이미 치열한 각축전을 벌이고 있다. 선도 독일은 'Industry 4.0'을 모토로 내걸고 전공인 제조업 생산의 효율성과 유연성을 배가하는 동시에 기존의 산업구조를 전면 교체해나가고 있다. 그리고 제조업의 부활(reshoring)을 내세운 미국의 '첨단제조파트너십(AMP 2.0)'과 더불어 자신의 강점인 로봇 신기술을 중심으로 추진하는 일본의 '소사이어티 5.0 전략' 등이 동시에 진행되고 있다. 중국 또한 '제조 2025 플랜' 아래 국가 성장 패러다임의 혁신을 추진하고 있다.

특히 'Created in China'를 내건 중국의 굴기는 가공할 정도다. 2018년 세계 최대의 전자전시회인 미국 CES에서 중국은 참가기업과 개인 면에서 압도적 1위였다. 화웨이와 바이두의 대표가 기조연설 무대에 올라섰다. 알리바바, 레노버, DJI, 샤오미 등 중국 기업 1000여 곳이 참가해 인공지능, 사물인터넷, 가상현실(VR), 빅데이터, 드론 분야에서 눈부신 발전상을 소개했다.

2018년 KOTRA가 실시한 4차 산업혁명 관련 국가경쟁력 설문조사 결과, 독보적 1위는 독일이었다. 독일은 총 12개 산업 중 전기차 · 자율주행차, 스마트 선박, 첨단 신소재, 차세대 에너지 등 8개 분야에서 선두를 기록했다. 미국은 3개(항공 · 드론, 가상 · 증강현실, 차세대 반도체), 일본은 2개(로봇 · 차세대 디스플레이) 분야에서 가장 높은 점수를 얻었다. 반면 한국은 어느 한 분야에서도 1위를 차지하지 못했다. 가장 핵심 분야인 인공지능(AI) 기술력 수준 및 연구 역량 평가 또한 한국은 선두 국가에 한참 밀리고 있다. 정보통신기획평가원(IITP)에 따르면 2017년 기준, 한국의 전반적인 AI 기술력은 미국 대비 78% 수준으로, 유럽(88.1%)은 물론이고 중국(81.9%)에도 뒤처진 수준에 머물고 있다.

상황이 이런데도 한국 정부나 대기업들의 과감하고도 민첩한 행동은 별로 보이지 않는다. 실제로 국내 산업 현장에서 첨단 융 · 복합이나 공유, 협업과 같은 대표적 사례를 찾기는 쉽지 않은 실정이며, 주식시장에도 이러한 변화를 선도해가는 기업들은 현저히 부족하다. 우버 택시의 경우와 같이 각종 규제에 묶여 있는 데다 경제 침체에 따른 구조조정에 몰려 기존의 구닥다리 산업만 움켜쥐고 있다가 미래의 새로운 먹거리를 통째로 날리는 건 아닌가 하는 두려움도 엄습해온다.

한편 이 시대 두 가지 키워드는 '창의'와 '융합'이다. 창의는 개인적인 덕목이고, 융합은 조직의 덕목이다. 창의는 라틴어로 '새로운 생각(nuevo invento)'을 의미한다. '융(融)'이란 글자는 원래 곡식을 찌는 세발솥을 뜻하는 글자인 '鬲(력)'과 '蟲(충)'의 생략형인 '虫(훼)'가 합쳐져 이루어진 글자로 "물건을 삶아 김을 빼다"라는 뜻이다. 결국 이는 서로 다른 성질을 가진 다양한 것을 녹여낸다(melt)는 의미다.

요컨대, 지금의 시대정신은 개인의 창의(재능과 지식)를 융합으로 묶고 이어서 협업으로 산출될 것을 요구한다. 이러한 흐름을 한 글자로 상징하는 것이 바로 통섭의 '섭(攝)'이다. 이 글자를 자세히 보면 귀(耳)가 세 개나 붙어 있다. 상이한 성격의 다양한 벽을 넘나들려면 무엇보다 자신과 다른 외부, 타인의 목소리에 귀를 크게 열어야 할 것이기 때문이다.

학제 간, 다제 간 통섭(統攝, Consilience)을 이루기 위해선 무엇보다 학문과 전공의 울타리를 확 걷어내야 한다. 그러나 한국사회에서 소위 전공이란 미명하에 둘러친 두꺼운 커튼의 내부는 그들만의 리그다. 특히 융합경제 시대에 대학은 사실상 물류창고로 전락할 위기에 몰리고 있다. 국내 대학은 이미 상아탑도 아니고 그렇다고 실전 훈련소도 아니다. 이론과 현실의 괴리는 심각한 수준을 넘어 기업들의 재교육 비용과 경쟁력 하락으로 이어지고 있으며, 대학교육 무용론의 근거가 되고 있다. 그러나 융합이란 제목 아래 마구잡이 짬뽕식으로 무모하게 자행되고 있는 부작용은 더욱 심각한 수준이다.

현재 전 세계적으로 교육혁명은 폭발적으로 진행 중이다. 한국만이 여전히 시대착오적인 주입식 문·이과 교육을 지속해오고 있는 가운데, 세계는 이미 로봇 교사, 학년 구분 없는 교실 등 근본적인 변화에 시동을 걸고 있다. 이른바 온라인 대중 공개수업인 MOOC(Massive Open Online Course)를 통해 세계 유수 대학의 강의를 공짜로 들을 수 있는 코세라, 에덱스를 필두로 세계적 돌풍을 일으키고 있는, 세계 7개 도시에 캠퍼스를 둔 혁신교육의 아이콘 미네르바 스쿨, 그리고 창업사관학교로 불리는 에코42 등 대안학교도 급부상하고 있다.

현재 시도되고 있는 '교육 4.0'의 핵심은 기존의 'Training(훈련)'이나 'Learning(학습)'의 차원을 뛰어넘어 'Inspiring(고취)' 나아가 'Pioneering(개척)' 영역으로의 확장을 겨냥하고 있다. 테슬라 창업자인 일론 머스크가 제안한 화성 여행이나 초음속 튜브열차 등 차원을 달리하는 사업 발상의 원천이 그것이다.

교육 선진국 핀란드는 법 개정을 통해 2020년부터 학교에서 '4C'를 가르칠 것이라고 선언했다. 4C는 소통(Communication), 창의력(Creativity), 비판력(Critical thinking), 협업(Collaboration)을 가리킨다. 그 일환으로 이 나라에선 2018년 이래 모든 공식적인 학교 커리큘럼의 창조적 파괴가 진행되고 있다. 그 커다란 변화의 줄기는 교과 과정에서 기존의 개별 과목을 제거하는 것으로, 이는 예컨대 제2차 세계대전과 같은 개별 사건과 현상에 대한 연구로 대체될 것이며, 소그룹별 토론수업도 장려된다. 지식 습득 그 자체가 아니라 질문하고 토론하는 능력, 문제를 창의적으로 해석하고 실천하는 지식의 축성(築城) 능력이 중요하다는 것이다. "오늘의 아이를 어제의 방법으로 가르치는 것은 아이들의 미래를 훔치는 것이다." 세계적인 교육개혁가 존 듀이(John Dewey)의 지적은 여전히 큰 울림이 있다.

가장 중요한 것은 역시 우리 기업의 경쟁력 문제다. 4차 산업혁명 시대, 우리 기업이 도태되지 않기 위해서는 융합·공유·협업을 향한 적극적이고 진취적인 자세가 필요하다. 특히 기업의 생존전략으로서의 '협업(Collaboration)'은 시대적 명제로 떠오르고 있다. "혼자 가면 빨리 가지만, 함께 가면 멀리 간다"고 했던가. 최근 글로벌 자동차 기업들과 IT 기업들의 합종연횡 및 미중 무역분쟁의 유탄을 맞은 화웨이 사태를 볼 때, 이젠 글로벌 기업조차 협업하지 않으면 생존할 수 없는 시대인 것이다.

난무하는 용어와 개념의 홍수 속에서 해답은 의외로 쉬울 수 있다. 서강대 이덕환 교수가 주장하는 목소리에서 그 실마리를 찾을 수 있다. "진정한 융합과 통섭을 실천하는 현실적인 방법은 간단하다. 개인은 전문성을 극대화시키고, 조직 사이의 장벽은 적절하게 낮추면 된다."

성공적인 융·복합은 마치 전문가들이 함께 만드는 가든파티와 같다는 것이다. "좋은 담이 좋은 이웃을 만든다." 위대한 시인, 로버트 프로스트(Robert Frost)의 말이다.

공유경제를 쏴라

세계적인 미래학자, 제러미 리프킨(Jeremy Rifkin)은 『한계비용 제로 사회』에서 자본주의를 대체할 새로운 패러다임으로 '협력적 공유사회(Collaborative Commons)'라는 신개념을 주창했다. 그가 제시한 '협력적 공유사회'라는 새로운 경제 시스템은 19세기 초 자본주의와 사회주의의 출현 이후 처음으로 세상에 선보인 새로운 경제 패러다임이다.

2008년 하버드대 로렌스 레식(Lawrence Lessig) 교수가 저서 『리믹스(Remix)』에서 처음 언급한 '공유경제(Sharing Economy)'는 주택, 자동차는 물론이고 아이디어, 노동력 등 무형적인 영역에 이르기까지 놀고 있는 자원을 필요로 하는 사람에게 제공해 가치를 창출하는 의미로 널리 통용되고 있다. 현재 미국인의 약 40퍼센트가 협력적 공유경제에 적극적으로 참여하고 있다. 글로벌 컨설팅 기업인 PwC에 따르면, 공유경제와 관련한 세계 산업 규모는 2017년 약 150억 달러에서 2025년 약 3350억 달러로 20배 이상 성장할 것으로 전망되고 있다.

그 전파와 확산도 가팔라지고 있다. '소유에서 사용으로'라는 구호 아래 세계경제의 구조는 빠르게 전환 중이다. 우버(Uber), 리프트(Lyft), 에어비앤비(Airbnb)와 같은 온디맨드(on-demand)형 공유기업의 성공 사례도 심심치 않게 들려오고 있다. 특히 2008년 브라이언 체스키(Brian Chesky)와 조 게비아(Joe Gebbia)가 창업한 에어비앤비는 온라인 예약 기술을 적용해 일반 가정집을 호텔처럼 이용할 수 있도록 했다. 샌프란시스코에 본사를 두고 있는 이 회사는 현재 191개국, 3만 4000개 이상의 도시에 진출해 있는 세계 최대의 숙박 공유 플랫폼이다. 최근 글로벌 호텔 예약 플랫폼인 오요(Oyo)에 투자를 결정하면서 이 회사의 사업영역은 일반 호텔로까지 확장될 전망이다.

이와 유사한 개념으로 '긱 이코노미(Gig Economy)'도 무대에 등장하고 있다. 이는 1920년대 미국 남부 항구 재즈 공연장에서 그때그때 연주자를 구해 공연을 진행했던 '긱(Gig)'에서 유래한 용어로 기업들이 필요에 따라 계약직 혹은 임시직으로 프리랜서를 고용하는 경향의 경제현상을 일컫는다.

세계적으로 공유경제 확산의 속도는 눈부시다. 2016년 전 세계 10억 달러 스타트업 기준, 상위 13개 중 12개가 공유경제 관련 기업이다. 우선 나눠 쓰는 인구가 무려 6억 명에 달하는 중국을 보자. 중국 정부는 2017년을 마감하며 올해의 단어로 '공향(共享, 공유의 중국식 표현)'을 선정했다. 바이두, 알리바바와 함께 중국 IT 삼총사(BAT)로 불리는 텐센트의 CEO 마화텅은 "중국의 공유경제가 모바일 인터넷 시대에 중추적인 역할을 하고 있으며, 이는 인터넷 기술 발전의 필연적 산물"임을 강조한다. 중국에는 환자를 직접 찾아가는 공유 간호사까지 등장해 화제가 되었다. 그리고 전 세계 공유경제 시장의 60%를 차지하는 북미, 공유경제로 경제성장을 꿈꾸는 일본, 매년 공유시장 규모가 두 배로 뛰는 영국 등이 있다.

물론 실패 위험도 있다. 2014년 창업한 이래 '도크리스(거치대 없는) 공유자전거 플랫폼'으로 큰 성공을 거두어 한때 중국의 '4대 현대 발명품'으로까지 꼽혔던 스타트업 오포가 최근 존폐 위기에 몰렸다. 이는 QR코드를 스캔해 자전거를 빌려 쓴 뒤 어디든 놓아둬도 된다는 신선한 발상에 '라스트 마일(정류장이나 역에서 목적지까지의 거리)'을 해결하는 친환경 모빌리티란 장점이 크게 어필한 비즈니스 모델이었다.

한국 또한 온라인과 오프라인을 융합하는 소위 O2O 비즈니스(오피스, 객실, 패션 의류 등)의 상승세가 뚜렷하다. 연세대와 포스텍은 교류 강화를 통해 궁극적으로는 공동학위 수여를 위한 협력체계를 갖추기로 하고 캠퍼스의 개방·공유 선언을 발표했다. 그러나 최근 택시업계와 새로운 승차공유 플랫폼 '타다'와의 갈등 격화에서 보듯이, 국내 공유경제의 앞날은 아득하기만 하다. 게다가 택시와 모빌리티 관련 신규 사업 모델들은 정부의 ICT 규제 샌드박스(신규 ICT 융합 기술 및 서비스를 일정 기간 동안 규제 없이 시험, 검증할 수 있게 제공하는 제도) 통과에 어려움을 겪고 있고, 관련 규제 혁신은 대부분 구호에 그치고 있는 실정이다.

한편 4차 산업혁명 시대에 대규모 실직이 일어날 것이란 우려는 이미 팽배하다. 2018년 초 세계적인 투자은행 골드만삭스가 전문 트레이더 600명 중 2명만 남기고 해고하거나 이직시켰다는 보도가 나와 큰 충격을 주었다. 인간이 하던 일을 인공지능으로 대체한 것이다. 이런 현상은 사회 전반으로 퍼져나갈 것이다. 조나단 워첼 (Jonathan Woetzel) 매킨지 글로벌연구소장은 "2050년에는 현재 인간의 일자리 절반가량이 인공지능에 의해 대체될 것이다"라고 전망하고 있다.

물론 새롭게 생겨나는 일자리도 있다. GE는 인공지능과 3D 프린팅, 빅데이터와 산업 로봇 등 4차 산업혁명 핵심 동력과 관련된 분야에서 수백만 개의 일자리가 창출될 것으로 예측했다. 그럼에도 일자리의 총량은 감소할 것이라는 게 미래학자들 대부분의 의견이며, 디지털화 수준 상위 10% 기업이 전체 기업 이익의 절반을 가져갈 것이라는 충격적인 예측도 쏟아지고 있다.

제러미 리프킨은 여기에 대해 이렇게 답했다. "자동화로 인한 실업을 두려워 마라. 인간은 다음 단계로 발을 내딛는 것이다."

유쾌한 반란

창의와 실행. 이는 조직행동(organizational behavior)의 두 마리 토끼다. 창의(創意)는 좋은 의도이나 이게 실행으로 연결이 안 되면 공상이나 망상이 된다. 결국 의도라는 바늘에 행동이라는 실을 꿰어야 훌륭한 옷이 지어진다. 이와 관련해서 미국의 진보적 교육과학자 루돌프 플레쉬(Rudolph Flesch)는 "늘 해오던 방식을 고수할 필요가 전혀 없다는 깨달음, 그것이 바로 창의력이다"라고 정의한 바 있다.

청출어람(靑出於藍) 후생가외(後生可畏)!
이 글귀야말로 역사 발전의 엔진이다. 늘 선배들의 그늘에 가려 후배들이 기를 못 펴는 조직을 상상해보라. 무엇보다 전례(前例)라고 불리는 기업문화의 전관예우를 깨고, 후배가 선배를 하나씩 이겨나 갈 때 조직은 발전하는 법이다.

'청출어람'의 원문은 "청출어람청어람(青出於藍青於藍)"이다. 즉, "청색은 남색으로부터 나오지만 남색보다 푸르다"란 뜻이다. 이는 제자가 스승보다 뛰어남을 가리키는 말로서 전국시대『순자(荀子)』의 「권학편(勸學篇)」에 처음 등장한다. "학불가이이 청취지어람 이청 어람 빙수위지 이한어수(學不可以已 青取之於藍 而青於藍 氷水爲之 而寒於水)." 즉, "배움을 중단해서는 안 된다. 푸른빛은 쪽 풀에서 뽑아내지만 쪽 빛보다 더 푸르고, 얼음은 물이 얼어서 이뤄졌지만 물보다 더 차다" 는 의미다. 속담에 "나중에 난 뿔이 더 우뚝하다(後生角高, 후생각고)"라 는 말이 있는데, 이 역시 뒤에 생긴 것이 먼저 것보다 훨씬 나음을 말한다.

한편 '후생가외'의 유래는『논어』「자한편(子罕篇)」에 나오는 공 자의 말씀으로, "후배를 선배보다 더 두려워하라"는 뜻이다. 여기서 두렵다는 것은 무섭다는 뜻이 아니고 존경(尊敬)의 뜻이다. 사실 하 찮게 여겼던 사람이 커서 자기보다 훌륭하게 된 예는 주변에 흔하 다. '미지수(未知數)'란 의미가 매우 심장한 이유다. 후생(後生)의 반대 가 선생(先生)이다. 그러나 나이가 많다고 아무나 선생이 되는 건 아 니다.

『북사(北史)』에는 제자가 스승을 능가하는 실제 사례가 나온다. 북위(北魏) 출신의 이밀(李謐)은 어려서 저명한 학자인 공번(孔璠)을 스 승으로 삼아 열심히 공부했다. 그는 스승의 가르침을 철저히 이해할 뿐 아니라 자신의 사상으로 정립하기에 이르렀다. 오래지 않아 이밀은 여러 방면에서 스승을 능가하게 되었다.

그러나 공변은 이를 질투하지 않고 오히려 그에게 가르침을 청했다. 이밀은 스승의 행동에 어찌할 바를 몰랐다. 공변은 그에게 "자네 그러지 말게. 성인에게는 정해진 스승이 없다고 했네. 하물며 우리 사이에야……. 하나를 잘해도 나의 스승이 될 수 있다고 했으니 너무 격식을 차리지 말게"라고 했다. 무릇 학식을 갖춘 사람은 모두 나의 스승이 될 수 있다는 의미였다.

이 일이 세상에 알려진 후 사람들은 매우 감동했고, 사제에 관한 노래를 만들어 이를 찬양했다. 이때 친구들은 이렇게 말했다. "푸른색은 쪽에서 나왔지만 쪽이 덜 푸르니 스승이 어찌 항상 스승이겠는가(청성람 남사청 사가상, 靑成藍 藍謝靑 師可常)." 또한 그들은 학문에 나이가 없음을 보여준 친구의 용기에 박수를 보내고 훌륭한 제자를 두었다는 뜻에서 '청출어람'이라고 칭찬했다. 여기서 '청(靑)'은 제자이고 '람(藍)'은 스승이다. 이때부터 이러한 우수한 인재를 가리켜 '출람지재(出藍之才)'라 부르게 되었다.

유명한 다빈치와 아기 천사의 이야기도 있다. 이탈리아의 천재 화가 레오나르도 다빈치는 어렸을 때, 유명한 조각가이자 화가인 베로키오의 문하생이 되어 그림을 배웠다. 다빈치는 그곳에서 천부적인 소질과 부단한 노력으로 몇 년 만에 스승과 대등한 수준으로 발전했다.

어느 날, 베로키오는 급한 일이 있어 문을 나서게 되었다. 그는 다빈치를 불러 책상 위의 그림을 가리키며 말했다. "내가 오늘 급한 일이 있어 나가봐야겠네. 이 그림을 오늘 저녁에 갖다 줘야 하는데, 아직 아기 천사를 완성하지 못했다네. 자네는 내 밑에서 오랫동안 공부했고 자네의 능력을 믿고 있으니, 나 대신 아기 천사를 완성해 주게."

다빈치는 전전긍긍하며 대답했고, 붓을 들어 그리기 시작했다. 석양이 저물기 전에 그는 귀여운 아기 천사를 완성했다. 의뢰인은 그림을 받아 벽에 걸고 유명한 화가들을 초대하여 감상하게 했다. 화가들은 그림을 유심히 살펴본 후, 구석에 그려진 아기 천사를 가장 잘 그렸다는 데 의견을 같이했다고 한다. 이후 베로키오 선생이 이 일을 알게 되었고, 그는 다빈치를 불러 말했다. "자네의 그림은 이미 나를 훨씬 능가하였네. 더 이상 가르쳐줄 것도 없고, 단지 화실을 빌려줄 수 있겠구먼. 그림 그리기에 더욱 노력하기를 바라네!"

창조란 한마디로 기분 좋은 파괴다. 도처에서 벌어지는 각종 '유쾌한 반란'이야말로 조직 혁신의 마중물이자 역사의 원동력이다. 오늘도 우수한 후배들의 기분 좋은 반란을 기대해본다.

'워크(Work)'에서 '플레이(Play)'로

노장사상은 그 깊이에 있어 동양 최고봉이라 칭송된다. 노자의 사상을 한마디로 '공(空)'이라 한다면, 보다 현실적인 사상가로 평가되는 장자의 사상은 '허(虛)'다. 흥미로운 사실은 장자가 제기한 화두들은 현대 경영의 고민거리와도 상통한다는 점이다.

과거 인간의 활동은 '노동(labor)'이라 불리어졌다. 이후 급속한 산업화는 노동의 개념을 '일(work)'로 바꾸어놓았다. 그러나 향후 인간이 담당하던 작업을 인공지능 로봇이 대부분 떠맡게 되어감에 따라 이런 상황은 혁명적 변화를 맞게 될 수밖에 없다. 이런 현상은 약사, 의사, 교수, 변호사 등 소위 전문가라 불리던 집단도 예외가 아니다. 도도하게만 보이던 산업화 시대의 '워크'가 이제 막을 내리고 있는 것이다. 따라서 현재 대부분의 직장인들은 뭔지 모를 불안감과 의문을 지닌 채 하루하루를 보내고 있다.

"워크 다음에 오는 세상에서 난 무엇을 해야 하나?" 결론부터 말하자면, 'Labor → Work → Play'로의 진화다. 그런데 이는 그 옛날 장자가 강조한 '유(遊)'의 개념과 상통한다.

그렇다면 장자가 말한 '유(遊)'란 일은 하지 않고 먹고 노는 건가? 여기에 대한 장자 연구의 대가, 성균관대 김정탁 교수의 답변이다. "어떻게 일을 할 것인가에 대한 해답이 유(遊)다. 원래 인간의 노동은 신성했다. 자연과 인간을 잇는 매개였다. 이게 산업시대에 들어와 먹고사는 수단으로 바뀌었다. 그래서 노동(labor)이 일(work)이 되고 말았다."

'노동'이 변색된 제조 중심 산업시대의 '워크' 개념에는 자기 영혼이 없으며, 그걸로는 새로운 시대를 헤쳐나갈 수 없다. 또한 대중예술 같은 타자화된 것들로도 진정한 자아만족을 이룰 순 없다. 비슷한 맥락에서 공자 또한 오래전에 "아는 것(知)은 좋아하는 것(好)만 못하고, 좋아하는 것은 즐기는 것(樂)만 못하다"라고 설파했다.

세계 최고 기업인 구글의 사옥 명칭은 이미 '워크 스테이션'이 아니라 '플레이 스테이션'이다. 이제는 일이 '워크'가 아니라 '플레이(놀이)'가 되어야 한다는 것을 강력히 시사하고 있다. 일과 더불어 직장은 직원들의 즐거운 놀이터로 변해야 한다. 따분한 일상, 엄숙한 상사, 지겨운 회의, 반복되는 야근과 영원히 이혼하는 결단을 내려야 한다. 최근 창업한 젊은 스타트업에서 이런 신선한 시도가 여럿 발견되고 있음은 크게 칭찬할 일이다.

일찍이 피터 드러커(Peter Drucker) 교수는 "배우는 곳에는 두 가지가 있다"고 했다. 하나는 학교이고 다른 하나는 회사라는 것이다. 차이가 있다면 학교는 돈을 내고 배우고, 회사는 돈을 받고 배우는 곳이라고 했다. 그렇다. 돈을 받으면서 배우는 곳이 직장이다. 알고 보면 엄청 고마운 일이다. 직장도 따지고 보면 하나의 교실이다. 구글, 애플, SAS 같은 회사가 본사를 헤드쿼터(headquarter)라 부르지 않고 '캠퍼스(campus)'라 부르는 이유다.

머리 회전이 빠른 사람들은 이미 눈치를 챘을 것이다. 즉, 기존의 일로부터의 해방이다. 진짜 휴먼 르네상스가 도래할지도 모른다. 골치 아픈 논리, 계산은 던져버리고 이젠 인간이 아니면 할 수 없는 걸 찾아 나서야 한다. 최근 여러 선진기업들은 디자인 싱킹(Design Thinking)과 같은 창조적 프로젝트에 강력한 시동을 걸고 있다. 이는 결국 좌뇌와 우뇌, 이성과 감성을 결합한 융합적, 통섭적 사고와 미래형 인재를 육성하는 것이다.

특히 기술의 특이점(Singularity)이 핵폭발을 예고하는 가운데, 딥러닝(Deep Learning) 등으로 무장한 인공지능과의 대혈전은 서서히 목을 조이며 다가오고 있다. 성실과 노력을 최고 덕목으로 삼고 살아온 사람들에겐 전대미문의 난해한 전장이다. 여기서 살아남는 건 창조적 사고와 융합이 그 핵심이다. 이건 열심히 한다고 잘되는 게 아니다. 모범생보다는 엉뚱한 아이가 뜨는 게임판이며, 한 구멍만 파온 사람이 아니라 수많은 낯선 다양성을 연결시켜온 통섭형 인재상이 요구되는 새로운 세상이다.

될 수만 있다면 스스로 휴먼 플랫폼으로 나서는 것도 멋질 것이다. 이미 쇠락하고 있는 지상파 방송을 보라. 절대 지존 유튜브를 필두로 1인 미디어는 이미 대세다. 이런 기존 질서의 대반전은 모든 분야가 마찬가지일 것이다. 과거에 매달리거나 변화를 거부하는 구닥다리 사고로는 비참한 길로 추락할 것이며, 이런 새로운 물결에서 지식과 정보 서핑을 즐기며 자신만의 창의력을 맘껏 펼치는 전문 플레이(play)형 인재의 몸값은 천정부지로 치솟을 것이다. 마치 빌보드를 점령해버린 우리 방탄소년단(BTS)처럼 말이다.

!

이동규 교수의 두줄칼럼

검색보다
사색이다

창조란 생각의 습관이다.
사유는 고독을 먹고 자란다.

THINK AUDITION

INSIGHTFUL

INSPIRATIONAL

2장

역발상 콘서트

발사하고 조준하라

포기한 자만이 집중할 수 있다

요즘 경영 현장에는 '선택과 집중'이란 말이 크게 유행이다. 그러나 전문가 입장에서 보면, 이는 '포기와 집중'이 타당하다. 사실 선택이란 고난도의 포기 행위이기 때문이다.

뷔페 식당에 깔린 수많은 요리들. 이것도 조금, 저것도 조금 먹다 보면 도대체 뭘 먹었는지 기억도 안 나고 집에 오면 설사까지 한다. 소위 먹을 줄 아는 미식가는 전문식당을 찾는 법이다. 김치찌개 하나는 끝내주는 식당에 가는 게 진짜 고수다. 비싼 생선회도 먹을 줄 아는 사람은 절대 모둠회는 시키지 않는 법이다.

하버드대 마이클 포터(Michael. E. Porter) 교수는 『경쟁전략론』에서 "전략이란 무엇을 할 것인가가 아니라 무엇을 포기하고 버릴 것인가의 문제다"라고 갈파하고 있다. 인생도 그렇지만 선택의 과정을 되짚어보면, 선택은 곧 포기의 과정임을 알 수 있다. 따라서 이른바 선택과 집중은 곧 포기와 집중이다. 포기한 자만이 선택할 수 있으며, 선택한 자만이 집중할 수 있다. 요컨대, 자신의 장점과 단점 중에 단점을 보완하는 것보다는 장점을 더욱 극대화하는 것이 전략적 사고인 셈이며, 이것이 바로 '차별화' 개념의 핵심이다.

예전에 세계피겨스케이팅 선수권 대회에서 우승하고 돌아온 김연아 선수에게 기자가 질문을 던졌다. "앞으로 진짜 하고 싶은 일이 무엇인가요?" 이에 대해 당시 대학 초년생에 불과한 앳된 김연아는 "피겨를 더욱 잘하고 싶어요"라는 일견 평범한 답을 내놓았다. 그러나 이는 전략이론상 최고수의 경지에서나 나올 법한 답변이었다.

세계적인 초우량 서비스 기업 사례 중 여기에 딱 맞는 회사가 바로 사우스웨스트항공(SWA)이다. 필자는 평소 이 회사를 가리켜 '전략 덩어리'라 부른다. 원래 항공사 평가의 세 가지 기본 항목은 정시도착(On-time delivery), 화물 처리(Baggage process), 그리고 고객 서비스(Customer service)이다. 사우스웨스트는 이 세 가지를 모두 석권해온 트리플 크라운 회사로서 '펀(Fun) 경영'으로도 유명하다. 직원만족과 경비 절감을 위해 수백 대의 비행기는 모두 보잉737 기종이다. 그러나 이곳은 보딩 패스도 없고 식사도 안 준다. 다른 항공사와의 화물 연대도 없으며, 내리는 공항도 시내 중심이 아닌 외곽 공항을 주로 이용한다. 학교 성적으로 보면 10개 과목 중에 대다수는 과락인데, 소수의 전공필수 과목은 타의 추종을 불허하는 수준이다. 포기와 집중의 생생한 사례가 아닐 수 없다.

2019년 1분기에 사상 최대 실적을 올린 LG생활건강도 같은 전략의 결과다. 중국 화장품 시장 공략에 나선 지 오래지만 별다른 성과가 없었던 이 회사의 경영진은 2012년 이후 한류 열풍으로 판매가 크게 늘자, 중저가 브랜드를 싹 철수시키고 럭셔리 브랜드인 '후'로 승부수를 띄워 대성공을 일구어냈다. 역시 포기한 자만이 집중할 수 있었던 사례다.

이에 반해 우리나라는 '전 과목 평균'이라는 해괴한 논리를 들이밀며 어느 한 분야에 특출한 어린 천재들을 다 죽여왔다. 미국에서 태어났으면 MIT 교수도 했을 친구가 변변한 직업도 없이 실업자가 되어버린 경우도 숱하게 보아왔다.

기막힌 바보 만들기는 직장생활에서도 이어진다. "달라야 산다. 그러나 다르면 짤린다"고 요약되는 국내 직장인들의 딜레마는 심각한 수준이다. 머리가 좋으면 인간성이 떨어진다고 비판하고, 인간성이 좋으면 머리가 나쁘다고 몰아세운다. '고통의 우상숭배'라 일컬어지는 이러한 문화로 인해 그 치열한 경쟁을 뚫고 입사한 직원들은 창의적 인재로 커가기는커녕, 상사병과 만성야근에 시달리며 종국에는 다른 선배들처럼 언제나 침묵은 금이며 눈치는 9단으로 변해버린다. 여기에서 '청출어람(靑出於藍)'을 기대하는 건 강가에서 숭늉을 찾는 격이다.

한편 신림동 고시촌에서 개천의 용을 꿈꾸며 사법고시에 목숨을 걸었던 사람들과 지금도 그 좁아터진 노량진 고시원에서 공무원 시험에 목을 매고 있을 이 땅의 수많은 천재들을 생각해보면 늘 마음이 무거워진다. 알고 보면 판검사와 같은 일은 상식 있는 사람들이 맡아 해도 충분한 직업이다. 고시란 제도로 인해 지나치게 우수한 사람들이 전부 이쪽으로만 몰리는 바람에 진짜 필요한 과학자나 비즈니스맨, 금융인, 언론인 등등 선진형 인재 풀은 늘 공급이 쪼들리는 실정이었다. 아마도 역대 판검사들의 절반만이라도 다른 길을 갔더라면 대한민국은 벌써 독일과 프랑스를 제치고 최고 선진국 대열에 합류했을 거란 생각을 한 사람은 단지 필자만은 아닐 것이다.

실제로 주위에 보면 남보다 못하는 일을 열심히 하며 살아가는 사람이 너무도 많다. 안 되는 것을 부여잡고 평균 수준으로 끌어올리려 애쓰지 말고, 자신의 장기를 더욱 발전시켜 남이 감히 넘볼 수 없게 만들어나가라는 것이 전략이론의 핵심이다. 미국은 아예 이 원리를 국가전략으로 채택한 영리한 나라다. 지난 1980년대 레이건 대통령 당시 일본의 경제공습으로 초토화되어가고 있던 미국은 자신 없는 수많은 제조업을 과감히 포기하고, 전공과목인 IT 소프트웨어 엔지니어링에 집중하여 지독한 경제위기를 극복하고 세계 유일의 슈퍼 파워로 재탄생하였다.

꽃들도 진화 과정에서 무엇을 얻기 위해서는 무엇을 포기해야 하는 숙명을 지녔다. 화려하면 향기가 없고 향기가 강하면 볼품이 없다. 우리말 중에 "죽도 밥도 안 된다"는 말은 실로 의미심장하다. 죽만 잘 끓여 파는 본죽의 성공을 보라. 팔방미인 소리를 듣고 자란 사람들이 나중에 보면 이렇다 할 명함조차 못 내미는 걸 보면 역시 인생은 과감한 포기와 결단의 함수다.

포기와 집중.

그리 길지 않은 인생길에선 하루라도 빨리 죽이냐 밥이냐를 결정해서 올인하는 게 현명한 길이다. 좀 더 구체적으로 말하자면, 여전히 우리 국민 대다수가 속고 있는 단점 개선의 유혹을 과감히 뿌리치고 하늘이 주신 자신만의 달란트를 발견해야 한다는 의미다. 결국 포기한 자만이 집중할 수 있다는 것이다.

"직(職)으로 가면 업(業)을 잃고, 업으로 가면 직을 얻는다"는 선조들의 가르침이 새삼 큰 의미로 다가온다.

전략적 사고는 최강의 무기다

예상이란 어긋나고 빗나갈 때 쾌감이 있다. 동서고금을 막론하고 비관론은 언제나 낙관론을 이겨왔다. 주식시장의 붕괴를 예언하는 경제학자들은 언제나 뉴스에 크게 보도된다. 만약 호황이 지속되면 사람들은 잊게 되고, 만약 그게 사실이 되면 그는 거의 선지자로 등극하게 된다. 미래학자들의 예측도 사실상 '아니면 말고'와 크게 다를 바 없다.

예전에 수많은 미아리 점집 중 신통하다는 집이 있었다. 특히 임신한 자식이 아들인지 딸인지 궁금해하는 사람들로 크게 붐볐다. 그런데 신기한 건 무조건 딸이라고 큰소리친다는 것이다. 알고 보니 그 비결은 의외로 간단했다. 만약 딸이라면 신통한 점쟁이가 되는 거고, 아들이라면 항의하러 오질 않아 못 맞힌 사실이 퍼뜨려지지 않는다는 이유였다. 논리학이나 수사학 차원에서 보면 초보적인 이야기지만, 경영학에서 말하는 전략적 사고(strategic thinking) 또는 시스템 사고(systems thinking)의 중요성을 엿볼 수 있는 대목이다.

역발상으로 대표되는 전략적 사고란 과학적 분석력에 통찰력(insight)을 겸비할 때 비로소 작동되는 성질의 것이다. 자신의 경험이나 주관에만 입각한 사고방식으로는 결코 창의적 발상이 나올 수 없다. 본질(本質)을 꿰뚫어볼 수 있는 사고력은 사물의 원리를 이해할 때 비로소 가능해진다. '본(本)'이란 글자는 나무 속에 씨앗(seed)을 품고 있는 모습이다. 그 씨앗이 자라 열매를 맺으면 '말(末)'로 바뀌게 된다. 이게 순서가 바뀌면 본말이 전도되었다고 한다. 따라서 결론을 알려면 언제나 근본으로 되돌아가면 된다(Back to the basic).

학교생활에서 좋은 성적을 받는 모범생이 아이디어가 많은 것은 아니다. 오히려 평소 엉뚱한 생각을 하는 괴짜형 인간이 발상의 전환의 단초를 제공하는 경우가 많은 법이다.

몇 가지 사례를 들어보자. 전략적 사고법을 훈련하면 안 보이던 사회현상의 인과관계가 보이기 시작한다.

첫째, 중국인의 양고기 소비가 늘면 일본 학생들의 교복 값이 오른다? 중국에서 얇게 썬 양고기를 육수에 익혀 먹는 훠궈 요리 붐이 전국으로 확산되면서 양모용 양 생산은 급격히 줄었고, 공급이 딸리다 보니 벌어진 일종의 나비효과다.

둘째, 왜 변호사는 늘어나는데 법률 시장은 줄어드는가? 그 이유는 네이버 지식iN과 블랙박스 때문이라고 한다.

셋째, 골프공 찾으러 숲에 가면 위험하다? 이것은 최근 비아그라가 유행하면서 한의원이 쇠퇴하고, 덩달아 정력 공급체인인 뱀탕집도 망해서 뱀 잡는 땅꾼이 격감했기 때문이다.

특히 미래 인공지능 시대에 인간이 경쟁력을 유지하기 위한 강력한 무기가 바로 전략적 사고다. 일본의 세계적인 경제평론가 오마에 겐이치(大前研一)는 저서 『기업 경영과 전략적 사고』에서 '전략적 사고 = 분석(A) + 직관(I)'이라고 정의한 바 있다. 즉, 성공적 전략의 수립과 실행에는 반드시 좌뇌와 우뇌의 통합적(holistic) 접근이 필요하다는 것이다. 경영에는 연습이 없다. 치열한 현장에서 논리적 인식과 현실의 차이를 모르면 의사결정에 큰 낭패를 겪기 십상이다. 세상일이란 논리적으로 되는 것이 결코 아니기 때문이다.

한편 우리가 일반적으로 행복이라고 생각하는 속에 불행의 씨앗이 숨겨져 있을 수 있고, 불행하다고 생각하는 순간에 행복이라는 씨앗이 감추어져 있는지 모를 일이다. 이는 조상들의 전화위복(轉化爲福), 새옹지마(塞翁之馬)의 지혜와도 일맥상통한다. 동양 최고의 학문인 주역의 세계관은 기본적으로 끊임없는 변화의 과정을 상정하고 있다. 달이 차면 또 기울고 해가 뜨면 또 진다. 또한 봄이 가면 겨울이 오고, 낮이 가면 밤이 온다는 거다. '물극필반(物極必反)'이란 사물이 극단에 이르면 반드시 다른 방향으로 전환된다는 의미다. 그러나 이는 동일한 것이 똑같이 반복된다는 말이 아니라, 끊임없이 새로운 것이 혁신되면서 역동적이고 다양하게 변화한다는 말이다. 전략적 사고란 것도 결국엔 이 변화의 코드를 읽어내는 능력인 셈이다. 변화란 영어로는 단순히 'change'라고 하지만, 동양학에서 말하는 변화(變化)에서 '변(變)'은 물리적 과정이며 '화(化)'는 화학적 과정이다.

원래 사람이란 골치 아픈 생각은 피하고 싶어 하기 마련이다. 그러나 자신만의 진지한 사색 없이 반복적 행동을 계속하게 되면 이른바 '클리셰(Cliché)' 단계로 진입하게 된다. 클리셰는 18세기 초 프랑스에서 신문을 발행하는 과정에서 빨리 신문을 제작하기 위해 식자공들은 기자들이 자주 쓰는 문구를 아예 미리 만들어놓았다는데서 유래하여, 미리 만들어놓은 기성품처럼 진부하거나 틀에 박힌 표현을 가리키는 말이 되었다. 영어의 스테레오타입(stereotype)도 그 어원이 같다. 따라서 클리셰는 현실에서 주로 편견이나 고정관념으로 연결된다.

오늘날 글로벌 경제사회에서 기후변화, 유가, 환율, 주가 등 정부나 공공부문의 의사결정을 비롯하여 전략적 판단의 중요성은 날로 증가되고 있다. 모든 사회경제적 문제의 바닥에는 늘 정보의 비대칭성에서 파생되는 위험이 존재한다. 이에 따라 집단적 사고 수준을 높이기 위한 시도는 거의 모든 학문 분야의 핵심 연구과제가 되어왔다. 집단의사결정이론을 비롯하여 게임이론에서 제시된 죄수의 딜레마(Prisoner's dilemma), 도덕적 해이(Moral hazard), 신호이론(Signalling theory) 등은 이러한 노력의 일환으로 발전되어 온 이론들이다.

특히 정보경제학자들이 주장하는 '역선택(Adverse selection)'이란 현실적인 시장에선 품질이 좋은 상품보다 역으로 품질이 낮은 상품이 선택될 가능성이 높다고 보는 이론이다. 이는 2001년 노벨경제학상을 공동수상한 버클리대의 조지 애커로프(George Akerlof) 교수가 주장한 것이다. 이른바 '레몬 시장(Lemon market) 이론'이다. 여기서 레몬은 우리말로 '개살구' 정도의 의미다. 중고차 시장은 소위 빛 좋은 개살구의 대표적인 사례다. 높은 품질의 중고차들은 가격 때문에 시장에서 퇴출되고, 낮은 품질의 중고차들만 계속 유입되면서 종국에는 소비자들이 외면해서 망하는 길로 가게 된다는 것이다.

한편 우리는 모두 "새로운 눈으로 세상을 바라보라", "관점을 이동하라", "고정관념을 타파하라" 등 사고의 틀을 깨라는 말을 귀가 아프게 들으며 살아왔다. 그러나 이게 말처럼 쉬운 일이 아니다.

이와 관련한 행동경제학 개념 중에 '앵커링 효과(Anchoring effect)'란 용어가 있다. 이는 심리학자이자 행동경제학의 창시자인 대니얼 카너먼(Daniel Kahneman)과 아모스 트버스키(Amos Tversky)가 실험을 통해 증명한 개념이다. 닻을 내린 배가 많이 움직이지 못하는 것처럼 처음에 인상적이었던 숫자나 사물이 기준점이 되어 그 후의 판단에 왜곡 혹은 편파적인 영향을 미치는 현상이다. 정보나 지식이 충분하지 않은 상황에서 행동하거나 결정을 내릴 때 사람들이 직관적 사고에 의존하는 경향을 '휴리스틱(heuristic)'이라고 하는데, 앵커링 효과는 휴리스틱 사고의 일종으로 볼 수 있다. "척 보면 안다", "이대로 살다 죽을래", "배 째라" 등은 앵커링에 빠져버린 사람들이 자주 사용하는 언어다.

최근 사회적으론 프레임(frame)이란 용어가 자주 등장하고 있다.

프레임이란 '창틀'을 뜻하는 단어이지만 여기선 관점이나 생각의 틀을 말한다. 미국의 언어학자 조지 레이코프가 쓴 『코끼리는 생각하지 마』는 정치 프레임이 어떻게 작동하는가를 일깨워준 교과서다. 그는 상대방의 프레임 속에서 상대방의 언어로 얘기하면 상대방의 프레임이 작동한다고 했다. 쉽게 말하자면 상대방에 놀아난다는 거다. 이를 극복하기 위해서는 프레임을 재구성해 대응하고, 가치의 차원에서 사고하고 발언하라고 촉구했다.

기존 프레임을 재구성하는 것은 사회적 변화 그 자체다. 세상을 바꾸려면 대중이 세상을 보는 방식을 바꾸어야 한다. 개인적으로 중요한 것은 다르게 생각하려면 다르게 말해야 한다는 점이다. 예컨대, 원하는 답을 얻으려면 질문을 달리해야 한다. 질문이 달라져야 답이 달라지기 때문이다.

누구나 나이에 상관없이 사고가 석고처럼 굳어버린 화석 인간이 되지 않기 위해선 선입견과 편견, 그리고 세상이 설치해놓은 고정 프레임에서 빠져나오려는 적극적인 자세와 지속적인 노력이 필요함을 명심해야 할 것이다. 선동에 휩쓸려 부화뇌동하지 않는 나만의 목소리를 갖기 위한 독립되고 유연한 사고의 경지를 한마디로 표현한 것이 바로 'Think Out of Box'이다.

생각의 패러독스
- '오히려'를 기억하라

이 세상에서 가장 위험한 장소는 어디일까? "그건 침대다. 왜냐하면 사람의 80%가 거기서 죽기 때문이다." 천재 소설가 마크 트웨인(Mark Twain)의 답이다.

'역설(paradox)'이란 사람들이 믿어온 것과 반대되는 현상을 보고 만들어진 말이다. 그러면 통설은 진실일까 하면 꼭 그런 것도 아니다. 최근에는 더욱 누구에게나 진리로 받아들여졌던 단단한 믿음도 송두리째 깨지는 일이 자주 생겨나고 있다. 견고함의 대명사이던 독일 폭스바겐의 배기가스 조작 파문이 좋은 사례다.

어린 학창 시절에는 노력하면 안 되는 일이 없다고 배웠다. 그런데 오래 살다 보니 노력해도 안 되는 일이 대부분이다. 특히 역설, 딜레마, 아이러니 등이 곳곳에서 출몰한다. 이러한 일들이 벌어지는 배경에는 이론과 실제의 현실적 괴리가 자리 잡고 있다. 세상일이란게 교과서 이론대로 되는 건 거의 없기 때문이다. 이러한 메시지는 수많은 리더들이 조직운영상 자신의 논리를 맹신하다가 저지른 커다란 실수들과도 그 맥락이 닿아 있다.

세상의 히트작은 기존의 발상을 뒤집는 역발상에서 나온 경우가 많다. 바로 여기에 역발상의 통쾌함이 있다. 진부하고 식상한 생각을 떨치고 나온 신선한 메뉴에 대중은 열광한다. 기존의 편견과 고정관념을 깬 사례는 도처에서 발생한다. 그러한 역발상의 에너지가 만들어낼 모습에 세상은 두근거림을 느낀다.

보통 사람들은 어떤 기존의 관습이나 사고를 바꾸어 적용해본 결과가 긍정적이면 이를 가리켜 '역발상'이라 치켜세운다. 그러나 사실은 따지고 보면 그런 생각을 전에는 한 번도 못했다는 이야기와 다름없다. 조직의 업무수행 과정에 있어서도 "전례가 없다"는 말을 자주 들을 수 있다. 이 말에 좌절한 젊은이들이 어디 한둘이었겠는가? 사실 그 전례라는 것도 따지고 보면 전례가 없던 일이었음에도 말이다.

논리와 현실의 괴리는 인류의 영원한 테마다. 따라서 과거의 인습과 관행, 무지와 편견, 고정관념을 극복하기 위한 시도는 끊임없이 계속되어 왔다. 그러나 실제 업무 현장에선 목적을 달성하기 위한 수단이 목적 자체가 되어버린 본말전도(本末顚倒) 현상도 자주 목격된다. 경영평가 점수를 잘 받기 위해 전 직원이 평가보고서 작성에 매달려 본업을 내던지는 일부 공공기관의 사례가 대표적이다. 또한 예로부터 동양에서는 규칙이 너무 세세하고 번잡하여 비능률적인 현상을 '번문욕례(繁文縟禮)'라 일컬어왔는데, 일반 행정에서는 이러한 조직 내 비능률적인 병리 행태를 '전치현상(轉置現象)'이라고 한다. 흔히 현대 관료제에서 나타나는 것으로, 공무원들이 업무 수행의 절차나 규약에 지나치게 얽매여 정작 업무의 효율성이라는 목표를 소홀히 하게 된다는 것이다. 미국의 사회학자 로버트 머튼(Robert Merton)은 이를 '레드 테이프(Red Tape)'라고 명명하였는데, 방대한 양의 공문을 묶어 저장할 때 붉은 띠를 썼기 때문이다.

최근 국내 실내 스크린골프 업계는 역발상의 날씨 경영을 도입했다. 이는 기존의 시각적 현실감 외에 바람의 세기와 방향, 눈·비·안개 등의 날씨 조건을 적용해 고객이 요구하는 현재 날씨 상태와 똑같은 바깥세상을 구현한 새로운 가상 시스템이다. 교통 체증을 관광상품으로 바꾸어놓은 역발상 정책도 있다. 뉴욕의 도심 스카이라인을 관광상품으로 바꾸어 젊은 여행객들에게 인기인 루프톱 바와 더 라이드(The Ride)는 연 관광객 6000만 명을 이끌어낸 주역이다. 특히 더 라이드는 특수 제작된 고가의 도심 관광용 공연 버스인데, 길거리 공연문화와 공연기술을 접목한 고부가가치 상품이다.

세계적인 디자인 컨설팅 회사인 IDEO사는 한마디로 역발상 왕국이다. 그들이 집행하는 일종의 역발상 파티인 'Idea Audition'은 언제나 큰 주목을 끌고 있다. 배스킨라빈스의 아이스크림이 묻지 않는 주걱, 칫솔의 부드러운 손잡이 등이 여기서 나온 것이다. IDEO사의 기업문화는 바닥까지 닿는 칠판이 설치되어 있는 본사 화장실 등

직원들의 창의성을 극대화시키는 것으로도 유명하다.

한편 '질(質)'은 바탕을 의미한다. 무릇 세상의 이치란 먼저 바탕이 만들어지고, 그다음에 무언가를 세워야 한다. 세운다는 것은 '격(格)'이다. 성질(性質)에서 성격(性格)이 나오고, 품질(品質)에서 품격(品格)이 나온다. 격을 얻는 것은 어려운 일이나, 이것을 깨는 '파격(破格)'은 더욱 어려운 일이다. 따라서 파격이란 화려한 역발상이며, 파격의 미(美)야말로 진짜 아름다움이다.

뻔히 그럴 거라고 예상되던 걸 깨고 나오는 모습에서 우리는 모두 깊은 산소 호흡을 경험하게 된다. 감동은 여기서 시작된다. 그러나 힘든 일이나 훌륭한 일에는 늘 '오만의 덫'이 존재한다. 아이러니하게도 좋은 일을 하고도 오히려 불행해지는 경우는 이 때문이며, 늘 호사다마(好事多魔)를 경계해야 할 이유다. 정부가 시행한 정책 중 원래 의도와 180도 다른 결과를 초래한 정책들을 살펴보면, 주로 이러한 전략적 사고의 결핍 내지 권력적 오만에서 비롯된 것임을 알수 있다. 따라서 큰 영향을 미치게 될 전략적 의사결정을 하게 될 때는 속으로 '오히려'를 큰소리로 외쳐보는 사고 습관을 익혀두는 게 큰 도움이 된다.

'오히려 현상'의 쉬운 예를 들어보자. 대표적인 것이 '해고의 역설'이다. 이는 유럽 노동조합들이 노동자 보호를 위해 해고(lay-off)를 어렵게 한 결과 '오히려' 실업률이 더욱 높아진 결과를 두고 생겨난 말이다. 국내에서 진행 중인 시간강사법을 비롯한 비정규직 보호법

안의 파행적 결과는 바로 이러한 문제의 전형적인 사례다. 최근 국내 구조조정 과정을 지켜보면 내보내야 할 이들은 끝까지 버티고, 정작 회사에 필요한 인물은 막대한 퇴직위로금을 받고 다른 곳으로 가버리는 아이러니한 일들도 속출하고 있다.

개인적 측면이나 부분적으로는 성립하는 것이 전체적으로는 성립하지 않는 경우도 있다. 경제학에서 말하는 구성의 오류 중 대표적인 예는 '저축의 역설(Paradox of Saving)'이다. 개인의 저축은 개인을 부유하게 만드는 데 반해, 모든 사람이 저축을 하게 되면 사회 전체의 부를 증대하지 못한다는 것이다. 지나친 저축은 '오히려' 경제 전체의 부를 감소시킨다는 말이다.

특히 경제는 '풍선효과'를 유념해야 한다. 유럽에는 "한쪽 문이 닫히면 다른 한쪽의 문이 열린다"는 속담이 있다. 어디 한 군데를 잡겠다고 세게 누르면 '오히려' 어딘가는 반드시 터지게 되어 있다. 자본주의에서 시장의 힘을 이해해야 한다는 것은 상식이다. 주식시장에는 "대중을 배반하고, 시장에 순응하라"는 오랜 격언이 있다. 경영학에서도 역전 기법은 자주 등장하는 메뉴다. 예컨대, 서비스 분야에서는 고객의 불만(VOC)을 그 자리에서 해결하여 '오히려' 단골로 만드는 방법, 즉 서비스 회복(Service Recovery)이란 기법이 쓰이고 있다.

'오히려 효과'에 대한 학문적 연구도 널리 존재한다. 대영제국이 인도를 지배하던 시절, 코브라를 싫어한 영국인 지사는 코브라를 죽여서 가져오는 사람에게 보상하는 제도를 시행했다. 처음에 사람들은 코브라를 사냥하여 돈을 받기 시작했으나, 보상에 대한 욕망으로 코브라 농장을 만들기 시작했다. 대규모 코브라 사육 시장이 형성되자 영국은 보상제를 철회하였다. 코브라 가치가 떨어지자 사람들은 코브라를 무단으로 버리기 시작했고, 개체 수를 줄여보고자 했던 코브라는 '오히려' 더 증가하게 되었다. 사회문제를 해결하고자 했던 정부의 규제가 역효과를 초래한 것이다. 이를 '코브라 효과(Cobra Effect)'라고 한다.

교통공학에선 '브라에스의 역설(Braess' Paradox)'이 존재한다. 이는 원래 독일의 디트리히 브라에스(Dietrich Braess) 교수가 주장한 가설로, 도로를 줄이면 '오히려' 교통량이 감소한다는 이론이다. 일견 차로를 줄이고 보행로를 넓히면 체증이 극심해질 것이라 생각하겠지만 현실은 다르다는 판단이다. 뉴욕 타임스퀘어의 차로 줄이기 등 도로 다이어트는 선진국에선 이미 일반화되어 있다. 일본 도쿄 번화가인 오모테산도 역시 '주차장 없는 상권'이란 콘셉트로 재개발된 사례다. 실제로 불법주차가 줄면서 관광객이 크게 늘었다고 한다.

또한 안전장치가 바로 안전한 결과를 유도하지 않는다는 것은 잘 알려진 사실이다. 실제로 맨몸으로 하는 럭비와 헬멧, 기어 등 각종 안전장치를 한 미식축구 중에 미식축구 선수의 부상이 더 많다고 한다. 안전장치를 믿고 거칠게 운동을 하기 때문이다. 이를 입증한 것이 '펠츠만 효과'다. 시카고대 샘 펠츠만(Sam Peltzman) 교수의 연구결과에 따르면, 안전벨트를 의무화했더니 사고가 나도 죽지 않는다는 생각에 차를 더 거칠게 몰아서 사고당 사망자 수는 줄어드는데 사고 수가 늘어 '오히려' 결국에는 사망자 수가 증가한다는 것이다.

역발상의 백미는 역시 "위기는 기회다"란 말이다. 하도 듣다 보니 진부한 것 같지만 이것은 영원한 진리다. 힘들고 지칠 때 우리에게 이보다 더 희망을 주는 말은 없다.

그렇게 본다면 과연 정상적이란 건 무엇인가? 정상이란 말보다 비정상인 말은 없다. 뭐든지 거꾸로 보는 시각을 길러볼 필요가 있다. 단, 긍정적으로 부정하라. 그리고 언제나 '오히려'를 기억하라!

단순함이 아름답다

Simple is beautiful

단순함이 복잡함을 이긴다?

실제로 대부분의 사람들은 복잡한 것보다는 쉽고 단순한 것을 선호하기 마련이다. 거기에 즐거움까지 겸비한다면 금상첨화다. 이는 신제품을 기획할 때, 상사에게 결재를 득할 때, 심지어는 여자에게 청혼할 때나 매우 절실하게 깨닫게 되는 일종의 삶의 지혜다. 처음에는 단순하면 뭔가 부족한 것 같고 밋밋하다는 생각 때문에 단순함의 가치를 모르던 사람들도 오랜 세월을 살아오다 보면 누구나 느끼게 되는 일이다.

그러나 "단순한 것을 복잡하게 만드는 건 단순한 일이나, 복잡한 것을 단순하게 만드는 건 복잡한 일이다"라는 명제에서 보듯이 단순하게 만드는 건 결코 단순한 일이 아니다. 요컨대, 단순함이란 고도의 복잡한 프로세스를 통과한 마지막 결정체란 사실이다. 사실 우리가 오랜 세월 공부해서 배우고자 하는 것도 바로 복잡한 것을 단순화하여 이해하는 과정에 다름 아니다. 골프 경기만 보아도 역시 고수는 쉽고 단순하게 문제를 푸는 반면, 하수는 어렵고 복잡하게 접근하는 것이 사실이다.

재즈 연주자로 유명한 찰스 밍거스(Charles Mingus)의 견해도 같은 차원이다. "누구나 독특한 일을 할 수 있으나 그건 쉬운 일이다. 어려운 것은 바흐처럼 복잡한 것을 단순하게 만드는 것, 극도로 단순화시키는 것, 그것이 창조성이다."

철학적 사유의 방법 중에 '오컴의 면도날(Ockham's Razor)'이라는 것이 있다. 14세기 영국의 신학자이자 철학자였던 윌리엄 오컴(William Ockham)이 제시한 이론으로, "불필요한 가정은 면도날로 잘라내라"고 이야기한 데서 유래한 것이다. 면도날로 잘라내듯 모든 가정(假定)을 도려낸 뒤 남는 단순한 것, 그것이 바로 본질이라는 것을 핵심으로 한다. 요컨대, 가장 단순한 설명이 가장 진리에 근접한 해석이라는 뜻이다.

이 법칙은 단순계(simple system)가 복합계(composite system)보다 우월하다는 것을 강력히 시사한다. 이것은 이후 여러 형태로 변형되어 철학, 신학, 논리학, 정치학에서 탐구와 추론의 방법론으로 적용되어 왔으며, 일상생활에서도 알게 모르게 이것을 경험해왔다. 특히 사람의 마음이 이 법칙을 따를 때는 엄청난 힘을 발휘하는 것을 볼 수 있다. 예컨대, 남녀가 연애 할때도 그 어떤 미사여구보다 단 한마디,

"사랑한다"는 말의 위력을 따라갈 수 없다. 단순계 파워의 원천은 가장 우월한 형태의 힘인 아름다움에서 나오기 때문이다.

"쉬운 게 어려운 것이다"라는 말은 매우 의미가 심장하다. 제품이나 서비스 마케팅 측면에서도 동일한 원리가 작동한다. 일단 제품 사용법이 어렵고 복잡하면 그건 무조건 실패한다고 보면 된다. 왜냐하면 '최초의 고객'인 직원부터 기피하고 성공을 의심하기 때문이다. 오래전 국내 중소기업이 만든 MP3가 모든 기능에서 앞섰는데도 조작이 간편하다는 이유만으로 이후 출시된 애플의 아이팟 시리즈에 밀려난 건 유명한 사례다.

사실 경영 현장에서 고객의 니즈를 조사하고 분석하는 것은 기본이 된 지 오래다. 웬만한 기업치고 CSI 조사나 CRM 시스템을 갖추어놓지 않은 곳을 찾기가 어려울 정도로 고객의 소리(VOC)를 경영에 적극 반영하고 있다. 그럼에도 불구하고 많은 기업들이 경쟁적으로 출시하는 제품과 서비스는 진정 고객들이 원하는 것과는 동떨어진 경우도 숱하게 목격된다.

마케팅 분야의 명저 중 하나인 『마케팅 불변의 법칙』 중에 'No.1, No.2의 법칙'이란 게 있다. 복잡한 현대사회에서 고객은 각 분야별로 둘, 즉 1위 아니면 2위밖에 기억하지 못한다는 것이다. 예컨대, 콜라라면 코크 아니면 펩시고, 신용카드라면 비자 아니면 마스터다. 따라서 기업은 자신의 주력시장에서 무조건 2등 안에 들어야 한다는 것을 시사하고 있다. 이와 관련하여 GE의 전 회장 잭 웰치가 취임 직후 수많은 사업부들 중에서 점유율 1등과 2등 아래 사업부는 문을 닫게 하거나 매각한 것은 바로 이러한 이치에 뿌리를 둔 것으로 평가된다.

모든 역사를 통해 단순함은 복잡함을 이겨왔다. 마네의 그림이 그랬고, 조립식 이케아(Ikea) 가구가 그랬고, 생명이 긴 유행가 가사가 그랬다. 스티브 잡스가 평생 추구한 단순함(simplicity)의 가치, 디자인 업계의 신조류인 미니멀리즘(Minimalism) 등도 같은 맥락이다. 2019년 새로운 소비 트렌드 중 하나로 지목된 '뉴트로(Newtro)'의 시작도 최소주의의 삶을 지향하는 심플 라이프의 정신과 맥이 닿는다.

특히 위대한 정치가의 연설은 언제나 단순 반복형이다. 제2차 대전 당시 몇 마디 짧은 단어로 영국 국민들의 마음을 뒤흔들어 놓은 처칠의 연설을 보라. "적은 것이 많은 것이다(Less is more)" 또는 "단순한 것이 최고다(Simple is the best)"라는 말이 생겨난 이유다.

단순함이란 쓸데없는 이것저것 다 떼고 난 후 만나게 되는 본질이란 강력한 세계다. 이는 채움보다 비움을 강조하는 불교 철학과도 통하며, 여백의 미를 구현하는 동양화와도 그 정신이 통한다. 디자인을 최대한 걷어내어 상품의 실존적 가치를 드러낸 일본의 무인양품 MUJI 성공의 주역, 하라 켄야(原研哉) 교수는 '공(空)'의 철학을 주장하며, 자신의 외모는 물론이고 각종 제품에서도 말끔히 군더더기를 제거하는 걸로 대히트를 쳤다. 그가 강조하는 슈퍼 노멀(Super Normal)은 '비범한 평범'을 일컫는다.

한편 비즈니스에서도 심플함이란 가장 강력한 무기임에 틀림없다. 그러나 이는 가장 오해하기 쉬운 개념 중 하나로서 심플함은 겉보기와는 다르게 그리 단순하지 않다. 인터넷 세계의 최강자인 구글을 보자. 애완견을 데리고 출근하고, 회사에서 수영이나 사우나를 즐기며 각종 요리를 공짜로 마음껏 먹을 수 있는 환경을 제공하는 구글의 기업문화는 인간의 잠재 능력과 창의성을 극대화하는 매우 독창적인 매력이 있다. 자신들을 구글러(Googler)로 부르는 구글 직원들은 출퇴근 시간이나 골치 아픈 규정 대신 자신의 장기를 최대한 발휘하는 시스템에 너무나 만족하고 있다. 80%는 업무에, 20%는 자신이 관심 있는 분야에 시간을 쓰라는 구글 정신의 근저에는 바로 단순함을 강조하는 창업자 세르게이 브린(Sergey Brin)의 철학이 숨겨져 있다. 그렇다고 구글을 가리켜 단순한 회사라고 생각하는 사람은 아무도 없다.

도착 시간의 철저한 준수로 유명한 미국 사우스웨스트항공(SWA)의 6가지 성공 법칙 중에도 단순함을 찾아볼 수 있다(Keep it simple). 이 항공사는 보딩 패스도 없고 기내식도 주지 않는다. 수백 대가 넘는 기종은 보잉737 단일 기종이다. 복잡하고 다양한 항공기 제원을 익혀야만 하는 다른 항공사 직원과 달리 직원들은 오직 고객을 즐겁게 하는 데 자신들의 열정을 쏟으라는 것이 이 회사의 경영 철학이다.

어려울 땐 "기본으로 돌아가라(Back to the basic)"는 말이 크게 유행하던 시절이 있었다. 저성장 수축사회로 불리는 작금의 경제 환경에서도 히트 상품의 비결은 소비자가 원하는 것만 담아낸 단순한 것이다. 이러한 경향은 첨단 제품일수록 더욱 현저하다. 하루가 멀다 하고 쏟아져 나오는 가전제품 등 전자업계에서 소위 대박을 터뜨린 제품들은 대부분 기능을 아주 단순화고 대신 가격은 확 낮춘 제품들이었다.

세상은 더욱 복잡하고 어려워져 가고만 있다. 그러나 첨단 디지털화가 진전되어 가면 갈수록 오히려 단순한 것이 아름답다고 해야 하는 시대가 되어갈 것이다. 세계 최고의 천재인 레오나르도 다빈치는 "단순함은 궁극의 세련됨이다"라고 말했다. 아! 추사 김정희가 남긴 글귀 중에서 '대교약졸(大巧若拙, 큰 솜씨는 마치 서툰 것처럼 보인다)'이란 것은 바로 이를 두고 한 말이던가.

창조적 카피의 진수

　　　　　　　　　　　　　　　　최근 대중의 눈을 끌어당긴 여행사 크루즈 모집 광고 카피가 있다. "다리 떨릴 때 떠나지 말고, 가슴 떨릴 때 떠나라." 역대 최고의 카피로 꼽히는 건 역시 "침대는 가구가 아닙니다. 침대는 과학입니다"가 아닐까 한다. 또한 기아자동차의 신차 홍보 카피였던 '아름다운 고성능'은 인간의 좌뇌와 우뇌 모두에 호소하는 공감각적인 카피였다. '선영아 시리즈'도 기억에 남는다. 전미 렌터카 2위 업체인 에이비스(AVIS)의 카피, "We are No. 2"는 광고계의 전설이다. 초콜릿 M&M의 고전인 "손에서는 안 녹고 입에서만 녹습니다"도 빠질 수 없다.

　　정치인의 선거 슬로건은 글 한 줄에 백만 표가 왔다 갔다 한다. 이건 유권자의 마음을 얻기 위한 프레임 전쟁이다. 모든 후보들은 자신을 표현하는 단 한마디, 자신의 이미지를 압축해 표현할 단어나 문장을 고민하게 된다. 무엇보다 시대를 관통하는 키워드를 내놓아야 한다. 국민들의 마음을 사로잡는 그 한마디를 결정하는 것은 결코 쉬운 일이 아니다. 지난 1950년대 민주당의 선거 슬로건 "못살겠다 갈아보자"와 자유당의 "갈아봤자 별 수 없다"는 프레임 선점의 중요성을 극명하게 보여준다.

근래 히트작으로 꼽히는 것 중에서는 손학규 후보의 슬로건이었던 '저녁이 있는 삶'이 있다. 중요한 건 실천력이다. 나중에 부도수표로 밝혀지면 그 후유증은 심각하다. 역대 최고는 단연 박정희 대통령의 새마을운동 카피 "잘살아 보세"다. 실로 모든 국민의 마음을 하나로 뭉치게 한 불후의 카피다. 불과 다섯 글자로 그토록 전 국민을 단결시킨 일이 있었던가? 1948년 초대 대통령에 당선된 이승만 대통령이 취임식에서 사용한 "뭉치면 살고 흩어지면 죽는다"도 강렬했다. 이는 미국 건국의 아버지이자 100달러 지폐에 초상이 실린 벤저민 프랭클린(Benjamin Franklin)이 직접 운영했던 「펜실베이니아 가제트」 신문의 정치 카툰(1754년)에 처음 실린 말로, 원래는 "뭉치지 않으면 죽는다(Join or Die)"였다. 이 말은 20년 뒤 독립전쟁이 일어났을 때 식민지 주민들의 자유를 향한 상징이 되었다.

한편 기업들은 살벌한 시장 경쟁으로 인해 사생결단으로 차별화에 몰두한다. 촌철살인의 미션, 가치를 내세우는 카피가 쏟아지는 이유다.

세계 최고 기업으로 부상한 아마존의 슬로건은 "당신이 내일 주문할 물건을 오늘 배송합니다"이다. 이 사람들은 당신이 내일 주문할 것을 미리 알고 있다는 것이다.

- "사람들을 리드하고 과정을 관리하라(Lead people, manage processes)." 이는 유명한 리츠칼튼 호텔의 모토로, 경영의 모든 것이라 할 수 있는 카피다.
- 펀(Fun) 경영으로 유명한 사우스웨스트항공(SWA)의 슬로건은 기발하다. "택시 요금으로 비행기 속도를 즐기세요."
- "전략보다 사람이다(People First, Strategy Second)." 이 글은 GE의 전 회장인 잭 웰치의 집무실에 붙어 있던 글로 유명한데, 지금 모든 기업의 핫 이슈가 되고 있는 인재경영의 기조가 되고 있는 중요한 말이다.

이외에도 직원과 고객의 가슴을 뒤흔든 명작은 수없이 많지만, 필자는 그중에서도 지난 1990년대 실리콘밸리 방문 시 기업문화의 전설로 꼽히던 HP 복도 벽에 페인트로 써놓은 그 표현을 잊을 수 없다. "Communication! Communication! Communication!"

유명한 기업 이름의 유래는 더욱 흥미롭다.

우선 구글(Google)은 스탠퍼드대에서 수학과 박사 과정을 밟던 세르게이 브린과 래리 페이지가 박사 논문으로 준비하던 페이지 링크 이론을 준비하며 탄생했다. 여기에는 독특한 작명 스토리가 있다. 1997년 9월, 래리 페이지가 친구인 루카스 페레이라와 함께 자신이 개발한 검색엔진의 이름을 지으면서 10의 100승을 의미하는 수학 용어인 '구골(Googol)'을 사용하려 했는데, 페레이라가 오타를 내 '구글(Google)'로 적고 말았는데, 적고 보니 구골보다는 구글이 더 어감이 좋아 구글로 정했다는 것이다.

비즈니스 솔루션 분야의 세계 1위인 SAS는 자신의 제품, 즉 통계분석시스템(Statistical Analysis System)의 약자를 회사명으로 한 경우다.

3M은 이름 자체가 단순하고 세련되어 이 회사의 가치인 창조적 기업문화를 상징한다. 그런데 알고 보면 그리 세련된 이름은 아니다. 이 회사의 원래 이름은 미네소타채광제조사(Minnesota Mining and Manufacturing)인데 앞글자인 3개의 M자를 모아서 재작명한 것이다. 그리고 DHL은 창업자인 3명의 변호사 이름 앞 글자를 딴 것이라고 한다.

아마존(Amazon)의 사명은 원래 주술용어인 'Abracadabra'에서 따온 'Cadabra'로 시작했지만 발음상 의미가 안 좋아 아마존으로 개칭했다고 한다. 참고로 아마존이란 활쏘기에 불편해 한쪽 유방을 잘라 내 유방(mazon)이 없는 용맹한 여성 전사를 의미한다. 아마존의 로고 또한 A부터 Z까지 화살표를 그어 이 세상 모든 걸 유통시키겠다는 의지를 표명하고 있다.

시스코시스템즈(Cisco Systems)는 글로벌 네트워크 시장의 약 70%를 장악한 막강한 기업이다. 이 회사는 30여 년 전 미국 스탠퍼드 대학교 전산 담당자로 일하던 부부가 창업했는데, 마침 그들이 살고 있던 샌프란시스코에서 뒤글자만 따온 거라고 한다. 회사 로고 또한 샌프란시스코의 상징물인 금문교다.

나이키(Nike)는 그리스로마신화에 나오는 승리의 여신 'Nike(니케)'의 이름을 회사명으로 삼은 케이스다. 루브르 박물관에 가면 '사모트라케의 니케'라는 대리석 조각상을 볼 수 있다. 머리와 양팔이 잘려져 있고 날개를 활짝 편 모습인데, 기원전 2세기의 조각 작품으로 1863년 그리스 사모트라케섬에서 발견되었다고 한다. 나이키사의 그 유명한 스우시(Swoosh) 로고는 니케의 날개를 옆에서 본 모습을 형상화한 것이다.

일본 캐논(Canon)의 네이밍은 불교 스토리다. 캐논이란 이름은 관세음보살에 푹 빠진 창업자의 뜻에 따라 관음(觀音)의 일본어 발음인 '칸논'을 따서 정했다고 한다.

또한 독일차의 상징인 BMW의 사명은 바이에른 자동차공장 (Bayerische Motoren Werke)의 앞 글자에서 따온 사명이다. 이외에 글로벌 소프트웨어 회사인 오라클(Oracle)은 설립자가 CIA에 재직하던 시절 맡았던 컨설팅 프로젝트 코드명이며, PDF로 알려진 어도비(Adobe)는 설립자의 집 근처에 흐르는 어도비 크리크(Adobe Creek) 강에서 따왔다고 한다.

대표적인 한국 기업들의 사례도 살펴보자. 우선 외국인들에게 가장 신비하게 보이는 건 현대(Hyundai)다. 일단 읽을 수가 없다는 것이다. 유럽에 가보니 그들은 '윤대'라고 읽고 있었다. LG는 로고가 웃는 얼굴에 붉은색인 데다 럭키금성의 약자라 이름에 금(金)이 들어가 있어 중국인과는 최고의 궁합이다.

롯데(LOTTE)의 이름은 문학적이며 철학적이다. 괴테의 작품인

『젊은 베르테르의 슬픔』에 등장하는 정열적 주인공 '샤롯데'에서 나왔다고 한다.

한화로 변경하기 전, 한국화약(Korea Explosives Group)은 중국에선 남조선폭약집단(南朝鮮爆藥集團)이라 표기되어 애로가 있었다. 쌍용자동차는 용이 두 마리나 들어가 있어 용을 싫어하는 서양에선 영업 자체가 어렵게 되어 있다. 한진그룹은 '한민족의 전진'을 줄인 이름이며, 포털사이트 공룡인 네이버는 항해를 의미하는 'Navigate'와 사람을 의미하는 '-er'를 붙여 만든 이름이다.

이와 같이 수많은 사례에서 보듯이 창조적 카피와 네이밍의 세계에서 히트를 친다는 건 매우 어려운 작업이다. 그 속에서 탄생한 히트작들은 쉽고 단순하지만 의미는 매우 강력하다. 사실 알고 보면 쉬운 게 어려운 것임을 다시 한 번 깨닫게 된다.

바보가 똑똑을 이긴다

Stay stupid

이 세상에서 가장 어려운 일은 과연 무엇일까? 그것은 마누라 운전 가르치는 것이라는 우스갯소리가 있다. 혹자는 자신과의 싸움에서 이기는 것이라고도 한다. 그러나 예로부터 동양에선 아는 것을 모르는 것처럼 처신하는 것이라고 한다.

옛말에도 "똑똑한 사람은 따라 할 수 있으나, 어리석은 자는 흉내 낼 수 없다(기지가급 기우불가급, 其智可及 其愚不可及)"란 말이 있다. 사람은 영리해지기는 쉬워도 어리석어지기는 더욱 힘들다. 이는 어리석음을 따라 하기 위해선 자기를 팍 낮추어야 하기 때문이다.

이와 관련하여 동양 3국 국민들이 선호하는 사자성어는 각각 다르다. 그중에서도 중국인들이 가장 좋아한다는 것이 바로 '난득호도(難得糊塗)'다. 그들은 글씨나 그림은 물론 각종 공예품, 심지어 월병 이름에도 이 글씨를 써넣고 있으며, 집집마다 이를 새긴 액자를 걸어두고 있다. 도가의 영향을 받은 중국인 처세술의 기본은 자신의 능력을 감추고 바보인 척 살아가는 것이다. 자신의 능력을 돋보이려 하기보다는 타인의 자존심을 건드리지 않고 때로는 광채를 숨기고 어리석은 사람처럼 보이는 것이 필요하다고 생각하는 것이다. 한마디로 역발상의 처세술이 아닐 수 없다.

과거 1980년대 덩샤오핑(鄧小平)이 개혁·개방 정책을 추진하면서 내걸었던 '도광양회(韜光養晦)'도 같은 맥락이다. 힘을 기를 때까진 몸을 낮추고 강대국들과 전술적으로 협력하는 외교 노선이다. 이 말은 원래 『삼국지연의』에서 조조의 식객으로 있던 유비가 자신의 재능을 숨기고 은밀히 힘을 기른 것을 뜻하는 말이었다.

'난득호도(難得糊塗)'란 말은 원래 청나라 중엽에 살았던 8명의 괴짜 문인화가 중 으뜸으로 꼽히는 정판교(鄭板橋, 1693~1765)의 일화에서 유래한다. 그는 어느 날 시간이 너무 늦어 산중에 있는 낯선 집에서 신세를 지게 되는데 이 주인집 노인과 글귀를 주고받게 된다. 원래 문장은 "총명하기도 어렵고 멍청하기도 어렵다(총명난호도난, 聰明難糊塗難). 총명한 사람이 멍청하게 처신하는 것은 더 어렵다(유총명전입호도갱난, 由聰明轉入糊塗更難)"이다.

요컨대, 진짜 고수는 어리숙해 보인다는 것이다. 포커판에서도 하수는 자신의 패가 좋게 뜨면 얼굴에 화색이 돌지만 소위 포커페이스는 전혀 내색이 없는 법이다. 사실 우리 주위엔 헛똑똑한 사람들이 넘쳐난다. 중국인들이 사석에서 하는 말을 들어보면 가장 상대하기 쉬운 사람들이 한국인들이라고 한다. 성질이 급해 자기 패를 미리 다 보이는 것은 물론이고, 다른 경쟁 한국인들을 비난하고 무시하기 때문에 자신들은 그냥 웃으며 기다리기만 하면 가격도 다 알아서 깎아주고 거래 조건도 유리하게 제시한다는 것이다. 어렸을 때부터 난득호도를 익혀온 그들과의 협상에서 백전백패인 이유가 여기에 있다.

이 방면의 최고수를 꼽으라면 바로 시진핑(習近平) 주석이다. 그는 수많은 경쟁자 속에서 부드럽고 온화하며 어떻게 보면 약간 모자란 듯한 이미지를 유지해온 결과, 강력한 라이벌 구도 속에서 어부지리로 권력을 움켜쥐게 된다.

'난득호도'와 비슷한 말 중에 '대지약우(大智若愚)'가 있다. 즉, 지혜가 많은 사람은 바보처럼 보인다는 뜻이다. 최고의 경지는 노자가 말한 '대교약졸(大巧若拙)'의 수준일 것으로 큰 솜씨는 오히려 서툴게 보인다는 뜻이다. 사실 피카소 그림은 어찌 보면 어린아이가 낙서한 것같이 보인다. 진정한 프로의 세계에서 대교약졸은 한마디로 감춤의 정신이며, 겸손한 배려이자 치열한 절제다. 비슷한 맥락에서 노자는 "완전히 이룬 것은 오히려 모자란 듯하고, 완전히 가득 찬 것은 빈 듯하며, 완전한 웅변은 더듬는 것처럼 보인다"고 설파하였다.

고대 병법에도 이러한 내용은 어김없이 등장한다. 유명한 36계 중에서 제27계 '가치부전(假痴不癲)'을 꼽을 수 있다. 즉, 바보인 척하되 미친 척하지는 말라는 뜻이다. 이것은 속임수를 동원해 상대의 경계심을 낮추고 결정적인 시기에 국면의 주도권을 장악하고자 할 때 사용하는 계책이다. 삼국시대 당시 위나라 권신 사마의가 행한 가치부전의 일화는 지금까지 전해져 오고 있다.

서양에도 비슷한 경구는 존재한다. "Stay foolish." 이 말은 스티브 잡스가 2005년 스탠퍼드대 졸업식에서 행한 그 유명한 연설 중에 사용하면서 세간에 회자된 말이다. 그렇게 보면 동양이나 서양이나 최고수의 경지에 이르면 결국 같은 수를 보게 되는 모양이다.

한편 치열한 비즈니스 세계에서도 고수의 원리는 같다. 수많은 기능을 주렁주렁 매단 제품보다는 단순함으로 승화시킨 제품에 고객은 열광한다. 애플의 아이팟, 아이패드, 아이폰 시리즈가 보여주는 단순함(simplicity)의 경지가 바로 그것이다. 구글은 한술 더 떠 그들이 가진 최고급 기술은 오히려 감추고 숨긴다. 이로써 고객에게 구글의 서비스는 단순하고 편리하다는 이미지를 심어주는 것이다. 이 회사에 근무하는 직원들조차 구글처럼 복잡한 기업이 너무나도 단순해 보이는 것은 매우 역설적이라고 말하는 걸 보면, 구글이야말로 서양판 대교약졸의 대가라 할 수 있다.

그 외에도 수많은 세계 유수의 첨단기업들의 공통점은 자신의 뛰어난 기술력을 내세우거나 과시하려 하는 대신 고객의 경험에 호소하는 철학을 갖고 있다는 점이다. 결국 고수는 숨기고 하수는 드러낸다는 것이다. 이는 2300년 전 "지혜를 감추면 총명함을 얻고, 마음을 보이면 사람을 잃는다"고 지적한 한비자의 관계론과도 일맥상통한다.

진짜 바보와 바보인 척하는 것은 하늘과 땅 차이다. 바보 중에는 소위 '헛똑똑이(wise fool)'도 많다. 제레미 구체(Jeremy Gutsche)는 『어제처럼 일하지 마라』에서 '똑똑한 헛똑똑이'에 대한 경계를 강조하고 있다. "여러 함정 중 가장 위험한 것은 바로 어느 한 분야에서 유능해지는 것이다. 내가 최고이며 내가 잘 안다고 여기는 함정이야말로 더 큰 가능성에 도달할 수 있는 여지를 차단한다." 결국 새로운 발견을 가로막는 가장 큰 장애물은 무지가 아니라 '안다'라는 환상이다.

"살면서 가끔은 어리석어보라"는 말에는 깊은 뜻이 담겨 있다. 내가 똑똑하여 남에게 기대거나 배울 게 없다면 주위에는 다른 사람들이 다가가지 않게 된다. 가끔은 일부러라도 모르는 척, 어리석은 척, 못난 척하며 사는 것이 되레 도움이 될 때가 많다. 노자의 『도덕경』에 나오는 "알면서 모른다고 하는 것이 최상이요, 모르면서 안다고 함이 병이다"라는 가르침이 새삼 크게 다가온다.

요즘처럼 경제도 어렵고 세상도 어지러운 때가 되면 나라에 진짜 어른이 한 분이라도 계셨으면 하는 생각이 간절하다. 돌아가신 김수환 추기경의 깊고 인자한 얼굴이 떠오르는 건 비단 필자만의 생각은 아닐 것이다. 그분이 평소에 하시던 말씀 중에 "나는 바보다"라고 하신 걸 많은 이들이 기억하고 있다. 이제 보니 추기경의 철학은 노자와 닿아 있었던 것이다.

정신없이 흘러만 가는 인생길에서 잠시 생각해본다. 도대체 어떻게 살아가는 것이 진정 가치 있는 삶일까? 그에 대한 김수환 추기경의 말씀이다. "당신이 이 세상에 올 때 당신만 울고 모든 사람이 웃었다. 이 세상을 떠날 땐 그 정반대로 당신은 웃고 모든 사람이 우는 인생을 살아라."

감정노동자를 위한 변명

- '직원존중'이 먼저다(People 1st)

우리 사회의 고질병으로 부상한 소위 '갑질' 문제가 심각하다. 이제는 갑을 관계에서뿐 아니라 을 사이에서도 유사 갑질이 성행하고 있으며, 같은 회사 내에서도 벌어지고 있다. 특히 이런 문제는 사람과 사람과의 관계가 주 업무인 서비스업에서 더욱 현저하다. 이에 따라 우리 사회엔 '감정노동(Emotional labor)'이 커다란 이슈로 등장하고 있다. 이 용어는 감정사회학의 창시자로 불리는 미국 버클리대 앨리 러셀 혹실드(Arlie Russell Hochschild) 교수가 1983년 출간한 『감정노동(원제 : The Managed Heart)』에서 처음 등장하였다.

감정노동자(Emotional worker)는 말투, 표정, 몸짓 등에서 자신의 감정은 드러내지 않고 일해야 하는 은행원, 승무원, 전화상담원과 같은 서비스업 종사자들이 해당된다. 사실 업무에 필요한 감정을 모든 고객에게 동일한 수준으로 유지한다는 것은 보통 일이 아니다. 셀 수 없이 다양한 서비스업에 종사하고 있는 수많은 감정노동자 중 상당수가 빠져 있다는 '스마일 마스크 신드롬(Smile mask syndrome)'은 밝은 모습을 보여야 한다는 강박관념에 사로잡혀 얼굴은 웃고 있지만 마음은 우울한 상태가 이어지거나 식욕 등이 떨어지는 증상을 말한다. 속으로는 울면서 겉으로는 웃는 모습을 유지한다는 것은 연극배우 이상의 연기를 요구한다.

최근 사회문제로 부각되고 있는 진상고객(Black customer) 문제나 상사병(일본에선 '파워하라', Power harassment) 문제도 같이 심각하게 다루어져야 한다. 현재 국내 감정노동자는 공무원을 포함해서 1000만 명이 넘는다고 하는 통계도 있다. 주로 여성이 대부분이며, 연령별로는 30대 이하에서 가장 많이 시달리는 것으로 나타났다.

한편 우리나라에서 서비스업에 종사하는 사람들의 어깨가 처지고 고객들이 마치 채권자인 것처럼 행세하게 된 배경에는 서구의 고객만족(CS, Customer Satisfaction) 이론이 맹목적으로 도입되고 접목되는 초기 과정에서의 잘못된 전파가 가장 큰 원인이다.

지난 1990년대 후반 관련 개념이 도입된 이래, 현재 대부분의 직장에서는 '손님'이라는 정겨운 단어 대신 '고객'이라고 불리는 막강한 신분상 위력 앞에서 직원들은 몸을 낮추고 무제한적인 친절을 생산해왔다. 고객만족을 절대가치로 신봉해온 부작용과 후유증은 업종을 불문하고 매우 광범위하게 나타나고 있다. 예컨대, 주차 안

내 직원의 뺨을 때리는 등의 막무가내 고객과의 분쟁 발생 시에도 직원들은 월급을 받는다는 이유만으로 조직의 보호는커녕 일방적인 굴종을 강요받아온 것이 사실이다. 한마디로 고객은 왕이고 직원은 봉이 되어버린 격이다.

사정이 이렇다 보니 직원만족도(ESI)가 형편없는 직장이 고객만족 대상을 수상하는 코미디도 종종 벌어지고 있다. 평가 시스템이나 모니터링 제도 등을 도입하고 교육훈련을 강화해서 고객만족도(CSI)를 올리는 것은 그리 어려운 일이 아니다. 문제는 그러한 기조가 절대 지속 가능하지 않다는 데에 있다. 열 받은 직원이 만족한 고객을 계속 만들 수는 없기 때문이다.

물론 국내 업계에 선진 CS 이론의 전파는 고객의 지위를 비약적으로 향상시키고 전문적인 서비스 품질 체계를 견인해온 것이 사실이다. 또한 사업의 알파이자 오메가인 고객을 만족시켜서 조직의 목표를 달성하고자 하는 노력은 아무리 강조해도 지나친 것은 아닐 것이다. 이젠 공공부문까지도 P-CSI라 하여 민간 부문 못지않은 수준에 접어든 지 오래다.

그러나 현실은 매우 심각하다. 작년에 감정노동지수 평가에서 객실 승무원을 제치고 1위로 부상한 건 콜센터 직원이다. 일부 콜센터의 경우, 직원들이 처리하는 1인당 응대 콜 숫자와 그들이 겪는 스트레스는 상상을 초월할 정도다. 반면에 미국의 대표적인 온라인 신발 쇼핑몰인 자포스(Zappos.com)를 보자. 중국계 미국인이 창업해서 아마존에 인수된 이 회사 콜센터는 우리와는 완전히 다르다. 이 회사의 급성장 비결은 바로 직원 존중의 경영철학에 있다.

우선 어떤 상담직원이든 일정한 수 이상의 콜이 오면 자동적으로 차단된다. 고객의 75%가 반복 구매자로 유명한 이 회사는 최장 7시간 28분이라는 전설의 상담 직원이 존재하는 감정노동자의 천국이다. 자포스는 '신발이 아닌 서비스를 파는 기업'이라는 모토 하에 직원이 성장해야 기업이 성장한다는 신념으로 초지일관해 온 업체로 매년 「포춘」이 선정하는 '일하기 좋은 100대 기업'에도 줄곧 상위에 랭크되었다. 자포스 CEO 토니 셰이(Tony Hsieh)는 "인터넷 사업의 성공은 사람의 숨결에 달려 있다"고 말한다.

현재 한국에서 고객만족(CS)은 하나의 신흥 종교다. "고객은 왕이다" 또는 "고객은 신이다"라는 식의 어처구니없는 맹목적 인식은 지금도 경영 현장에서 직원들의 뇌리에 콱 박혀 있다. 그 결과 서비스업의 직원들은 고객들의 막강한 위력 앞에 무조건 고개를 숙이거나 굴종하는 뒤틀린 서비스 문화가 널리 퍼져 있다. 이것은 선진 서비스 국가 진입이라는 국가적 과제 수행에도 커다란 걸림돌이 되고 있다. 심지어 대고객 서비스에서 오는 중압적 스트레스로 졸도하거나 자살하는 일도 벌어지는 기막힌 사회가 되어버렸다. 정기적으로 시행되는 고객만족도(CSI) 평가의 긴장도로 인해 고객접점 직원은 말할 것도 없고 CS 담당부서도 늘 좌불안석이다.

이제는 대한민국 전체에 퍼져 있는 가짜 CS에 관한 불편한 진실을 전면 공개해야 할 시점이다. 사실 그 어떤 경영학 교과서에도 '모든 고객은 왕'이라는 대목은 없다. 워낙 불친절이 대명사였던 국내 서비스업계에 대한 충격적 요법으로 사용한 말이라고 이해는 할 수 있으나, 이제 그 부작용은 사회적 문제로까지 부상하고 있는 실정이다. 이론적으로 보아도 모든 고객에게 모든 서비스를 제공하는 것만큼 멍청한 것은 없다. 원래 비즈니스 원리는 단 한 가지, 즉 타깃 고객에게 유니크한 서비스를 제공하라는 것이다.

원래 '고객(Customer)'이란 말은 18세기 유럽의 관세청(customs)에서 유래한 말이다. 당시 매일 국경을 통과해야 하는 무역업자들로서는 관세를 징수하는 사람들의 주관적 판단에 따라 사업의 흥망이 결정되는 분위기에서 이들을 상전으로 대접했다고 한다. 이 말은 그후 자신이 가장 신경 써야 할 상대인 '고객'이라는 뜻으로 발전되어 왔다. 그러나 현대의 전문 서비스 경영 이론은 맹목적인 고객만족은 난센스이며, 일부 고객은 거절할 수 있다고 가르치고 있다. 최근 일부 국내 기업들이 진상 고객을 다루는 매뉴얼 개발과 법적 대응 조치 등 속수무책으로 당하기만 하던 고객의 갑질에 체계적인 대응을 시도하고 있는 것은 주목할 만한 현상이다.

여기서 직원도 진심으로 웃고, 고객도 만족해하고, 기업도 함께 성장하는 방법은 그리 난해한 일이 아니다. 그 비결은 바로 고객만족 경영의 원칙 중 첫 번째 요건인 '피플 퍼스트(People 1st) 법칙' 즉, "고객만족을 원하면 우선 직원부터 만족시켜라"는 서비스경영의 근본 원리에 달려 있다.

세계적인 서비스기업의 성공 요인은 바로 '인간 존중'이라는 최고의 기업경영 원리에 기인한다. 여기서 그 출발점은 바로 '피플 퍼스트', 즉 직원존중에 있다. 세계 유수의 서비스기업은 예외 없이 이 원칙을 경영의 제1조 1항으로 장착하고 있다.

맥도날드의 창업자 레이 크록(Ray Kroc)의 경영 이념 역시 '인간 존중'이다. 거대 기업 맥도날드의 성공은 바로 이런 원칙의 토대 위에서 가능했다고 평가되고 있는데, 직원들은 그들의 회사를 "사람들이 만드는 햄버거 회사가 아니라 햄버거를 만드는 사람들의 회사"라 부른다.

업계 전설로 꼽히는 리츠칼튼 호텔은 경영 원칙을 집대성한 핵심가치로 서비스의 '황금표준(Gold Standards)'을 운영하고 있다. 그들이 내세우는 "우리는 신사 숙녀를 모시는 신사 숙녀"라는 문장은 직원들의 자긍심을 높여주는 대표적 사례다.

물류 부문의 세계적 거인 페덱스의 창업자인 프레드릭 스미스(Frederick Smith) 회장은 창업 철학으로 그 유명한 'PSP(People-Service-Profit)' 원리를 내세운 바 있다. 그는 "최고의 직원에게 최고의 보상을 해줌으로써 고객에게 최상의 서비스를 제공한다"는 것을 전략의 핵심으로 삼아 위대한 성공을 일구어냈다. 페덱스는 소유한 항공기만 700여 대에 이르며 하루 400만 개의 소포를 처리하는 거대 기업이다. 그러나 365일 소포를 실어 나르는 화물 비행기에 붙어 있는 수많은 애칭이 바로 직원들의 아이들 이름인 것을 아는 사람은 드물다. 자기 자식의 이름이 붙은 비행기를 모는 직원들의 심정은 직원 만족이란 수준과는 그 차원이 다를 것이다.

미국의 고급 슈퍼마켓 웨그먼스는 한술 더 떠서 "직원 먼저, 고객은 다음(Employees first, Customers second)"이라는 문구를 내걸고 있어 우리들 눈을 휘둥그레 만들기에 충분하다. 애완견을 데리고 출근하는 구글이나 식사 시간에 피아노 연주를 들려주는 SAS 같은 회사는 더 말할 여지도 없다.

　그들이 가진 철학은 간단하다. 그것은 무엇보다 "만족한 직원이 만족한 고객을 만들고, 만족한 고객이 만족한 주주를 만든다"는 최고의 경영 선순환 원리에 대한 강력한 믿음이다. 고객만족을 그토록 강조해온 우리나라에서 그 근간이 되는 직원존중을 소홀히 해온 결과, 종국에는 두 마리 토끼를 다 놓치는 경우가 흔한 것은 아이러니가 아닐 수 없다.

　여기서 '직원존중' 하면 대개 물질적인 보상을 떠올리는데, 사실 물질적인 것이 차지하는 비율은 30퍼센트 정도에 불과하다. 가장 중요한 것은 신뢰와 자부심에 기초한 인정(recognition)을 받고 있다는 느낌이다. 자존심이 유달리 강한 한국인의 경우는 말할 것도 없다.

　기업 경쟁력의 바로미터는 결국 직원의 경쟁력에 달려 있다. 직원들의 자사 제품이나 서비스에 대한 직원들의 태도는 경영 현장에서 사업의 초기 성공을 좌우하기도 한다. 직원들이 의구심을 갖거나 회의적인 태도를 보이는 제품과 서비스는 실패한다. "종업원은 최초의 시장이다(People is the first market)"란 생생한 마케팅 교훈이 탄생하게 된 이유다.

　요컨대, 고객만족의 첫걸음은 '직원존중'에 있다는 사실을 명심해야 한다. 고객이 왕이면 직원도 왕이다. 만약 직원이 열 받으면, 고객은 등을 돌리고, 최종적으로 주주가 큰 손해를 보게 된다. 직원존중의 충만한 효과는 고객만족으로 되돌아오게 되며, 이는 결국 주주의 이익으로 보답하게 된다. 이제는 이 땅의 수많은 서비스산업의 감정노동자들이 '고객은 왕'이라는 막강한 위력 앞에 종이나 봉이 되어 눈물을 흘리는 잘못된 관행을 바로잡고 '직원만족 → 고객만족 → 주주만족'이라는 진정한 경영의 선순환 원리를 깊이 깨달아야 할 때다.

모든 고객이 왕이 아니듯이 직원 또한 종이 아니다. 고객은 결코 갑이 아니며, 직원 또한 을이 아니다. 서비스란 원래 일방적 거래가 아니며 사람과 사람과의 관계이자 쌍방 커뮤니케이션 게임이다. 고객은 웃고 있는데 정작 우리 직원은 뒤에서 울고 있는 건 아닌지 모든 경영자의 필수 점검 과제가 아닐 수 없다.

최고의 역발상 게임

현재 국제정치역학상 크게 두 가지 덫(함정)이 자주 인용되고 있다. 그것은 바로 '투키디데스의 함정'과 '킨들버거 함정'이다.

우선 영국의 「파이낸셜타임즈」는 2018년 올해의 단어로 '투키디데스의 함정(Thucydides trap)'을 선정했다. 이는 그리스 역사가인 투키디데스가 편찬한 『펠로폰네소스 전쟁사』에서 주장한 내용에서 유래된 말이다. 투키디데스는 전쟁이 벌어지는 핵심 요인으로 3가지, 즉 이해관계, 두려움, 명예를 꼽았다. 그런데 당시 상황이 현재의 미·중 관계와 판박이라서 다시 큰 주목을 받고 있다.

'투키디데스의 함정'이라는 용어는 2012년 하버드 케네디스쿨 그레이엄 앨리슨(Graham T. Allison) 교수가 처음 제시하였다. 그는 펠로

폰네소스 전쟁(Peloponnesian War, B. C. 431~B. C. 404)이 급격히 부상하던 아테네와 이를 견제하려는 스파르타가 빚어낸 구조적 긴장 관계의 결과였다고 설명하고, 이를 '투키디데스 함정'이라 불렀다. 즉, 신흥 강대국이 기존의 패권국가를 위협하면 반드시 양측의 무력 충돌로 이어지게 된다는 이론이다.

그는 2017년 출간한 저서 『예정된 전쟁(Destined for War)』에서 "세계 도처에서 주도권 다툼을 벌이고 있는 미국과 중국이 '투키디데스 함정'에 빠져 서로 원치 않는 전쟁으로 치닫고 있다"고 분석했다. 지난 500년간 지구에서 발생한 투키디데스 함정은 16차례였고, 이 중 12차례가 전면전으로 이어졌다는 설명이다.

또 하나의 덫은 조지프 나이(Joseph S. Nye Jr.) 하버드 케네디스쿨 교수가 언급한 '킨들버거 함정(Kindleberger Trap)'이다. 이것은 제2차세계대전 후 서유럽 부흥 계획인 마셜 플랜(Marshall Plan)의 이론적 설계자인 미국 MIT대 찰스 킨들버거(Charles P. Kindleberger) 교수의 이론에서 나온 것이다. 그는 1930년대 재난적 시대의 원인을 떠오르는 미국과 저무는 영국의 역할 대체 실패에서 찾고 있다. 당시 대공황은 영국을 제치고 세계 최강국이 된 미국이 자유무역 질서의 공공재를 제공하는 데 실패한 데서 비롯되었다는 설명이다. 세계 최강 글로벌 파워의 자리를 놓고 미국이 영국을 대체했지만, 이후 미국이 자유무역 질서의 공공재를 제공했던 영국의 역할을 떠맡는 데 실패했기 때문에 글로벌 시스템이 붕괴되고 거대 복합불황 그리고 재앙적 세계대전으로 이어졌다는 것이다.

이른바 연성 권력(soft power)의 주창자인 조지프 나이 교수는 만일 중국이 당시 미국과 같은 무임승차의 선택을 할 경우 극도의 혼란을 피할 수 없을 것이라고 주장한다. 특히 국제사회에서 미국의 리더십이 자의 반 타의 반으로 약해지고 있어서 더욱 그럴 수밖에 없다는 설명이다. 그러나 현재 중국은 오히려 이 비유를 앞세워 자신들이 협조하지 않으면 향후 국제질서에 파국이 올 수 있다며 미국을 거꾸로 위협하고 있는 복잡한 형국이다. 문제는 고래 싸움에 새우 등 터질 한국인데, 머리에 핵폭탄까지 이고 있는 처지라 더욱 갑갑한 요즘이다.

한편 '약자가 강자를 이기는 기술'은 베스트셀러 작가인 말콤 글래드웰(Malcolm Gladwell)의 저서, 『다윗과 골리앗』의 부제다. 강자가 언제나 이기는 것은 결코 아니다. 여기에 전쟁의 묘미가 있다.

세계 전쟁사를 살펴보면 매우 흥미로운 사실을 알 수 있다. 우선 그 나라가 최고의 전성기일 때 혁신의 사례를 놓친 경우가 많다. 몽골은 화약을 사용하여 성(城)을 돌파하였으나 화약 혁명을 놓쳤고, 중국은 석탄을 이용한 제철을 발명하였으나 산업혁명을 놓쳤다. 프랑스와 영국은 기계식 전쟁에서 한 발 더 나아가지 못했고, 소련은 컴퓨터를 활용한 정보혁명을 놓쳤기에 냉전에서 패배했다.

그렇다면 과연 전쟁(War)이란 무엇인가?

전쟁이란 뭐니 뭐니 해도 최고 수준의 역발상 게임이다. 워게임이나 시뮬레이션을 수없이 돌려본다고 해서 전쟁에서 승리한다는 보장은 없다.

역사적으로 보면 이긴 전쟁은 늘 기습이었다. 기습이란 말 자체가 상대의 예측을 능가하는 것이고, 때론 상상도 못 할 비장의 수 읽기다. 기울어가던 제2차세계대전의 전세를 단박에 뒤집는 계기를 만든 노르망디나 인천 상륙작전이 대표적인 사례다. 심지어 카르타고의 명장 한니발은 코끼리를 타고 그 험준한 알프스를 넘었다. 상상도 못 한 로마군은 혼비백산해 전멸하고 말았다.

그런 점에서 인류가 생산한 발상의 최고봉은 전쟁이며, 이긴 전쟁은 언제나 역발상이라는 걸 알 수 있다. 호메로스(Homeros)의 대서사시 『일리아드』, 『오디세이』에 나오는 트로이 목마가 좋은 예다. 을지문덕의 살수대첩이나 이순신 장군의 명량해전도 따지고 보면 전략의 승리이기도 하지만 이 또한 발상의 전환에서 나온 것이다.

동서양 전쟁론의 고전으로는 병법의 바이블 격인 손무의 『손자병법』, 클라우제비츠의 『전쟁론』, 이언 모리스의 『전쟁의 역설』, 그리고 아자 가트의 『문명과 전쟁』을 들 수 있다. 이들은 모두 전쟁심리학의 대가들이다.

전쟁론의 세계 최고수로 추앙받는 손무(孫武)는 일찍이 "전쟁을 연구해야 전쟁을 막을 수 있다"고 했다. 또한 서양에서 전쟁의 신이라 불리는 클라우제비츠(Karl Clausewitz)는 군사과학의 고전이라 불리는 『전쟁론』에서 "전쟁이란 다른 수단을 사용하는 또 다른 정치다"라고 전쟁의 본질을 갈파했다.

국가 간 전쟁이란 명백히 드러난 군사적 전력뿐만 아니라 잠재적 경제성장력, 그리고 보이지 않는 군대 규율과 사기, 치밀한 전략

등이 승패를 좌우한다. 군대가 보유한 첨단 무기체계 또한 전략적 우위 요소로 작용한다. 그러나 가장 핵심은 심리학적 요인에 달려 있다. 요컨대, 전쟁의 승패는 생각의 품질, 즉 발상의 수준과 사고의 유연성이 관건이다.

역대 전쟁론의 최고 명언은 역시 "사즉생 생즉사(死卽生 生卽死)"이다. 즉, "살고자 하면 죽을 것이고, 죽고자 하면 살 것이다"는 말이다. 이와 더불어 자주 인용되는 글귀는 '파부침주(破釜沈舟)'다. 이는 진지와 돌아갈 다리를 불태워버린 임진왜란 당시 충무공의 심정을 대변한다. 초나라 항우가 강을 건넌 후 적을 침공할 때 밥을 짓는 솥을 깨버리고 타고 온 배를 침몰시켰다는 데서 유래한 이 말은 불퇴전의 각오를 보여주는 상징적 단어다.

자고로 "전쟁을 각오한 자만이 평화를 지킬 수 있다"고 했다. 국가의 두 가지 기둥인 안보와 경제에 모두 짙은 퍼펙트 스톰이 몰려오는 가운데, 우리나라는 100년 전 구한말과 똑같이 강대국의 선택에 목을 내놓는 기막힌 역사가 재현되는 것은 아닌가 하는 우려가 퍼지고 있어 심란한 마음을 금할 수 없다. 국가적 어젠다를 제시해야 할 지식인들이 사즉생의 심정으로 심기일전(心機一轉) 하는 일이 그 어느 때보다 절실한 요즘이 아닐 수 없다.

이긴 다음에 싸워라

우리 말 부사 중에 '저절로'라는 글자는 알고 보면 굉장한 의미를 지니고 있다. 사실 저절로 된다는 건 하늘의 뜻이자 신의 경지다. 이걸 한 글자로 하면 '인(仁)'이다. 원래 인(仁)이란 글자는 두 사람을 나타내는 것으로 관계론의 시작이 된다.

흔히 쓰이는 말 중에 '인자무적(仁者無敵)'이란 성어가 있다. 『맹자』에 나오는 이 표현은 일반적으로 "어진 사람에게는 적이 없다"는 뜻으로 알려져 있다. 그러나 사실 더 깊은 뜻은 "인(仁)보다 강한 무기는 없다"는 뜻이다.

맹자의 고사를 보면 그 뜻이 분명해진다. 양나라 혜왕이 맹자에게 묻는다. "예전에는 천하를 호령하던 진(晉) 나라가 지금에 이르러서는 주위 나라들에게 땅을 빼앗기는 수모를 겪고 있습니다. 과인은 이를 수치로 여겨 그들을 물리치고자 합니다. 방법이 없겠습니까?" 이에 맹자가 답한다. "만일 대왕께서 어진 정치를 베푼다면 이 땅의 모든 사내들은 몽둥이밖에 든 것이 없다 할지라도 갑옷에 칼을 든 적군을 물리칠 것입니다. 옛말에 어진 사람에게는 대적할 자가 없다고 한 것은 바로 이런 경우를 일컫는 말입니다."

따라서 인자무적이 말하고자 하는 본질은 "인(仁)이란 막을 수 없다"란 뜻이며, 자연의 거역할 수 없는 원리를 나타낸다. 즉, "봄이 오면 꽃이 핀다", "닭의 모가지를 비틀어도 새벽은 온다"는 말에서 보듯이 '저절로'의 의미와 상통하는 것이다.

리더십에도 이러한 원리가 적용된다. 흔히 볼 수 있는 솔선수범형 리더 또는 나를 따르라는 식의 리더는 B나 C학점 수준에 불과하다. 대영제국의 디즈레일리(Benjamin Disraeli) 수상이 말한 "최고의 리더는 따라가는 사람이다"라는 의미를 이해하지 못하는 한 훌륭한 리더가 되기는 틀린 사람이다.

제왕학의 교과서인 노자(老子)의 『도덕경』에선 지도자의 등급을 4단계로 나누고 있다. "가장 높은 지도자는 아랫사람이 그가 있는 것만 겨우 알고, 그다음 가는 지도자는 아랫사람이 가까이 여겨 받들고, 그다음 가는 지도자는 아랫사람이 두려워하고, 그다음 가는 지도자는 아랫사람이 경멸한다."

따라서 "성실함이 모자라면 아랫사람의 신뢰를 얻지 못한다. 삼가 조심하여 말의 값을 높이고, 공을 이루어 일을 마치되 백성이 모두 말하기를 '저절로' 그리 되었다고 할 수준의 리더가 최고의 리더다'라고 했던 노자의 가르침은 깊이 음미해볼 필요가 있다.

한편 병학(兵學)의 세계 최고봉은 단연 『손자병법』이다. 병법의 5가지 요소는 첫째 국토의 크기, 둘째 생산량, 셋째 병력 수, 넷째 전력의 우열, 다섯째 승리라 한다. 여기서 최고의 승리는 '저절로' 이루어진 승리라는 뜻은 필부가 이해하기엔 매우 난해한 경지다. 이와 관련하여 『손자병법』 제4편 「군형(軍形)」에는 그 유명한 구절, "무지명 무용공(無智名 無勇功)"이 있다.

구체적으로 보면 "고선전자지승야 무지명 무용공(故善戰者之勝也 無智名 無勇功)", 즉 전쟁을 잘하는 자의 승리에는 뛰어난 지략에 따른 명성이나 용맹한 전투 일화로 꾸며진 전공(戰功)이 없다는 뜻이다. 이는 적군이 출동하기 이전에 이미 계략과 외교술 등을 동원해 적을 무릎 꿇게 만들어놓은 까닭에 세인의 입에 오르내릴 만한 혁혁한 전공이 있을 턱이 없기 때문이다. 요컨대, 전쟁에서 승리한 것을 천하의 모든 이가 칭찬한다면 이는 최선 중의 최선이 아니라는 것이다. 여기서 무지명(無智名)에서 '지명'은 지모를 써 승리했다는 명성, 무용공(無勇功)에서 '용공'은 무용을 발휘해 얻은 전공을 말한다. 승패가 그 모습을 드러내기 전에는 천하 사람들은 이를 알 길이 없기에 '무지명'이라고 한 것이며, 칼에 피를 묻히지 않고 적을 굴복시킨 까닭에 '무용공'이라고 한 것이다.

이어지는 내용이다. "시고승병선승이후구전 패병선전이후구승(是故勝兵先勝而後求戰 敗兵先戰而後求勝)", 즉 승리하는 군대는 승산을 확

인한 뒤 전쟁을 벌이고, 패하는 군대는 전쟁부터 벌인 뒤 승리의 요행을 찾는다는 뜻이다. 여기서 '선승(先勝)'은 미리 승리를 거둘 조건을 만들어놓는다는 의미이며, '구승(求勝)'은 승리의 요행을 구한다는 의미다.

『무경십서(武經十書)』에서도 전쟁에선 요행을 찾지 말라고 했다. 무릇 승리를 예측하는 것이 일반인 수준을 넘지 못하면 빼어나게 고명(高明)하다고 말할 순 없다. 너무 빤한 까닭에 일반인은 물론 적군조차 그 속내를 알아챈다는 것이다. 격전 끝에 승리를 거두면 설령 천하의 모든 사람으로부터 칭송을 받을지라도 이 또한 빼어나게 고명하다고 말할 수 없다. 더욱이 혈전을 치러 승리를 거두는 장수는 자신뿐만 아니라 군대 전체를 위태롭게 한다. 우리에겐 강태공으로 알려진 여상(呂尙)도 『육도(六韜)』에서 말하기를, "수많은 칼날이 부딪치는 백병전을 치르면서 맨 앞에서 용맹을 떨치는 장수는 좋은 장수가 아니다"라고 했다.

결국 하수는 싸운 다음에 이기려 하고, 고수는 이긴 다음에 싸운다는 뜻이다. 과연 당신은 고수인가, 하수인가?

불황의 심리학

사회가 어려울수록 내겐 찬스다.
다 잘나간다면 무슨 기회가 있겠는가?

THINK AUDITION

INSIGHTFUL

INSPIRATIONAL

3장

내 인생의
바탕화면

나를 공부하라

직(職)과 업(業)의 차이

몇 년 전 공포의 메르스 감염 사태를 통해 잘 드러났지만 의사라는 직업은 진정 사명감 없이는 견디기 어려운 분야다. 가족도 가까이하기 어려운 중환자를 치료해야 하는 의료진의 현실은 일반인이 생각하는 것보다 훨씬 어려운 일임에 틀림없다.

그럼에도 불구하고 국내에서 행한 조사 결과에 따르면, 우리 사회에 존재하는 대표적인 직업군 중에서 의사들이 생각하는 직업만족도는 10점 만점에 2~3점에 머무는 최하위 수준을 기록하고 있어 충격적이다. 보람과 만족은 서로 다른 영역이 아닐까 하는 생각이 절로 드는 대목이다. 참고로 선진국인 영국에서 가장 신뢰받고 있는 직업 조사 결과에 따르면 1위가 간호사(98%), 2위가 의사(92%)로 의

료계 종사자를 가장 신뢰하고 있고, 3~6위가 교육계와 공학계라고 한다.

사실 우리나라만큼 직업에 따른 계층적 질서가 분명히 존재하는 나라도 없을 것이다. 말로는 직업에 귀천이 없다고 하지만, 그를 바라보는 시선과 인식의 차이는 엄연한 것이 현실이다. 예컨대 선진국에선 대표적인 전문가 집단인 엔지니어 세계에서 스스로를 '공돌이'라 부르고 있는 걸 보라. 여기서 '공(工)'이라는 것은 하늘과 땅을 연결시킨다는 엄청난 의미를 가진 글자임에도 말이다. 이 글자 중간에 선 하나를 긋게 되면 그가 바로 왕(王)이 되는 것이다.

한편 국내에 있는 수많은 직업명 맨 뒤에 들어가는 공통 접미어로서 '부', '원', '사', '가' 등이 있는데, 그중에서 '사' 자의 의미는 주로 국가나 사회가 부여하는 일정한 라이선스(자격)를 가진 부류를 지칭한다. 수천 년 동안 관직 등용문으로 활용되어 온 고시 합격이 대표적이다.

내 자식만큼은 기어코 '사' 자 직업을 가져야 한다고 생각하는 부모들의 노력은 거의 염원에 가깝다. 과거 TV 프로그램 중에 〈프로듀사〉라는 드라마가 있었다. 처음에는 프로듀서(producer)를 잘못 표기한 줄 알았는데 알고 보니 우리 사회에 만연해 있는 소위 '사' 자 직업에 대한 패러디 작명이었다. 흥미로운 건 같은 '사' 자라 하더라도 그 의미는 각각 다르다는 사실이다. 변호사는 선비 '사(士)', 검사와 판사는 일 '사(事)', 대사는 시킬 '사(使)', 그리고 의사와 목사는 스승 '사(師)' 자를 쓴다.

여기서 우리는 직업(職業)에 대한 의미를 한 번 되새겨야 할 필요가 있다. 직업이란 '직'과 '업'의 두 글자가 결합된 말이다.

우선 '업(業)'은 힌두어로는 'karma', 영어로는 'mission'이라고 한다. 업이란 바로 내가 이 세상에 온 이유다. 업과 결합하는 단어는 무수히 많다. 세상에 태어나 자신의 업을 이루는 데에는 여러 가지 길이 있기 때문이다. 그중에 창업(創業)이란 원래 한 국가를 건설하는 일을 일컫는데, 지금은 벤처기업이나 프랜차이즈 식당 창업 정도로 쓰이고 있다. 하긴 작은 가게라 할지라도 그들에겐 자신의 소중한 왕국일 것이다. 그 외에도 사업, 생업, 주업, 부업, 과업, 잔업 등등 우리 삶이란 결국 자신의 업을 구현해가는 과정이라 할 수 있을 것이다.

이에 반해 '직(職)'이란 잡(Job)이고 타이틀이고 명함이다. 한쪽에선 일할 곳을 찾아 피눈물을 쏟고 있는데 다른 한쪽에선 일할 사람이 모자란다고 아우성이다. 실제로 중소제조업 중 3D 업종 사장들은 외국인 노동자 한 명이라도 더 구하려고 새벽부터 줄을 서야 한다고 호소하는 기막힌 일이 벌어지고 있다. 게다가 '일자리'를 원한다고는 하지만 실제론 일에는 관심이 없고 자리에만 침을 흘리는 사람들도 많은 것이 우리 사회의 현주소다.

'업'과 '직'에 대한 근본 의미의 차이는 인생 후반기에 들어가면 더욱 절실해진다. 보통 50대 중반에 직장을 잃게 되면 한평생을 바친 애인한테 배신당한 듯 절망하며 좌절하고 심지어 목숨을 버리는 일도 벌어진다. 명함이 없다는 이유, 어깨에 견장이 떨어진 허무감 등 그들이 느끼게 되는 소외감은 충분히 이해할 만한 일이다. 그러나 냉정히 생각해보면 이것은 '직'을 잃은 것이지 '업'을 잃은 건 결코 아님을 알아야 한다.

바야흐로 국내에는 산업화 시대를 일군 베이비부머(1955~1963년생) 세대의 은퇴가 대규모로 진행되고 있다. 이들 인구는 710만 명에 달하고 있으며, 600만 명이 넘는 포스트 버블 세대가 뒤를 이을 예정이다. 이 두 세대를 합하면 인구의 4분의 1을 넘어서는 대규모로 노령화 문제의 핵심이 이것이다. 2020년부터는 386세대의 좌장 격인 1960년생의 은퇴를 시발로 향후 10년간 매년 80만 명의 은퇴자들이 이 사회에 쏟아져 나온다. 일본의 경우엔 전후 출생한 독특한 세대를 '단카이(團塊) 세대'라 부르고 있는데, 전체 인구 중 5.4%를 차지한다.

그러나 이들이 인생 전반기에 살아온 일은 대부분 자신의 업과는 동떨어진 호구지책으로 결정된 경우가 허다하다. 그러나 직장을 관두고 난 후에는 비로소 자신이 이 세상에 온 이유를 찾을 수 있는 기회가 생겨난다. 서양에서는 이를 가리켜 '제3의 나이(Third Age)'라 부른다.

인생 1모작 시기가 교육, 2모작 시기가 사회적 홀로서기라 한다면, 인생 3모작 시기의 키워드는 바로 대화(talk)다. 자신과의 대화, 자연과의 대화, 나아가 신과의 대화다. 이러한 내면의 영적 대화를 통해 일단 자신의 '업'을 알게 되면, 그다음에 '직'은 수없이 보이게 된다.

'업(業)'을 찾는 일은 한마디로 '내 인생의 보물찾기'라 할 수 있다. 이때 발견한 직을 가리켜 '천직(天職)'이라 부른다. 따라서 자신이 좋아하고 잘하는 일을 하루빨리 발견하는 것이야말로 인생에서 가장 중요한 일이라고 할 수 있다. 철학에서 최초의 사유 명제가 바로 "나는 누구인가(Who am I)?"인 것도 같은 맥락이다. 자고로 남을 연구하는 건 하수고, 자신을 연구하는 게 고수인 법이다. 최근 근무시간 단축으로 갑자기 삶의 여분 시간을 갖게 된 직장인들 사이에 "나를 공부하라"는 화두가 유행인 것은 큰 의미가 있다.

여기서 궁금함을 참을 수 없는 질문이 하나 떠오른다. 그것은 "노력과 재능이 싸우면 누가 이길까?"라는 것이다. 우리는 어릴 적부터 노력하면 안 되는 게 없다고 배웠다. 그러나 실제로 살아보면 노력해도 안 되는 게 대부분이다. 이걸 깨닫는 데만 보통 수십 년이 걸린다.

"노력은 재능을 이길 수 없다"는 것은 이미 알려진 과학적 사실이다. 체육이나 음악, 미술을 보라. 살리에리가 노력한다고 해서 모차르트를 이길 수 있겠는가? 그럼 노력하지 말라는 얘긴가 하면, 그건 결코 아니다. 요컨대, 하늘이 준 달란트와 자신의 업(業)에 집중해 누구도 못 따라올 정도로 자신만의 장점을 극대화하는 데 매진하라는 이야기다. 생전에 스티브 잡스가 말한 "위대한 일을 해내는 유일한 방법은 당신이 하는 일을 사랑하는 것이다(The only way to do great work is to love what you do)"라는 말도 같은 차원이다.

그러나 현실은 매우 심각한 상황이다. 요즘 이 땅의 청춘들은 유례없는 취업난 속에서 '업'을 찾기는커녕 변변한 '직'도 구하기가 어렵다. 지난 수년 간 젊은이들의 직장 선택 조건 1위는 바로 연봉이고, 그다음이 안정성, 소질이다. 물론 현실적으로 경제적 요소가 중요하긴 하지만, 길게 보면 자신의 DNA와 맞지 않는 일은 언젠간 문제가 생기고 만다. 결국 돈보다는 소질로 가는 것이 제일 현명한 일이다.

자신이 갖지 못한 것을 쳐다보며 노력하는 것도 나름 의미 있는 일이라고 보지만, 사실 그것은 '직'이지 '업'은 아니다. 자신이 잘할 수 있는 일을 더욱 잘해나가는 것이야말로 행복이고 보람이며, 인생의 보물찾기 그 자체다.

이와 관련해서 우리 선조들은 평생 마음에 새겨두어야 할 귀한 격언을 마련해두었다. 살다 보면 반드시 어려운 일이 생기기 마련인데, 그럴 때마다 이 말은 깊은 위로를 준다.

그것은 "업으로 가면 직을 얻고, 직으로 가면 업을 잃는다"는 것이다.

전문가와 가방끈

전문가가 아니면 살아남기 어렵다는 시대다. 최근 사회 각계에서 벌어진 사건 뒤에는 반드시 전문가들이 존재한다. 물론 "전문가는 틀리지 않는 사람이 아니라 적게 틀리는 사람이다"라고 한 『전문가와 강적들』의 저자, 톰 니콜스(Tom Nichols)의 말처럼 전문가들도 사람인 이상 전지전능할 수는 없다.

그러나 얼마 전부터 국내에선 전문가에 대한 불신이 계속 커지고 있고, 전문가의 재앙이란 말까지 나오고 있는 실정이다. 공부는 분명 전 세계에서 가장 많이 하는 나라임에도 불구하고, 전문가에 대한 존경심이나 신뢰는 거꾸로 가고 있는 셈이다. 이것은 실력보다는 윤리적 측면에 기인한다.

최근 광풍이 된 가상화폐와 관련해서는 점입가경이다. 비트코인에 자금을 투입한 IT 전문가 혹은 칼럼니스트 등이 블록체인 기술이 가져올 혁신을 언론 인터뷰 등에서 공개적으로 역설하는 일은 모럴 해저드(moral hazard, 도덕적 해이)를 넘어서는 자기표설과 유사한 행태다. 판검사, 변호사 등 자칭 엘리트 법조인을 가리켜 법률기술자라 부르고, 의사들을 의료기술자로 부르는 비아냥거림도 커지고 있다. 관피아, 금피아, 언피아 등 마피아 시리즈의 유행은 파워 엘리트의 탐욕에 대한 대중의 조소다.

이러다 보니 심지어 전문가란 '전적으로 문제가 있는 사람'이라고 한다. 사회지도층 또한 '사회의 지도가 필요한 계층'이라고 쑥덕댄다. 미국에서도 가끔 전문가를 'professionally handicapped person'이라고 시니컬하게 부르고 있기는 하다. 전문가란 결국 자신의 좁은 분야밖에 모른다는 것을 꼬집는 표현이다. 우리말로 하자면 '하나만 알고 둘은 모르는 사람'인 것이다. 일찍이 조지 버나드 쇼는 "모든 전문직은 상식인을 무시하는 음모에 불과하다"라며 그들의 위선을 풍자했다.

학생 시절 누구나 들어본 "한 우물을 파라"는 격언의 효과는 의외로 강력하다. 여기저기 기웃거리다 죽도 밥도 안 되는 경우가 흔하다 보니 생겨난 인생의 지혜라 할 수 있다. 그러나 워낙 변화의 내용과 폭이 광속으로 변하는 융합경제시대에 한 우물만 팠다가는 바로 우물 안 개구리가 되기 십상이다. 한국인으로서 그 어렵다는 도쿄대 교수가 된 강상중 박사의 일갈이다. "한 구멍에 빠지지 마라.

그 구멍이 막히면 어떡할 거냐?"

이 넓은 세상에서 극히 제한된 자신의 전공 분야는 알지만 인생이라는 거시 전공엔 문외한인 지식인들이 의외로 많다. 그들이 갖고 다니는 두꺼운 원서들 속에 인생의 뼈아픈 진리가 있을 리 없다. 특히 4차 산업혁명으로 대표되는 전대미문의 변화 앞에서 오래전에 인쇄된 교과서가 무슨 의미가 있겠는가? 지금은 러닝(learning)보다 오히려 '언러닝(unlearing)', 즉 탈학습이 강조되는 시대다. 그나마 갖고 있던 지식과 정보들은 구닥다리거나 폐기 처분해야 될 것이 대부분이다.

직장 회식 때 자주 쓰이는 건배사 중에 '우문현답'이 있다. 여기서 우문현답이란 "우리의 문제는 현장에 답이 있다"란 거다. 지식인이란 결국 문제를 해결하는 사람이다. 문제는 현장을 모르고서는 풀리지 않는다. 직장생활이나 현장을 겪어보지 않은 순진한 대학교수, 그들에게 배우는 학생들, 이들을 다시 고용하여 재교육시키는 기업들, 그 엄청난 비용과 시간 낭비를 생각해보라. 게다가 대학은 국내 모든 서비스업 중에서 교환, 환불, A/S가 안 되는 유일한 존재다. 참고로 『중용(中庸)』에서 학문(學問)이란 넓게 공부하고 깊게 질문한다는 '박학심문(博學審問)'의 약자다. 그런데 우리는 공부는 좁게 하고 질문은 아예 없다.

한편 전문가(專門家)에 대한 사전적 정의는 어떤 학과(學科)나 일을 집중적으로 연구하여 그에 관한 지식이나 경험이 풍부한 사람이다. 전문 분야에 들어와 본 적이 없는 사람은 '문외한(門外漢)'이라 불리는 신세가 된다. 관련되어 영어로는 주로 'professional'이나

'specialist'가 쓰이고, 'expert'라는 표현도 자주 등장한다. 대가의 경우엔 특별히 'master'란 용어가 사용된다.

그러나 불행하게도 전문가에 대한 잘못된 인식이 우리 사회를 뒤덮고 있다. 전문가란 개념을 둘러싼 우리들의 고정관념과 편견은 여러 가지 심각한 사회적 부작용을 초래하고 있다. 실제로 우리나라 아이들에게 커서 무엇이 될 거냐고 물어보면 하나같이 전문가가 되고 싶다고 말한다. 전문적이라는 것은 직업과 밀접한 연관이 있다. 직업은 영어로는 'profession'이다. 보통 전문가라고 할 때 사용되는 '프로페셔널(professional)'의 핵심 의미가 바로 여기에 있다. 그런데 이걸 자꾸 스페셜리스트라고만 인식하니 문제가 계속 커진다.

일단 어떤 일을 10~20년 계속하면 학벌과 관계없이 전문가란 소리를 들을 수 있어야 정상적인 사회다. 구두 수선만 해온 사람은 구두 수선 전문가, 아파트 경비도 오래 하면 아파트 경비 전문가가 되어야 한다. 그런데 한국은 손에 묻힌 기름보다는 펜대에 가중치를 부여한 유교적 전통에 따른 잘못된 인식에 사로잡혀 석·박사를 거쳐 대학교수 정도가 되어야만 진짜 전문가로 받아주고 인정해주는 매우 고약한 사회적 분위기가 주류를 형성하고 있다.

그 결과 수많은 사람들이 오랜 경험과 실력을 바탕으로 이룬 탄탄한 내공을 가졌음에도 불구하고, 스스로를 비하하며 자기 자식에게 결코 대를 물려주지 않는 기막힌 일이 비일비재하다. 그 결과는 엄청난 사회적 비용으로 되돌아오고 있다.

'헛똑똑 코리아'의 민낯을 벗겨보면 더욱 가관이다. 무엇보다 너도나도 대학을 가다 보니 10명 중 7명이 대학에 들어가는 세계 유일의 해괴한 나라가 되어가고 있다. 이름도 못 들어본 수많은 대학들, 기상천외한 학과명, 전공 같지도 않은 분야의 졸업장 외에 본인이 보낸 금쪽같은 세월, 거기에 쏟아 부은 부모들의 피와 땀과 돈은 또 얼마인가? 그 결과 대학 졸업자들 중 상당수가 기계식 정답형 인간이 되어 이 사회에 대량으로 쏟아져 나오고 있다. 취업과 결혼도 어렵다 보니 요즘은 한술 더 떠 대학원 이상 '고고씽하는' 사람도 많아서 곧 전 국민의 반이 석·박사인 나라가 될지도 모르겠다.

전문가를 둘러싸고 벌어지고 있는 우리 사회의 천박한 논리는 스페셜리스트와 제너럴리스트의 개념적 혼동에서 절정을 이룬다. 이 대목에서 중요한 건 제너럴리스트의 개념이다. '제너럴리스트(generalist)'란 웬만한 전문적인 분야를 두루 섭렵한 최고수다. 쉽게 말하면 '제너럴을 전문으로 하는 전문가'인 것이다. 군대에서 별을 단 사람, 즉 장군을 영어로는 '제너럴(general)'이라고 하며, 4성 장군은 'full general'이라고 부른다. 설마 세계 최강 미국의 장군을 일반적인 사람이 하겠는가? 결국 이는 제너럴(general)을 '일반적'이라고만 알고 있는 알량한 번역 실력에서 빚어진 촌극이다.

정작 한국에서 가장 필요한 사람들은 좁은 구석에서 작은 일에 빠져 있는 스페셜리스트가 아니라, 바로 이러한 두루두루 거친 리더급 인재군이다. 선거 때마다 여야 막론하고 인물이 없다는 탄식을 들어보면 이러한 풍조와도 깊은 연관이 있다는 생각이 든다.

그리고 우리 사회에선 학벌(學閥)이 제법 되는 사람을 가리켜 속칭 가방끈이 길다고 이야기한다. 문제는 이 가방끈의 길이가 인격의 높이와 비례하지 않는 경우가 너무도 많다는 데 있다. 학벌은 전문가의 증명서가 아니며, 그 사람이 어릴 적 학교생활에 충실했다는 사실 그 이상도 이하도 아니다.

요컨대, 인생의 깊이는 결코 가방끈 길이에 달려 있는 게 아니며, 경험과 노력의 길이에 달려 있는 것이다. 가방끈이 짧은 전문가도 얼마든지 가능하다. 정주영 회장은 초등학교만 나온 가방끈으로 세계적 인물이 되었고, 성철 스님도 대학 근처에도 못 갔던 분이다. 주위를 둘러보면 놀랍게도 이런 비슷한 케이스가 너무나 많다. 그 흔한 대학 문턱에도 못 가본 사람들 중에 프로급 선수들은 차고 넘친다. 불경에서도 "고수는 저잣거리에 있다"라고 하지 않았던가.

소위 비까번쩍한 학벌의 소유자들이 전문가로 대접받는 가운데, 우리 사회의 각종 현장의 전문가(프로페셔널)들은 냉대를 받으며 어깨를 움츠리며 살아왔다. 그 결과 정답형 인간들이 해답형 인간을 밀어내는, 즉 악화가 양화를 쫓아낸다는 '그레셤의 법칙(Gresham's law)'이 지배하는 이상한 사회가 되어버렸다.

보통 우수한 장군을 가리켜 명장(名將)이라 하지만, 최고의 장군은 '현장(現場)'이라고 한다. 현장을 누벼온 진짜 프로페셔널들이 제대로 된 대접을 받는 실용사회를 만들어가야 할 책임은 우리 모두에게 있다. 최근 공공기관이나 벤처기업 채용 시 학력(學歷)보다 학력(學力)을 중시하는 움직임은 바람직한 변화의 씨앗이라 여겨져 그 희망을 품게 한다.

언어는 힘이다

Language is power

        아! 전 세계 젊은이들의 가
슴을 뛰게 했던 최고의 영화, 〈죽은 시인의 사회(Dead Poets Society)〉.

작고한 로빈 윌리엄스(Robin Williams)의 명연기로 더욱 유명해진
이 영화는 1950년대 미국의 보수적인 명문 사립학교 웰튼을 배경으
로 입시 위주의 교육제도로 인해 자유를 말살당한 학생들과 존 키팅
이라는 괴짜 선생을 통해 교육제도의 맹점을 폭로한 사회비판 영화
다. 1989년 피터 위어(Peter Weir) 감독이 연출한 이 영화가 주는 메시
지는 한마디로 "너만의 독특한 인생을 살아라"는 것이다.

카르페 디엠(Carpe Diem)!

키팅 선생이 수업시간에 학생들에게 외친 말들 중 가장 유명해

진 말이다. 우리말로는 "현재에 충실하라(영어로는 Seize the day)"는 뜻의 라틴어다. 키팅 선생은 이 말을 통해 좋은 대학, 좋은 직장 등 미래라는 미명하에 현재 학창시절의 낭만과 즐거움을 포기해야만 하는 학생들에게 지금 살고 있는 이 순간이 무엇보다 확실하며 중요한 순간임을 일깨워주었다.

이게 바로 그 유명한 장면이다.

키팅 : '시간이 있을 때 장비 봉우리를 거둬라.' 시인은 왜 이런 말을 썼을까?

찰리 : 시인이 성격이 급해서요.

키팅 : 그 말의 라틴어는 '카르페 디엠'이다. 무슨 뜻인지 아는 사람 있나?

믹스 : 그 말은 '현재를 즐겨라'라는 말입니다.

'카르페 디엠(Carpe Diem)'의 유래는 오래전으로 거슬러 올라간다. 당시 로마제국의 황제였던 카이사르는 자신이 죽은 뒤 황제의 자리를 조카 옥타비아누스에게 물려주고 싶어 했지만, 심한 반대에 부딪히게 되었다. 그런 가운데 옥타비아누스는 이집트 여왕 클레오파트라와의 전쟁을 승리로 이끌며 로마에서 가장 강력한 권력을 손에 쥐게 되었고, 그가 황제가 되는 것에 반대할 사람은 아무도 없게 되었다. 드디어 로마엔 평화가 찾아왔다. 이때 언행일치의 시인 호라티우스(Horatius)가 자신의 시집에 쓴 표현이 바로 '카르페 디엠'이다. 이는 그동안 끔찍한 전쟁을 겪으며 슬픔과 공포에 떨었던 로마 시민들이 이제 마음 편히 쉬어도 된다는 뜻이었다.

존 키팅 선생님은 또 이렇게 말했다. "언어는 세상을 바꿔놓을 수 있다." 과연 그렇다. 언어가 없다면 인간은 생각을 전달할 수도, 기록할 수도 없다. 세상을 바꾸는 힘은 언어에서 나온다. 신제품 광고나 정치인의 선거 카피를 보라. 결국 정치도 언어다. 처칠 수상은 "우리가 두려워할 것은 두려움 그 자체다"라는 말로 영국인의 마음을 사로잡아 제2차 세계대전을 승리로 이끌어냈다.

언어는 한마디로 '생각의 집(house of thinking)'이다. 일찍이 세계적 언어철학자인 비트겐슈타인(Ludwig Wittgenstein)은 "언어의 한계는 그 삶의 한계다"라고 잘라 말했다. '언어(language)'란 사전적 정의로 보면 생각이나 느낌을 나타내거나 전달하기 위하여 사용하는 음성 · 문자 · 몸짓 등의 수단 또는 사회관습적 체계다. 또한 언어는 인류를 다른 동물과 구별해주는 중요한 특징의 하나이기도 하다. 지구 상 모든 인류는 언어를 가지지 않은 경우가 없다고 한다. 그러나 아무리 머리가 좋은 동물일지라도 인류와 같은 언어를 갖고 있지는 않다는 것이 통설이다. 그동안 수많은 학자들이 "과연 인간만이 언어를 가진 것인가", "동물도 교육에 의하여 언어를 가질 수 있지 않을까" 하는 가설 아래 동물언어 실험을 실시하였다. 침팬지 새끼를 갓 태어난 아기와 함께 똑같은 환경에서 길러봤지만 인간과 달리 침팬지는 언어를 습득할 수 없었다고 한다.

언어(言語)를 한문으로 보면 '언(言)'은 내가 하는 말이고, '어(語)'는 상대방이 하는 말이다. 『시경(詩經)』에선 있는 그대로 말하는 것을 언(言), 어렵게 논의하는 말을 어(語)라 하였고, 『주례(周禮)』에선 스스로 하는 말을 언(言), 물음에 답하는 말을 어(語)라 하였다. 이하『훈민정음 해례(解例)』를 보면 그 차이를 잘 알 수 있다. "나라의 대화용어(語)가 중국과 달라 문자로써 서로 소통이 잘 안 된다. 그래서 백성이 자기 말(言)을 하고자 하여도 끝내 그 뜻을 펴지 못하는 사례가 많다."

또한 언어는 문화와 떼어내서는 생각할 수가 없다. 일반적으로 문화란 한 집단의 사람들이 공유하는 생각(idea), 행동(behavior), 사물(thing)을 모두 포함하는 복합적인 총체라 정의된다. 그가 속한 공동체 안에서 일반적이고 상식적으로 받아들여지는 생각과 행동이라고 보면 될 것이다. 따라서 언어는 그것이 속한 문화가 낳은 최고의 산물이다. 문화적 차이란 결국 생각의 차이인데, 이것은 언어의 차이에서 비롯된다. 따라서 현대 국가에서 언어의 문제는 결코 단순한 사고의 그릇 또는 의사소통 수단만이 아니라 그 나라 역사 발전의 구심점임을 깨닫게 된다.

우리말 중에 "아 다르고 어 다르다"는 말이 있다. 그만큼 커뮤니케이션에서 사소해 보이는 어감과 어투, 단어 사용의 중요성이 크다는 말이다. 특히 상대방을 설득해야 하는 자리에서라면 말의 중요성은 더 커진다.

"목사님, 기도할 땐 담배 피면 안 되나요?"

"아니, 그걸 말이라고 하나?"

"그럼 담배 필 땐 기도하면 안 되나요?"

"그건 뭐……."

불꽃 튀는 비즈니스 현장에서도 말로 하는 소통의 중요성은 아무리 강조해도 지나치지 않다. 핵심 키워드 내지 단 하나의 문장이 성패를 가르는 일이 비일비재하다. '엘리베이터 피치(Elevator Pitch)'란 꿈에 그리던 투자자 앞에서 짧은 시간 내에 사업 아이디어를 설득하는 것을 나타내는 비즈니스 커뮤니케이션 용어다. 이 용어는 엘리베이터를 같이 타고 내릴 때까지 짧은 시간에 투자자의 마음을 사로잡을 수 있어야 한다는 뜻을 내포하고 있는데, 이는 첫 만남 시 1~2분 안에 갖게 되는 첫인상이 투자 의사결정에 절대적인 영향을 미치기 때문이다.

그렇다면 말을 잘한다고 하는 것의 의미는 무엇일까? 보통은 달변가를 두고 "그 사람 말 한번 참 잘한다"고 하기 쉽다. 그러나 달변가가 반드시 상대의 마음을 얻는 것은 아니다. 진정성이 뒷받침되지 않는다면 말은 역기능으로 작용하기 마련이다. 특히 언행일치의 신뢰성을 중시하는 전통이 강한 우리 사회는 말이 많으면 "입만 살아 있네. 입에 침이나 바르고 얘기하라"는 등 경계심의 수위가 높다. 따라서 달변(達辯)도 약장수 취급받기 십상이며, 눌변(訥辯)이라 할지라도 얼마든지 진심을 전달할 수 있다. 따라서 말을 잘하고 못하고는 핵심이 아니다. 결국 내용도 중요하지만 어떻게 전달하느냐 하는 것이 특히 중요한 포인트가 된다.

이와 관련하여 '콜드 리딩(Cold Reading)' 개념이 주목되고 있다. 이는 원래 영화나 연극 분야에서 쓰이는 커뮤니케이션 용어로서, 주로 오디션 때 리허설이나 연습 없이 즉석에서 받은 대본을 큰 소리로 읽어보는 것을 뜻한다. 비즈니스 협상이나 프레젠테이션(PT) 현장에서 처음 보는 상대의 속마음을 정확히 간파해 자신을 완벽하게 믿게 하는 사람들을 '콜드 리더'라고 한다. 이들의 특징은 언어구사는 물론 진정성도 겸비해 뛰어난 설득 능력을 보여준다는 점이다.

말하는 것보다 더 어려운 것은 글 쓰는 것이다. 말은 청산유수인데 글은 엄청 못 쓰고, 말은 그다지 잘 못해도 글은 일필휘지인 사람도 있는데 이건 놀랄 일이 아니다. 그것은 회로 구조가 전혀 다르기 때문이다. 말이 된다고 글이 되는 것은 아니다. 글은 피를 잉크로 찍어 쓰는 일이고, 말은 내 영혼을 전달하는 기술이다.

한편 우리 선조들은 이러한 말과 글이 초래하는 부작용을 경계하여 늘 조심할 것을 강조하였다. 유명한 정치인이나 연예인들이 말 한마디 잘못해서 나락으로 떨어지는 일은 매우 흔한 일이다. 소위 필화보다 설화(舌禍)가 더욱 자주 발생하며 그 파괴력도 훨씬 큰 것이 사실이다.

이는 동서양 모두 마찬가지인데, 인간을 가장 해치는 건 칼이 아니라 세 치 혀라는 것이다. 중국 사람들은 어려서부터 패가망신하는 원인의 80%가 신중하지 못한 말 때문이며, 신중하지 못한 입은 재앙을 부르는 문이고 함부로 놀리는 혀는 자신을 해치는 칼이라고 가르쳤다. 또한 사람의 입은 이빨과 입술이라는 이중 안전장치가 장착되어 있는데, 그 의미는 말을 함부로 하지 말라는 것이라고 해석하는 이도 있다.

불가에선 업을 구분하여 몸으로 짓는 업(身業), 입으로 짓는 업(口業), 그리고 마음으로 짓는 업(意業)으로 구분하고 이를 '삼업(三業)'이라고 한다. 이 중에서 특히 중요한 것이 마음으로 짓는 업이라 보지만, 대개 문제는 입에서 터진다. 입으로 짓는 구업에는 거짓말(妄語), 이간질(兩舌), 욕설이나 험담(惡口), 궤변(綺語)의 4가지가 해당된다.

결국 문제는 상대방에게 얼마나 자신의 진심을 제대로 전달할 수 있는가 하는 것으로 귀결된다. 요컨대, '말을 잘하는 것'이 중요한 것이 아니라, '잘 말하는 것'이 중요하다는 점을 잊지 말아야 할 것이다.

여기서 말이 초래하는 부작용을 경계하는 내용을 살펴보자.

우선 '구시화문(口是禍門)', 이는 중국 송나라 태종 때 편찬된 『태평총류』에 나오는 구절인데 사람의 입이야말로 화(禍)의 근원이라는 뜻이다.

『명심보감』, 「언어편(言語篇)」의 내용도 중요하다.

"언불중리 불여불언(言不中理 不如不言)

말이 이치에 맞지 않으면 말 않음만 못하다.

일언부중 천언무용(一言不中 千言無用)

한 번 말해서 맞지 않으면 천 마디 말이 소용없다."

노자 또한 『도덕경』에서 말의 중요성을 일깨우고 그로 인한 화와 오류를 경계했다.

"지자불언 언자부지(知者不言 言者不知)

진정 아는 자는 말수가 적고, 말이 많은 자는 지혜가 적다.

병종구입 화종구출(病從口入 禍從口出)

병은 입 따라 들고, 화는 입 따라 난다."

참으로 아는 사람은 자신이 아는 것을 말로 드러내지 않는다. 자신이 아는 것을 말로 드러내는 사람은 참으로 아는 사람이 아니라는 것이다. 말의 값은 곧 인격의 값이다. 겉치레로 장식된 말이나 알량한 지식을 그럴듯하게 포장하는 일을 경계하여 언어의 품격(言品)을 유지하는 냉정한 훈련을 지속해나가야 할 것이다.

소통의 달인

- '말주변이 없다고요?'

"저들이 말하는 핵심 요약을 30분도 넘게 듣고 있는데, 그들이 무엇을 하는 회사인지 아직도 모르겠어요." 수많은 PT 현장에서 흔히 들을 수 있는 불평이다. 일찍이 저명한 광고회사 테드 베이츠의 대표인 로저 리브스(Rosser Reeves)는 '고유판매제안(USP, Unique Selling Proposition)'이라는 신개념을 제안했다. 이는 '이 제품을 구입해야 하는, 경쟁사보다 우월한 단 한 가지 이유'라는 의미로서 리브스는 각각의 상품은 변하지 않는 고유한 단 하나의 콘셉트를 가지고 광고해야 한다고 주장했다. "입에서만 녹고 손에서는 녹지 않습니다!" 세계적인 초콜릿 회사 M&M의 슬로건처럼 말이다.

소통(Communication)이란 사전적으로 사람들 간에 생각이나 감정

등을 교환하는 총체적인 행위라 정의된다. 이는 언어적 요소는 물론 제스처나 자세, 얼굴 표정, 눈 맞춤, 목소리, 억양 등과 같은 비언어적 요소를 통해서도 이루어질 수 있다.

일단 소통의 가장 기본 스킬은 적극적인 경청(傾聽)이다. 여기서 중요한 포인트는 경청이란 듣는 기능이 아니라, '두 귀로 설득하는 기술'이라는 점이다. 실제로 국내 굴지의 대기업 현장에서 팀장들로 하여금 말수를 확 줄이고 대신 팀원들의 이야기를 무조건 경청하도록 했다고 한다. 그 결과 처음엔 반신반의하던 직원들도 몇 달이 지나면서부터 자신의 의견이 대접받고 있다는 느낌을 받게 되자 아이디어가 쏟아지며 엄청난 성과로 되돌아왔다고 한다.

알고 보면 우리나라만큼 소통의 중요성이 강조되는 사회도 없을 것이다. 이건 그만큼 소통이 안 되는 사회란 반증이기도 하다. 한국에서 10년 이상 살았다고 하는 어느 외국인 작가의 말은 우리에게 시사하는 바가 크다. 그는 "한국인은 남의 말을 잘 듣지 않는다"라고 하면서 "의사소통을 할 수 없는 이유로 문화적 장벽, 언어 장벽을 들먹이지만 그건 한마디로 핑계다"라고 일축한다.

소통 문제와 관련해서 많은 사람들이 자신은 말주변이 없다고 둘러대며, 자신이 초래하는 불통의 원인을 딴 데로 돌리고 있다. 특히 학벌이 높거나 사회지도층 사람들이 하는 이야기를 들어보면, 배울 점도 많은 것이 사실이나 상당수 결과는 그다지 좋지 않게 흐르는 것을 볼 수 있다. 그런 경우 그들은 대개 상대방이 말귀를 못 알아듣는다거나 또는 자신의 마음을 몰라준다고 투덜댄다. 말귀를 못 알아듣게 한 책임은 바로 자신에게 있다는 것을 깨우치지 못하면 이러한 만성 소통장애증의 치료는 불가능에 가깝다.

무엇보다 쉽고 단순하게 핵심을 말해야 한다. 이것은 전문적인 분야일수록 더욱 그러하다. 가장 중요한 것은 대화 상대방의 흥미를 불러일으키는 것으로, 그건 내용 자체보다 전달하는 과정에 방점이 있다. 아무리 옳은 이야기라 하더라도 그 이야기에 기분이 상했다고 한다면 그것은 안 하느니만 못한 것이 되고 만다. 이는 부부 사이나 자식과의 대화에서도 마찬가지다.

역사가 짧은 미국에도 "말이 통하는 건 모든 게 통하는 것이다"라는 속담이 있다. 사실 말이 안 통하는 사람과는 대화는커녕 비즈니스나 연애가 이루어질 리 없다. 우리나라에는 예로부터 "말 한마디에 천 냥 빚을 갚는다"는 말이 있다. "절에 가도 새우젓을 얻어 먹는다"는 말도 있다. 말을 잘하는 것은 꼭 필요한 일이다. 상대방에게 자신의 의견과 감정을 제대로 전할 수 있는 것이야말로 사회적 기본기라 할 수 있다. 말이란 것이 결국 그 사람의 가정교육이자 살아온 인생의 향기 그 자체이기 때문이다.

한편 의학이 사람의 병을 다루는 것이라면 경영학은 조직의 병을 다루는 학문이다. 소통은 조직의 실핏줄이자 피 그 자체다. 조직 내 실핏줄이 막혀 신진대사가 원활치 못하고 장차 동맥경화나 고혈압, 당뇨, 뇌출혈 등으로 발전하게 되는 것은 인간과 마찬가지다.

"통즉불통 불통즉통(通卽不痛 不通卽痛)." 이는 허준의 『동의보감』

「잡병편(雜病篇)」제1권, 용약(用藥)에 나오는 글로 "막힌 것을 통하게 해주면 아프지 않게 되고, 막혀서 통하지 아니하면 통증이 생긴다"는 의미다.

회사의 주가나 시장가치도 따지고 보면 그 회사 CEO를 비롯한 조직의 소통 수준에 따라 결정된다고 봐도 무방하다. 실제로 경영 평가를 해보면 소통 수준이 곧 그 조직의 수준임을 알 수 있다. 특히 CEO의 커뮤니케이션 스킬은 위기 때 더욱 빛난다.

조직 커뮤니케이션의 3가지 차원은 동료 간, 상하 간, 부서 간 문제다. HP, 인텔, DHL 같은 세계적 기업의 내부 커뮤니케이션을 상징하는 것은 'Open door policy'다. 이들은 글로벌 기업임에도 불구하고 사장과 직원의 공간을 구분하는 것은 낮은 칸막이가 전부다. 임원은 물론 사장도 직원들과 한 공간에서 일한다. 업무 성과가 우수한 직원에게 CEO가 직접 전화를 걸어 격려하기도 한다. 역시 최고의 리더는 최고의 커뮤니케이터임에 틀림없다.

널찍한 사무실과 화려한 소파로 상징되는 국내 조직 임원실의 대부분은 주로 닫혀 있다. 많은 외국인 CEO들은 한국 기업의 가장 큰 문제로 상하를 나눠놓는 벽이라고 지적한다. 그러나 사장실, 임원실을 없앤다고 해서 소통이 잘되는 것은 아니다. 부서 간 소통을 저해하는 기능적 장벽도 만만치 않다. 유형의 벽을 허무는 것보다 무형의 벽을 부수는 게 더욱 중요하다. 기껏 열린 공간을 만들어놓고 마음의 벽을 허물지 않으면 무슨 소용이겠는가? 수많은 사람들이 모여 사는 조직에서 소통의 핵심가치는 이미지가 아니라 행동이며, 말이 아니라 태도이자 마음이다.

제왕학의 핵심 또한 소통이다. 1568년 12월, 당시 68세이던 퇴계 선생이 17세의 어린 나이로 조선 국왕에 오른 선조에게 올렸던 유명한 상소, 〈성학십도(聖學十圖)〉는 군왕의 도에 관한 학문의 요체를 도식으로 설명한 것이다. 이 명칭은 본래 '진성학십도차병도(進聖學十圖箚幷圖)'라 하여 『퇴계문집』 내집에 수록되어 있다.

그 내용은 크게 두 부분으로 나누어 볼 수 있다. 제1도에서 제5도까지는 천도에 근거하여 우주의 원리를 밝히고, 이것을 통해서 인간의 도리를 밝혔다. 제6도에서 제10도까지는 인간의 심성에 근거하여 일상생활에서 힘써야 할 일에 대해서 말하고 있다. 성학십도는 열 폭밖에 안 되는 짧은 글이지만 유학 원리와 사상 그리고 퇴계의 철학 체계를 한눈에 볼 수 있게 해주는 세계 최고의 리더십 교재다.

흥미로운 것은 성군이 되는 학문, 즉 성학의 '성(聖)'이란 글자인데, 이는 "왕은 입(口)보다 귀(耳)를 우선하라"는 것을 의미한다. 결국 소통은 입이 아니라 귀의 문제인 것이다. 입은 하나고 귀는 두 개인 이유가 여기에 있다.

인생 최고의 자격증

많은 사람들이 일을 하는 데 있어 가장 힘든 것은 업무가 아니라 사람과의 관계라고 대답한다. 조직에서 인간관계의 상당 부분은 리더에게 그 책임이 있다. 리더가 어떻게 하느냐에 따라서 그 조직의 분위기가 결정되고 성과로 연결되기 때문이다.

과거 존슨앤드존슨의 CEO였던 짐 버크(Jim Burke)는 "나는 재직 중 일과의 40%를 직원들과 의사소통을 하는 데 할애했다. 그만큼 커뮤니케이션은 중요하다. 그중에서도 가장 중요한 것은 경청이다"라고 말한 바 있다. 우선 잘 들어야 좋은 조언이나 피드백을 해주겠지만, 들어주는 것만으로도 마음의 벽을 많이 낮출 수 있다는 것이 정설이다.

특히 리더의 말은 가능한 한 짧고 명확하게 말해야 한다. 윈스턴 처칠이 옥스퍼드 대학교 졸업식에서 했다는 "Never give up!"이란 연설은 이런 면에서 위대한 연설로 극찬받고 있다. 많은 리더들은 자신이 말할 기회를 잡으면 일단 근사하게 하고 싶어 한다. 또한 청중의 눈높이를 고려하지 않고 전문용어 등 현학적인 말을 사용하여 자신의 연설을 고급스럽게 포장하고 싶어 한다. 그러나 이는 착각이다.

반복도 빼놓을 수 없다. 아무리 좋은 정보라도 한 달이 지나면 80% 이상을 잊어버리게 된다고 한다. GE의 전 회장, 잭 웰치는 "중요한 내용은 열 번 이야기하지 않으면 한 번도 말하지 않은 것과 같다"라고 말하면서 반복의 중요성을 강조하고 있다.

이하는 필자가 제시하는 커뮤니케이션 성공 법칙이다.

첫째, 커뮤니케이션은 진심을 전달하는 기술이다. 이와 관련하여 우리 사회가 안고 있는 커다란 오해는 일단 "말을 잘해야 된다"고 생각한다는 것이다. 말이란 커뮤니케이션의 수많은 도구 중 하나일 뿐이다. 사실 최고의 커뮤니케이션은 말이 필요 없는 '이심전심(以心傳心)'의 수준이다. 비즈니스에서도 진짜 필요한 것은 화술이 아니라 스토리를 끌어가는 힘이다. 더욱이 쌍방향이 생명인 커뮤니케이션 게임에서 가장 중요한 문제는 말이 아니라 마음이다. 마음이 닫혀 있으니 소통이 될 리가 없다.

둘째, 하고 싶은 말을 할 것이 아니라 듣고 싶은 말을 해야 한다.

학창시절 공부 잘하는 친구의 비결 중 첫 번째로 꼽히던 것이 '출제자의 의도' 파악이었음을 기억해보라.

이와 관련하여 변호사 업계의 어느 고수가 후배에게 들려주는 조언을 소개한다. 의뢰인이 최초 방문해서 상담을 할 때는 반드시 의뢰인이 가장 궁금해하는 부분(interest)을 정확히 언급해주라는 것이다. 하고 싶은 말만 하지 말고, 의뢰인이 듣고 싶은 말을 해주라는 것이다. 그의 경험에 따르면 의뢰인들에게 반드시 알려줘야 할 포인트는 다음의 3가지라고 한다.

1. 사건의 승패 전망
2. 향후 사건이 진행될 방향 및 소요 시간
3. 비용 문제

셋째, 더 이상 침묵은 금이 아니다. 개인이나 조직이나 공히 자신의 '의사소통 지수(CQ)'를 높여야 한다. 때론 침묵도 웅변이 되는 법이긴 하다. 그러나 실제 조직생활에서 침묵은 더 이상 금이 아니다. 특히 우리나라 사람들은 혀로 인해 다친 역사적 경험이 유전되어서인지 자기 의사를 분명히 전달하는 데 서툴거나 익숙지 못하다. 특히 감정 전달은 매우 쑥스러워하거나 심지어 반대로 보이려고까지 한다. 대부분의 조직이 아직도 권위주의가 지배적임을 감안할 때 인사권을 쥐고 있는 직장상사 앞에서 자기 생각을 그대로 표현하는 사람은 거의 없는 것이 현실이다. 이런 분위기에선 창의적인 의견은 고사하고 상사들의 눈치만 살피는 좀비형 직장인만 남을 것이 뻔하다. 고객만족(CS) 문화를 만드는 데 1만 시간이 걸린다면, 상사 만족은 1분이면 가능한 것이다.

조직 커뮤니케이션 이론 중에 '켈의 법칙(Kel's law)'이 있다. 피라미드형 조직에서는 직급이 한 단계씩 멀어질수록 심리적 거리감이 제곱으로 커져서 직급 간에 두꺼운 벽이 생기게 된다는 것이다. 대부분 몇 직급 아래의 직원은 감히 리더에게 다가가기 어렵다고 느끼는 것이 당연하다. 따라서 좋은 리더가 되기 위해서는 먼저 다가가야 한다. 아이러니한 건 큰일이 생기면, 어렵게 뽑은 조직 내 선수들은 제쳐두고 외부 전문가란 생뚱맞은 인원들을 끌어들이는 일도 흔하다는 것이다. 이렇게 되면 직원들의 사기는 바닥으로 추락한다.

한편 소통에서 중심은 역시 대화다. 미국의 전설적인 TV 사회자, 래리 킹은 저서 『대화의 법칙』에서 말 잘하는 사람들의 8가지 공통점을 들고 있다.

① 누구에게나 익숙한 주제라도 '새로운 시각'을 가지고 사물을 다른 관점에서 바라본다. ② 폭넓은 시야를 가지고 일상의 다양한 논점과 경험에 대해 생각하고 말한다. ③ 열정적으로 자신의 일을 설명한다. ④ 언제나 자기 자신에 대해서만 말하려 하지 않는다. ⑤ 호기심이 많아 좀 더 알고 싶은 일에 대해서는 '왜?'라는 질문을 던진다. ⑥ 상대에게 공감을 나타내고 상대의 입장이 되어 말할 줄 안다. ⑦ 유머감각이 있어 자신에 대한 농담도 꺼려하지 않는다. ⑧ 말하는 데 있어 자기만의 스타일이 있다.

이와 같이 소통과 대화에 관한 수없이 많은 이야기가 떠돌고 있지만, 필자가 살면서 겪어본 대화의 황금법칙은 의외로 단순하다. 그에 관한 필자의 신작,『두줄칼럼』에 담긴 내용을 소개해본다.

"옳은 말을 기분 좋게 하라.

당할 자가 없다."

일견 단순한 것 같지만 사실 알고 보면 이러한 경지야말로 평생 가도 얻기 어려운 '인생 최고의 자격증'이 아닐 수 없다. 일반인들은 말할 것도 없고 상당수 지식인들조차 옳은 이야기를 기분 나쁘게 하는 경우가 허다한 것을 지켜보면 이해가 갈 것이다. 말도 안 되는 이야기를 기분 나쁘게 하는 경우는 더 말할 것도 없다. 따라서 옳은 이야기를 기분 좋게 할 수만 있다면, 그 사람의 영향력은 유명한 종교 지도자 부럽지 않은 강력한 파워를 갖게 될 것이다.

장미와 거름

　　　　　　　　　　일찍이 유명한 일본의 경제
평론가인 오마에 겐이치(大前研一)는 운명을 바꾸는 3가지 쉬운 방법
을 제시한 바 있다.

　첫째, 살던 곳을 버리고 이사를 가라.

　둘째, 시간을 달리 써라.

　셋째, 나와 전혀 다른 사람을 만나라.

　이 중에서 특히 셋째는 매우 의미심장하다. 인간의 운명은 다른
사람과의 만남을 통해서만 변화가 가능하기 때문이리라. 사람은 누
구나 자기와 비슷한 사람을 좋아하기 마련이다. 어렸을 땐 특히 자
신의 생각이나 느낌, 감정이 비슷한 사람을 보면 대부분 금방 빠져
든다. 나 또한 수많은 사람 중에서 내 마음을 알아주는 사람만이 친

구라고 생각했다. 그러나 철이 들면서 "이게 얼마나 어리석고 허망한 것인가"라는 것을 차츰 깨닫게 되었다.

현재 미국에서 다음 대통령 후보로까지 거론되었던 흑인 여성 방송인, 오프라 윈프리(Oprah Gail Winfrey)의 아버지는 어린 시절 딸에게 말했다.

"세상에는 세 종류의 사람들이 있다. 첫째는 일을 만들고 일으키는 사람이다. 둘째는 남이 일을 일으키는 것을 바라보는 사람이다. 셋째는 무슨 일이 일어나는지 조차 모르는 사람이다. 너는 장차 어떤 사람이 되겠니?"

그녀는 이미 「포브스」가 선정한 '세계에서 가장 영향력 있는 100명' 중 한 명으로 뽑힌 여성으로 최악의 운명을 딛고 일어난 입지전적 인물이다. 흑인 사생아로 태어난 그녀는 아홉 살에 성폭행을 당하고 열네 살에 출산하여 미혼모가 되었는데, 아기는 출생 후 2주 만에 죽고 말았다. 그 충격으로 가출 후 마약 복용을 하며 지옥 같은 세월을 보냈다. 그러나 그런 바닥 인생을 떨치고 재기하여 최고의 아메리칸 드림(American Dream)을 이룬 대표적인 여성으로 우뚝 섰다. 오프라 윈프리의 성공은 자신에게 닥쳐오는 모든 불행을 자신이 맡은 사명(mission)으로 받아들인 데에 기인했는데, 이를 뒷받침한 건 바로 독서와 기도였다. 책은 그녀에게 희망을 선물했고, 기도는 감사로 보답했다.

보통 인생에서 비교는 불행을 낳고 관계는 행복을 낳는다. 사람은 각각 다른 것이 당연한 것이다. 결국 같은 것은 오래가지 못하고, 다른 것이 수명이 긴 법이다. 결혼생활도 마찬가지다. 연애할 땐 서로 같은 걸 찾아내고 기뻐하지만, 장거리 경주인 결혼은 반대로 서로 다른 특성이 둘 사이를 지탱해주는 보완의 에너지가 된다. 같으면 금방 싫증나게 되고 이는 권태기로 이어진다. 마케팅의 핵심인 차별화 전략 또한 자신의 다름을 증명해내는 일이다. 요컨대, 다른 사람들과의 친밀한 관계 유지를 위해서도 나는 그 사람과는 다른 꽃으로 피어나야 한다는 거다.

중요한 것은 그 꽃을 피워내는 아래 거름은 같은 성분의 것이어야 한다는 점이다. 중국인들이 즐겨 쓰는 협상 전술인 구동존이(求同存異), 즉 "공통점을 구하고 차이점은 놔둔다"는 지혜와도 상통한다고 볼 수 있다. 여기서 거름이란 그 사람을 키워낸 가정교육으로 귀착된다. 기본적으로 사람의 태도는 할머니가 끓여주신 된장국 같은 가정교육에서 잉태되기 때문이다. 요컨대, 성격이 꽃이라면 태도는 거름인 셈이다.

Difference is beautiful!

네가 장미라면, 나는 백합이다. 한 가지 꽃으로만 이루어진 꽃밭을 보았는가? 결국 인생에서 중요한 건 나와 다른 많은 꽃을 만나서 함께 얼마나 멋진 꽃밭을 이루었는가 하는 점이다. 그저 비슷비슷한 꽃만으로 이루어진 정원이나 꽃밭은 그다지 인기가 없다. 다양함이 주는 감동이 없기 때문이다. 인생도 마찬가지다. 나랑 다른 다양한 사람과의 네트워크를 가진 사람이야말로 성공적인 삶이라 할 수 있다.

여기서 동양학 최고의 고전으로 꼽히는 『맹자』의 유명한 문장을 보라. "하늘이 장차 그 사람에게 큰 사명을 주려고 할 때에는 반드시 먼저 그의 마음을 흔들어 고통스럽게 하고, 그 힘줄과 뼈를 굶주리게 하여 궁핍하게 만들어 그가 하고자 하는 일을 흔들어 어지럽게 한다. 그것은 타고난 작고 모난 성품을 인내로 담금질하여 하늘의 사명을 능히 감당할 수 있도록 그 성품과 역량을 키워주기 위함이다." 이 대목을 이해하기 위해선 내게도 오랜 세월이 필요했다. 나는 이제 향기로운 장미가 되기보다는 냄새 나는 거름이 되고 싶다. 꽃향기는 10리를 가지만 거름 똥냄새는 100리를 갈 수 있는 걸 알기 때문이다.

살아보니 인생의 높이는 위험하다. 조직의 승진에 목을 맨 사람들의 노후를 보라. 어깨 위 견장이 떨어지기 전과 후는 하늘과 땅 차이다. 전직과 현직을 칼같이 구별해내는 우리 사회의 영악한 분별력은 당해본 사람만 안다. 그럼 인생의 깊이는 어떤가? 자신만의 독자 세계를 구축하는 기쁨은 있겠지만 지독한 외로움만큼은 어쩔 수가 없다. 결국 인생은 부피다. 과연 지금 당신 옆엔 누가 있는가?

한편 세계적인 대가들의 삶을 들여다보면 대부분 고통과 결핍의 질곡이었다. 우선 고전파 음악의 완성자이자 낭만파 음악의 창시자로 평가받아 악성(樂聖)이라 불리는 베토벤을 보라.

베토벤은 음악에 대한 생각 자체를 바꿔놓았다. 베토벤과 더불어 "음악은 과학(science)에서 의식(conscience)이 되었다"는 말이 생겼을 정도다. 그의 전 생애는 폭풍우 그 자체였다. 가난한 음악가의 아들로 태어난 그는 악마와도 같았던 아버지의 학대와 가난 속에서 지옥 같은 어린 시절을 보냈다. 그 후 신분의 장벽에 가로막혀 첫사랑을 잃게 되자 그는 오로지 일에만 몰두하게 된다. 그는 불굴의 의지로 악천후 운명과 싸우며 무려 32개의 피아노 소나타와 9개의 교향곡 등 인간의 한계를 초월한 불후의 대작들을 남겼다.

세계적인 평론가, 로맹 롤랑(Romain Rolland)은 "만약 신이 인류에게 저지른 범죄가 있다면 베토벤에게서 귀를 빼앗아간 일이다"라고 하였다. 그가 남긴 불멸의 서사시, 제5번 〈운명교향곡〉(1808년)은 운명을 극복하는 인간의 처절한 의지와 환희를 그린 것으로 평가된다. 특히 이 곡은 서두의 4개 음 주제가 제2차 세계대전 당시 BBC뉴스의 시그널로 쓰여서 더욱 유명해졌는데, 이 리듬이 모르스 부호 V, 즉 승리를 표현하기 때문이었다고 한다.

또한 그가 완성한 마지막 곡이자 가장 오랜 세월에 걸쳐 작곡된 최고의 역작, 제9번 〈합창교향곡〉(1824년)은 '이 땅 위에 선포된 천국 복음'이라는 평가를 받았다. 이후 제4악장이 카라얀의 편곡을 거쳐 1985년 유럽연합의 공식 국가로 채택되었고, 유네스코의 세계기록 유산으로 지정되기에 이르렀다. 베토벤이 자신의 직접 지휘로 초연된 이 곡에 청중들의 환성과 박수가 쏟아졌음에도 그 소리를 듣지 못해 다른 사람이 뒤를 돌아보게 했다는 건 유명한 일화다.

그는 젊을 때부터의 지병인 장 질환과 폐렴으로 56세의 나이에 치열했던 생애를 마치게 된다. 흔히 유언으로 회자되는 "친구들, 박수를 치게. 희극은 끝났네(Plaudite, amici, comedia finita est)"라는 말은 죽기

하루 전의 말이었다고 한다. "난 운명이라는 단어를 생각해본 적이 없다. 어떠한 일이 있더라도 운명에 굴복해선 안 된다." 이는 베토벤의 심정을 단적으로 요약한 말이다.

그 받기 어렵다는 퓰리처상을 4번이나 받은 위대한 시인, 로버트 프로스트(Robert Frost) 또한 예외가 아니었다. 찢어지게 가난한 데다 정신병력의 가족사는 커다란 고통과 아픔이었다. 미국 캘리포니아에서 태어난 그는 미국의 국민시인으로 불린다. 평이하면서도 명료한 내용과 교훈을 주는 그의 시는 많은 이들에게 큰 위로와 감동을 주었다. 케네디 대통령은 그를 '우리 시대의 가장 위대한 미국 시인(The greatest American poet of our time)'이라며 찬사를 아끼지 않았다. 뉴잉글랜드의 자연을 좋아해 자연시인으로 여겨졌지만 그의 진정한 관심은 인간 삶이 낳는 드라마에 있었다. 그는 스스로 시를 쓰는 자신의 태도를 가리켜 "시란 즐거움에서부터 시작해 지혜로 끝난다(A poem begins in delight and ends in wisdom)"라고 말했다.

아래는 그의 대표작, 〈가지 않은 길(The Road Not Taken)〉의 그 유명한 종장이다.

먼 훗날, 나는 한숨을 쉬며
이 이야기를 하게 되리라
I shall be telling this with a sigh
Somewhere ages and ages hence

숲속에 두 갈래의 길이 있었고

나는 다른 사람들이 덜 다닌 길을 택했노라고

그리고 그것이 내 인생을 바꾸어놓았노라고

Two roads diverged in a wood, and I—

I took the one less traveled by

And that has made all the difference

다른 이들이 가지 않은 길을 가기란 정녕 불안하고 두렵다. 그
럼에도 불구하고 인생의 진정한 맛과 의미는 가지 않은 길, 남과 다
른 나만의 길을 걸어가는 데 있다. 나는 이제 장미보다 거름이 되고
싶다. 불교 최고의 경전인 『화엄경(華嚴經)』은 말한다. "강은 물을 버
려야 바다로 간다. 나무는 꽃을 버려야 열매를 얻는다."

성공보다 성장이다

현대 정주영 회장은 "시련
은 있어도 실패는 없다"는 유명한 어록을 남겼다. 그의 성공 과정을
보면 전무후무한 내용으로 점철되어 있다. 대우 김우중 회장은 "세
계는 넓고 할 일은 많다"고 하였다.

선진국에선 이미 오래전부터 성공에 대한 연구가 축적돼 왔다.
한국에도 오래전 상륙한 폴 마이어, 데일 카네기 등 성공학 대가들
의 '부를 얻는 법(How to get rich)' 프로그램 등이 대표적이다. 『성공하
는 사람들의 7가지 습관』의 스티븐 코비와 쌍벽을 이루는 브라이언
트레이시는 '실패학'을 이용해 성공한 인물이다. 그는 무일푼에서
출발해 22가지 직업을 거치며, 연간 매출 수천만 달러의 인력개발
기업을 만든 실전형 기업인이기도 하다.

그에 따르면 "성공의 간단한 왕도는 없다"면서도 성공을 위한 법칙은 첫째, 자신에게 진정한 행복을 주는 일을 찾는 것이고, 둘째, 자신이 몸담은 분야에서 자신의 모든 것을 쏟아 붓는 것이라고 했다. 한 분야에서 두각을 나타내기 위해서는 최소한 7년간의 끈질긴 도전과 훈련이 필요하다고도 했다. 어떤 분야의 전문가가 되기 위해서는 최소 1만 시간 정도의 훈련이 필요하다는 소위 '1만 시간의 법칙'과도 일맥상통하는 말이기도 하다.

한편 국내외 유명인들의 성공 신화는 화려하고 눈부시다. 남보다 일찍 성공하고 싶어 하는 수많은 젊은이들은 그에 매료되어 그 뜨거운 길로 풍덩 뛰어든다.

스타벅스 성공 신화의 주인공은 뉴욕 빈민가 태생인 하워드 슐츠(Howard Schultz)다. 1953년 뉴욕 브루클린에서 3남매 중 맏이로 태어난 그에게 어릴 적 가난은 친구였다. 막일을 하던 아버지는 폐암으로 일찍 세상을 떠났으나, 어머니는 성공한 위인들의 삶을 들려주며 그에게 꿈과 용기를 심어주었다. 성공에 관해 그는 다음과 같이 말했다. "성공은 매일 조금씩 성취해나가는 것, 결과를 당연히 여기지 않고 가치를 부여하는 것, 스스로를 믿는 것, 자신을 희생하는 것, 용기를 갖는 것이다. 거기에 성공이 있다."

주위를 보면 성공에 관한 각종 명구 명언들은 차고 넘친다. 그럼에도 불구하고 마음 한구석이 석연치 않은 건 왜일까? 이런저런 내용을 보고 감동해서 따라 하다 보면 어느덧 환갑 나이가 되어버리는 게 우리들 삶이다. 무언가 성공에 대한 인식의 대전환이 필요하다.

나이가 들면서 나는 성공에 대한 회의가 밀려들어오기 시작했다. 과연 성공이란 무엇인가? 물론 실패한 인생보다는 성공한 인생이 나을 것이다. 그런데 문제는 이것이 지속가능한 것이냐는 점이다. 당신이 히말라야 등반을 간다고 치자. 그 엄청난 고통 속에서 올라간 정상은 오래 머물 수 없으며, 인증사진 몇 장 찍고 나면 바로 하산해야 한다. 성공이란 그런 것이다. 길게 본다면 실패냐 성공이냐는 사실 관점의 차이다.

누구나 실패는 성공의 어머니라 한다. 일본에서는 실패 사례를 모아 '실패학'이라고 발전시켜 왔다. 기업 차원에서도 실패는 소중한 자산이다. 아마존이 진입하면 기존 사업체들은 초토화된다는 뜻의 '아마존당하다(amazoned)'란 신조어를 탄생시킨 세계 최고 경쟁력의 아마존을 보자. 창업주이자 CEO인 제프 베조스는 창업 23년 만에 아마존을 시가총액 4834억 달러(약 540조 원), 직원 38만 명 규모로 키워낸 슈퍼스타다. 그는 최근 MS의 빌 게이츠를 제치고 세계 최고 부자로 등극한 바 있다.

특히 그는 실패의 경험을 유달리 강조해왔다. 그는 주주들에게 보낸 서한에도 "실패와 혁신은 쌍둥이입니다. 나는 아마존을 가장 성공한 회사라기보다 가장 편하게 실패하는 회사로 만들고자 합니다"라고 적었다. 회심의 스마트폰 시장 진출 실패 후 그는 "실패는 버리는 것이 아니라 이를 기반으로 새로운 비즈니스와 경험을 해야 한다"고 직원들을 다독였다. 이후 개발팀은 처절한 실패를 딛고 인공지능 음성인식 스피커 '에코'와 인공지능 비서 '알렉사'를 출시해

대박을 터뜨렸다.

그러나 창창한 젊은 나이에 창업했다가 실패했다고 좌절하고 절망에 빠진 사람들도 적지 않다. 특히 실패에 대한 관용이 메말라버린 우리 사회에서 성공이라고 불리는 이데올로기에 목을 맨 채 피 같은 청춘을 날리거나 회한의 인생을 마친 사람들은 너무나 많다. 이제 우리는 이 성공이라는 도그마에서 빠져나올 필요가 있다.

우선, 성공에 대한 가장 큰 오해는 성공은 성공한 사람들만의 이야기라는 생각이다. 역사(history)란 바로 그 사람의 이야기(story)다. 따라서 다른 이의 성공과 나의 성공은 달라야 한다. 성공이란 것도 행복과 비슷하게 늘 상대적 개념이기 때문이다. 이런 콘셉트는 자신을 인생에서 전혀 다른 길로 인도한다.

한편 작금의 청소년들의 의식구조는 지나친 물질만능주의에 빠져버려 과거 선배들의 치열한 도전정신은 찾아보기 어려운 세상이 되어가고 있다. '5포 세대'로 불리는 그들에게 대우 김우중 회장의 호연지기(浩然之氣)가 귀에 들어올 리 만무하다. 대학생들은 안정된 직업이라는 이유만으로 너도나도 공무원 시험에 몰려들고 있다. 더욱이 단 한 번의 인생길에서 타고난 소질보다는 눈앞의 연봉 수준에 목을 매는 현실을 볼 때 인생 선배로서 너무나 안타까운 심정을 금할 수 없다.

이것은 학교교육에도 문제가 크지만 근본적으로는 '인성보다 성공'을 외쳐온 부모들에게 그 책임이 더 크다. 2017년 서울대 언론정보학과 이준웅 교수 연구팀의 조사 결과는 이를 적나라하게 드러낸다. 우리나라 청소년 10명 중 6명은 부모와 대화를 나눌 때 인격적 성숙과 시민성 함양에 도움이 되는 관용·공익·배려 등 '성숙지향형' 내용보다 개인적 성공과 성취를 강조하는 '성취지향형' 내용을 더 많이 듣는 것으로 나타났다. 이는 IMF 외환위기 이후 더욱 치열해진 입시·취업 경쟁 등에서 밀리면 끝장이라는 사회적 분위기가 팽배한 가운데 좋은 대학, 좋은 직업이 공통의 목표가 되어버린 결과다.

한국형 줄서기 문화에서 정신보다는 물질, 그리고 가치보다는 수치를 숭상해온 분위기 속에서 자란 우리 아이들이 눈앞의 현실적 성공만을 추구하는 모습은 당연한 결과일 것이다. 그러나 세계적으로 '성공한 사람들이 절대로 하지 않는 것' 중에 1위가 바로 성공의 기준을 돈으로 삼지 않는다는 것임을 알기까지엔 너무나 오랜 시간이 걸릴 것이다.

성공에 대한 부담과 중압감은 극단적인 자살을 비롯하여 각종 부작용을 초래한다. 예컨대, 학습된 무기력(learned helplessness) 증상이나 심하게는 공황장애로까지 발전한다. 그중에는 자신의 성공이 정당한 노력이 아닌 다른 사람을 속여 얻어졌다는 불안심리인 '가면증후군(imposter syndrome)'을 앓는 사람도 생겨난다.

그렇다면 난 과연 성공한 인생인가, 실패한 인생인가?

성공이란 것은 사람들이 만들어낸 개념, 이미지이기도 하지만 따지고 보면 그 자체로 하나의 프레임이다. 끊임없이 자신을 괴롭히는 자학의 고리처럼 평생 따라다니는 업보와 같은 존재다. 그러나 이것을 허용한 건 다름 아닌 자신이다. 역시 '고르디우스의 매듭 (Gordian Knot)'은 한 번에 잘라내야 한다.

무엇보다 "성공의 반대는 실패가 아니다"라고 하는 발상의 전환을 이끌어낼 필요가 있다. '성공'에서 '성장'으로 한 글자만 바꾸면 인생은 달라진다. 어제보다 오늘 발전했으면 그것이 곧 성공이라고 생각하는 성공 개념의 대전환을 권유해본다.

이와 관련해서 중국 최대의 온라인 그룹 알리바바의 마윈 회장이 대중연설에서 행한 성공에 대한 조언은 매우 의미심장하다. "성공은 당신이 얼마나 이루었느냐에 있지 않다. 성공은 당신이 무엇을 했고, 그것을 통해 얼마만큼의 경험을 쌓았느냐에 있다."

요컨대, 경험하는 과정 자체를 성공으로 보라는 것이다. 필자가 제시한 개념과 일맥상통하는 내용이다. 그러나 마윈은 "성공에 이르는 과정에서의 뼈를 깎는 각오는 잊지 말라"고 하면서 "수없이 거절당하고 세상 모든 사람들에게 비웃음을 살 준비가 되어 있지 않다면 절대로 창업하지 말라"고 조언한다. 아들러(Adler) 심리학에서 주장하는 '미움받을 용기'를 떠올리게 하는 대목이다.

그렇다면 진정한 성공이란 무엇인가? 그 최고의 표현이 여기에 있다. "그것은 당신이 한때 이곳에 살았음으로 인해 단 한 사람의 인생이라도 행복해지는 것이다."

역경이 축복이다

미국의 가수 패티 페이지 (Patti Page)의 올드팝 명곡 중에 〈테네시 왈츠(Tennessee Waltz)〉가 있다. 파티에서 자신이 소개시킨 친구와 애인이 눈이 맞아 애인을 빼앗긴 여자의 기막힌 스토리를 아름다운 선율에 담은 곡이다. 영어로는 이럴 때 'heartbreaking'이란 단어를 쓴다. 우리말로 하면 '가슴이 찢어지는' 정도의 아픔일 것이다.

더 극심한 마음의 고통을 표현할 때는 '애끓는'이라고도 한다. 애가 타다, 애가 마르다, 애가 녹다 등도 모두 지극한 슬픔과 안타까움을 나타낼 때 쓰는 표현들이다. 실제로 견디기 힘든 스트레스로 장이 파열되는 경우도 종종 있다고 한다. 여기서 '애'는 창자의 옛말이다.

한자로는 '단장(斷腸)'이라고 한다. 중국 진(晉)나라 환온(桓溫)의 행렬이 삼협(三峽)을 지날 때, 한 병사가 장난 삼아 새끼 원숭이 한 마리를 잡아왔는데, 그 배를 쫓아 천 리를 따라온 어미 원숭이는 너무나 지친 나머지 그만 죽고 말았다고 한다. 죽은 어미의 배를 갈라보았더니 창자가 전부 마디마디 끊어져 있었다는 데서 유래한 말이다.

바티칸의 성 베드로 성당 입구에 전시되어 있는 불세출의 천재 미켈란젤로(Michelangelo)의 걸작품인 〈피에타〉 조각상을 보자. '피에타(Pieta)'는 극심한 아픔과 비탄을 의미하는 라틴어다. 죽은 자식, 예수를 가슴에 묻고 있는 마리아의 고통을 감히 상상조차 할 수 있겠는가? 미켈란젤로는 사망할 때까지 모두 4개의 피에타를 제작했는데, 특히 이 조각은 당시 25세 약관의 나이에 이루어낸 역작이다. 그는 이 작품에 자신의 이름을 새겨놓았으나, 이 세상을 창조하신 신은 어디에도 이름을 남기지 않았다고 하면서 이후로는 어디에도 넣지 않았다고 한다.

한편 인생에서 진정 중요한 건 IQ나 EQ가 아닌 'AQ(Adversity Quotient, 역경지수)'라 한다. 성공한 사람들에게 가장 높게 나타난 것 또한 AQ라 한다. 역경은 아프고 견디기 힘들지만, 우리 인간은 참으로 신비한 존재라서 역경 없이는 성장하지 못한다고 한다.

일본에서 '경영의 신'이라 불리는 마쓰시타전기(현 파나소닉그룹)의 창업자, 마쓰시타 고노스케(松下幸之助)는 생전에 "나는 하나님이 주신 3가지 역경(가난, 허약, 학벌) 때문에 성공했다"고 말했다.

첫째, 가난했기 때문에 어릴 적부터 구두닦이, 신문팔이를 하면

서 세상을 사는 데 필요한 경험을 쌓을 수 있었고,

둘째, 몸이 몹시 약해서 항상 운동에 힘써 건강하게 지낼 수 있었으며,

셋째, 초등학교도 못 다녔기 때문에 모든 사람을 나의 스승으로 삼아 열심히 배우는 일을 게을리하지 않았다는 것이다.

역경지수(AQ) 개념을 최초로 제시한 사람은 미국의 커뮤니케이션 이론가 폴 스톨츠(Paul G. Stoltz)이다. 그는 인생의 복원력이랄 수 있는 이 지수를 개발하기 위해 10만 명이 넘는 사람들의 삶을 조사했다고 한다. 그는 저서 『장애물을 기회로 전환시켜라』에서 역경에 대처하는 모습에 따라 사람들은 다음 3가지 유형으로 나눠볼 수 있다고 주장했다.

1. 겁쟁이(Quitter) ： 도망하거나 포기하는 사람

2. 야영자(Camper) ： 뚜렷한 대안 없이 적당히 안주하는 사람

3. 등반가(Climber) ： 능력과 지혜를 총동원해 극복하는 사람

그는 역경지수가 높은 사람들의 가장 중요한 특징은 역경이나 실패를 겪은 뒤에도 남이나 자신을 비난하지 않고, 어려움은 반드시 헤쳐 나갈 수 있을 거라고 믿는 사람들임을 밝혀냈다.

알고 보면 하늘의 교훈은 잔인하다. 고흐나 베토벤을 비롯한 세계적인 대가들의 삶은 대부분 엄청난 고통과 시련의 연속이었다. 불가마에서 도자기가 나오는 것처럼, 고통과 결핍이 걸작을 탄생시킨다. 학생 시절에 배운 경구, 'No pain, no gain'도 같은 의미다. 젊은 시절에 인생의 철조망을 통과하면서 흘리는 피와 땀은 노년의 행복

을 일구는 거름이 된다. 우리 선조들도 "젊을 때 고생은 돈 주고도 못 산다"고 하지 않았던가.

중국에는 "생우우환 사우안락(生于憂患 死于安樂)"이라는 글귀가 있다. 즉, 어려운 상황은 사람을 분발하게 하지만 안락한 환경에 처하면 쉽게 죽음에 이른다는 뜻이다. 동물의 세계도 마찬가지다. 천적(天敵)이 없는 동물은 시간이 갈수록 허약해지지만, 천적이 있는 동물은 점점 강해지고 웬만한 공격은 스스로 이겨내는 법이다.

서양 탈무드의 가르침을 보면 "가난한 가정의 아이들 말에 귀를 기울여라. 지혜가 그들에게서 나올 것이다"라는 격언이 있다. 유대인의 성공 비결은 그들의 부족함(lack)을 최고의 선물로 삼아 유일한 자원인 두뇌 개발을 위한 교육에 집중한 데 있다. 부족함은 어떤 이에게는 실패의 핑계가 되고, 또 어떤 사람에게는 성공의 원인이 되기도 한다. "부족함 때문에 실패했다"는 표현을 쓸 것인지, "부족함 때문에 성공했다"는 표현을 쓰게 될 것인지는 전적으로 자신의 선택에 달려 있다.

윈스턴 처칠은 생전에 "연은 순풍이 아니라 역풍에 가장 높이 난다(Kites rise highest against the wind, not with it)"고 외쳤다. 과연 잔잔한 바다는 노련한 선원을 만들지 못하는 법이다. 결핍 그리고 고난과 역경은 신이 내린 최고의 축복이다. 개신교에서 말하는 인생 최고의 역설, 즉 "연단(錬鍛)이 축복이다"란 의미를 보통사람이 이해하기란 결코 쉬운 일이 아니다. 그 깊은 이치를 깨닫기까지는 다양한 경험과 인고의 시간이 필요할 것이다.

그러한 원리는 여러 비즈니스에서도 찾을 수 있다. 수많은 제안, 면접, 오디션에서 실패한 사람들의 대다수는 실패의 원인을 타인의 탓으로 돌리기 십상이다. 실제로 승진자들과 달리 대개 탈락자들은 찾아오지 않는다고 한다. 제안에서 아깝게 떨어진 경우도 비슷하다.

그러나 이때 자신의 실력을 인정 안 해준 것에 대한 원망보다는 새로운 분발의 계기로 삼은 사람들도 있다. 심사에 탈락한 후 고객에게 "열심히 준비했지만 저희가 부족하여 탈락했습니다. 혹시 보완해야 할 부분이 있다면 알려주시면 다음번에는 제대로 해보겠습니다"라고 말한다는 것이다. 고객들은 처음에는 어리둥절해하지만 약점을 알려주었고, 다음번 제안에는 대부분 성공하게 되었다고 한다. 결국 실패한 후의 태도가 그다음을 결정한다는 값진 교훈이 아닐 수 없다.

날로 피폐해지고 천박해져가는 한국인들의 고질병도 바로 여기서 비롯된다고 생각된다. '내로남불(내가 하면 로맨스, 남이 하면 불륜)'로 대표되는 작금의 사회를 보라. 현재 우리 사회에 만연해 있는 이러한 "잘되면 내 탓이고, 안 되면 네 탓이다"는 심리를 가리켜 '베네펙턴스(Beneffectance) 현상'이라고 한다. 이 말은 'benefit'과 'effect'의 합성어로서 바람직한 결과에 대해서는 자기가 관련되어 있음을 강조하지만, 반대의 결과에 대해서는 이를 회피하려는 경향을 말한다. 중요한 건 인생에서 '네 탓이오'는 결코 '내 탓이오'를 이기지 못한다는 사실이다.

보통 열정이라 통용되는 패션(Passion)의 어원은 '아픔'이다. 열정이란 그냥 생기는 게 아니며, 큰 고생 끝에 비로소 얻어지는 마음의 장작더미다. 그런 상대의 아픔을 이해하는 수준이 바로 공감(共感)이다.

부디 우리 사회가 남을 이해하고 배려하는 공감 혁신의 바탕 위에, 멋진 비전을 가진 선량한 사람들에 의한 자정작용이 강력히 작동되는 사회가 되길 기원해본다. 여기에 보태어 필자의 평생 키워드인 '선한 영향력'도 일조하게 된다면 더없는 기쁨일 것이다.

이동규 교수의 　　두줄칼럼

노력은
재능을 이길 수 없다

Who am I,
우선 자신을 연구하라.
남보다 못하는 걸
열심히 하는 사람들이 너무 많다.

THINK AUDITION

INSIGHTFUL

INSPIRATIONAL

4장.

인문·경영의
융합 클래스

명품보다 명작을 사라

앎의 5단계

철학(philosophy)이란 어원적으로 보면 원래 그리스어의 'philosophia'에서 유래한 단어다. 여기서 'philo'는 사랑하다, 좋아하다는 뜻의 접두사이고, 'sophia'는 지혜라는 뜻의 명사다. 소피아(sophia)는 '앎'이라고도 해석이 가능한데, 여기서 앎이란 참된 앎이며, 이 참된 앎은 진선미를 모두 갖춘 앎을 뜻한다. 따라서 철학을 간단히 정의하자면 '참된 앎을 추구하는 것'이라고 할 수 있다.

그렇다면 앎이란 무엇인가?

우선 라틴어에서 '안다'라는 의미를 지닌 어근은 'gn-'으로, 동사형(know)과 명사형(knowledge)이 이 어원에서 파생되었다. 학자들은 '앎'이란 어떤 사실을 인식하고 그것을 자신의 지식체계 안으로 수용하여 자신의 개성이자 정체성으로 만들어가는 인지적 과정으로 설명한다.

서양 생각의 아버지, 아리스토텔레스(Aristoteles)는 앎을 기술적, 실천적, 이론적 앎의 세 가지로 나누어 설명하였다. 그중 최고의 앎은 이론적 앎(theoria)이라고 했다. 여기서 이론적이란 명상과 관조 속에 사물의 근본 원칙을 꿰뚫어보는 것을 의미한다. 그러나 이러한 지적 문화는 모두가 누리는 것은 아니었다. 당시 여기에 해당하는 것은 극소수 특정 계급의 사람들뿐이었다. 노동에서부터 자유로운 사람만이 학문을 할 수 있었기 때문이었다.

현대 심리학에서는 자신이 어느 정도 아는지를 정확히 인지하는 능력을 '메타 인지(metacognition)'라고 한다. 평범한 인간의 앎에 있어서 가장 큰 문제는 자기가 무엇을 모르는지를 모르고 있다는 데 있다. 보통 안다는 것의 반대는 '모른다'라고 생각되지만, 정답은 '안다는 착각'이다. 더구나 요즘에는 소위 '운전수 지식(Chauffeur's knowledge)'이 판치는 세상이라 자주 황당한 일이 벌어진다. 이 말의 유래는 독일의 물리학자 막스 플랑크와 관련된 일화에서 비롯된 것인데, 여기서 '운전수'란 모르는 것을 아는 것처럼 행동하는 과시형 인간들을 말한다.

여기서 내심 궁금한 건 리더급에게 요구되는 앎의 수준이다. 『로마인 이야기』로 유명한 일본의 여류작가, 시오노 나나미는 이런 말을 했다. "리더에게 요구되는 지적 능력은 현상을 정확하게 파악한 후의 문제 해결 능력이다."

우선 군대 조직을 통해 이 문제를 파악해보자. 고대 사회의 전쟁터에서 적을 이기는 방법은 너무나 중차대한 문제였다. 전쟁론을 병학(兵學)이라 하여 학문적 경지로 끌어올린 건 중국이다. 수많은 전쟁 속에서 살아온 중국인들은 전쟁론을 다룬 서적들 중에서 단 일곱 권만 골라 『무경칠서(武經七書)』라 부르고 있다. 그중에서도 최고의 병법서는 단연 춘추시대 손무(孫武)가 쓴 『손자병법』이다. 이는 총 13편, 6109자의 분량이나 오늘날에도 그 깊이를 가늠하기 어려운 고난도의 글이다.

『손자병법』은 제1편 「시계(始計)」에서 장수의 자격 요건을 이렇게 정의하고 있다. "장자, 지·신·인·용·엄야(將者, 智·信·仁·勇·嚴也)." 즉, 장군이 갖추어야 할 덕목 5가지로 지혜, 신뢰, 어짐, 용기, 엄격함을 꼽고 있다. 눈여겨봐야 할 부분은 '지(智)'를 가장 첫 번째로 꼽고 있다는 것이다. 이는 장군의 지혜로운 분별력을 말한다. 이전에는 장군의 자질 중 '인(仁)'이 가장 중요한 요소라 여겨왔는데, 손자는 이러한 고정관념을 뒤집어버린 것이다. 적전 상황에 대한 정확한 분석을 통한 우수한 지휘는 바로 깊이 있는 앎에서 나오는 것이다. 머리는 나쁜데 부지런하고 거기에다 소신까지 겸비한 사람이 리더인 조직을 상상해보라.

한편 동양에서는 '앎'의 수준을 5가지 발전 단계로 나누어 설명하고 있다.

첫 번째, '지(知)'의 단계다. 보통 일상에서 '안다'라고 할 때의 수준이다. 물론 보통명사로서의 '知(아는 것)'와 '智(슬기, 지혜)'는 상당한 차이가 있다.

두 번째, '행(行)'이다. 주위를 보면 행동하지 않는 비겁한 지식인들이 널려 있다. 관념적 성리학을 비판해온 명리학에서 지행합일(知行合一), 지행병진(知行竝進)을 외쳐온 이유다. 사실상 대부분의 사람들은 이 단계에도 못 오르고 세상을 뜬다. 일본 혼다(Honda)의 창업철학을 보면 "철학이 없는 행동은 흉기다. 행동이 없는 철학은 의미가 없다"고 했다.

세 번째, '용(用)'이다. 배움의 목적은 써먹는 데 있다. 이는 앎을 자유자재로 사용할 수 있는 수준이다. 이 단계에 들어서야 비로소 자유로움을 느낄 수 있다.

네 번째, '훈(訓)'이다. 드디어 다른 사람을 가르치는 단계다. 글자 그대로 말이 강물처럼 흘러나오는 수준이다. 그러나 지식과 정보만 가지고 다른 이를 가르칠 수는 없다. 인격이야말로 최고의 선생이다.

다섯 번째 단계는 '평(評)'이다. 사물과 사람을 평가하는 것이야말로 앎의 최고 경지다. 따라서 1단계 지(知)에도 못 미친 사람이 남을 함부로 평가하는 건 사실 일종의 범죄다. 그러나 요즘은 지행합일(知行合一) 수준의 인물조차 눈을 씻고도 찾기 어려운 척박한 세상이 되어가고 있다. 그래도 개인적으로는 일생을 통해 3단계 '용(用)'까지는 가봐야 하지 않겠는가 하는 생각이 든다.

그렇다면 도대체 진정 안다는 것은 무엇인가?

우선 『논어』 「위정편(爲政篇)」 17장을 보면 "앎이란 무엇인가"에 대한 공자의 언급이 나온다. "아는 것을 안다고 하고 모르는 것을 모른다고 하는 것, 이것이 아는 것이다."

최고의 스승인 노자도 『도덕경』 71장에서 진정한 앎에 관해 설명하고 있다. "알면서도 안다고 여기지 않는 것이 최상이요, 모르면서도 아는 체하는 것은 병이다."

세렌디피티(Serendipity),
행복의 비밀

"당신이 가장 원하는 것은 무엇인가?"라는 질문을 하면 대부분의 사람은 행복이라고 대답한다. 그러나 막상 "당신은 행복한가?"라는 질문에 자신 있게 그렇다고 말하는 사람은 드물다.

알고 보면 행복은 의외로 단순하다. 톨스토이의 『안나 카레니나』의 첫 문장을 보라. "행복한 가정은 모두 엇비슷하고, 불행한 가정은 그 이유가 제각기 다르다."

'행복(happiness)'이란 단어는 본래 일이 내 안에서 일어난다고 하는 뜻을 가진 'happen'에서 나온 말이다. 좋은 일이 일어나면 사람들은 행복하다고 생각했다는 것이다. hap(우연, 운), mishap(작은 사고, 불행), happening(사건, 일), chance(기회, 가능성) 등도 연관된 뜻을 갖고 있다.

한자의 정의로 보면, 행복이란 행(幸, 다행할 행)과 복(福, 복 복)에서 나온 말이다. '행(幸)'은 본래 수갑을 그린 상형문자로, 집(執, 손을 묶인 채 꿇어앉아 있는 모습), 보(報, 사람을 형틀 앞에 꿇어앉힌 모습) 등이 그 예다. 따라서 오늘날 보통 '운이 좋다'는 뜻으로 쓰이는 행운이란 결국 죄를 받던 상태에서 풀려나는 좋은 운이란 뜻으로 볼 수 있다. 우리들이 현실에서 자주 쓰는 행운은 대개는 요행(luck)을 의미한다. 그러나 요행은 내 것이 아니다. 우연히 대가 없이 얻었기 때문이다. 동양학자들에 따르면, 대가 없이 요행으로 얻을 수 있는 것은 재물뿐이라고 한다.

이와 관련하여 뜻밖의 발견이나 예기치 않은 행운은 특별히 '세렌디피티(Serendipity)'라고 한다. 생각도 하지 않았는데 좋은 기회가 찾아온 경우를 가리키는 말이다. 마치 머피의 법칙과 대척점에 있는 '샐리의 법칙'처럼 말이다. 세렌디피티는 영국 작가 호레이스 월폴(Horace Walpole)이 1754년에 쓴 『세렌딥의 세 왕자(The Three Princes of Serendip)』라는 우화에 근거하여 만들어진 단어다. 세렌딥(스리랑카의 옛 이름)이라는 왕국의 세 왕자가 섬을 떠나 세상을 겪으면서 뜻밖의 발견을 했다는 데서 착안한 것이다.

그 후 사회학자 로버트 머튼(Robert Merton) 등에 의해 과학적 방법론의 하나로 발전되어온 세렌디피티는 최근에는 IT 분야에서도 많이 쓰이는 용어가 되었다. 피터 드러커 또한 "21세기에 기업과 조직의 생존을 위해서는 세렌디피티가 중요하다"고 말했다. 아마존, 페이스북, 구글의 창업자들도 하나같이 공개석상에서 그들의 성공을

'뜻밖의 행운'이라고 설명하기도 했다. 그러나 최고의 세렌디피티는 운명적 사랑과의 만남일 것이다. 2001년 개봉한 피터 첼섬(Peter Chelsom) 감독의 〈세렌디피티〉가 바로 그런 감격을 그린 영화다.

행복은 가벼운 즐거움에서부터 대가의 작품을 통해 경험하는 경외감에 이르기까지 매우 넓은 스펙트럼과 깊이를 가지고 있다. 주목할 것은 행복은 '고통의 완벽한 부재'를 뜻하지 않는다는 사실이며, 오히려 고통의 의미를 이해하고 그것을 통해 성장하려는 자세라고 볼 수 있다.

한편 선진국 중에서도 특히 영국은 국민들이 느끼는 삶의 의미를 국가적 차원에서 관심을 갖고 관리하려는 신선한 노력이 돋보이는 국가다. 영국인의 개별 행복 측정은 PWB(Personal Well-Being)라고 하는데, 통계청(ONS) 주도로 이루어지며 4가지 차원(Satisfaction, Worthwhile, Happiness, Anxiety)의 질문을 통해 행복을 측정한다. 또한 영국 BBC는 2016년 '행복헌장(10계명)'과 함께 행복에 이르는 지침 17가지를 발표하였다.

최근 유엔 산하 자문기관 SDSN(지속가능발전해법네트워크)는 2018년 세계행복지수보고서(World Happiness Report)를 공개했다. 1위는 핀란드이고 뒤를 이어 노르웨이, 덴마크, 아이슬란드, 스위스, 네덜란드, 캐나다, 뉴질랜드, 스웨덴, 호주 등 북유럽 국가들이 상위권을 휩쓸었다. 대만은 지난해 33위에서 26위로 오르면서 아시아에서 행복지수가 가장 높았고, 중국은 지난해 79위에서 7단계 하락한 86위를 차지했다. 한국은 지난 순위에서 2단계 떨어진 57위에 그쳤다.

참고로 행복지수가 가장 높은 수준으로 평가되는 덴마크에서는 소소한 일상에서 행복을 추구하는 삶의 스타일을 '휘게(Hygge)'라고 한다. 덴마크인의 높은 행복지수의 토대에는 '얀테의 법칙(Jante Law)'이 자리하고 있다. 이는 덴마크의 작가, 악셀 산데모제(Aksel Sandemose)가 1933년에 쓴 소설에 나오는 10개 조의 규칙으로, 국민 행복의 토대이자 원리다. 이 법칙의 요지는 "너는 평균보다 낮은 사람이다"는 것이다. 이는 어떤 누구라도 더 특별할 것이 없고 모두가 마땅히 존중받아야 한다는 의미를 함축하는 말로서 타인에 대한 존중과 신뢰, 개인을 존중하는 공동체 문화의 토대를 형성한다.

세계적으로 행복학 연구의 선도는 하버드 대학이다. 역사적으로 보면 행복에 관한 연구는 1950~1960년대 자기계발운동(self-help movement)의 이론적 근거를 위해 시작됐다. 대표적 인물이 '긍정적 사고'의 창시자로 알려진 노먼 빈센트 필(Norman V. Peale) 목사다. 그가 남긴 불멸의 베스트셀러가 바로 『적극적 사고방식(The Power of Positive Thinking)』이다. 유명한 빌리 그레이엄(Billy Graham)도 『행복의 비밀(The Secrets of Happiness)』로 당대의 번영신학을 이끌었다.

그 이후 추상적인 행복이란 개념을 보다 객관화시키고자 하는 수많은 과학적 노력이 이어져왔다. 영국의 심리학자 로스웰(Rothwell)과 인생상담사 코언(Cohen)은 2002년 '행복지수'라는 것을 발표했다. 이들은 18년 동안 1000명의 남녀를 대상으로 80가지 상황 속에서 자신들을 더 행복하게 만드는 5가지 상황을 고르게 하는 실험을 했다.

그 결과 이들은 행복은 크게 3가지 요소로 구성된다고 주장했다. 즉, 행복은 인생관·적응력·유연성 등 개인적 특성을 나타내는 P(Personal), 건강·돈·인간관계 등 생존 조건을 가리키는 E(Existence), 야망·자존심·기대·유머 등 고차원 상태를 의미하는 H(Higherorder)가 바로 그것이다. 이들은 3요소 중에서도 생존 조건(E)은 개인적 특성(P)보다 5배 더 중요하고, 고차원 상태(H)는 P보다 3배 더 중요한 것으로 판단하여 '행복 공식=P+(5×E)+(3×H)'를 제시하였다.

행복학에서 내린 가장 중요한 결론은 "행복은 돈이 아니라 사람, 즉 인간관계(human relationship)에 달려 있다"는 것이다. 행복하지 않은 사람들의 삶의 기술이 '비교'인 반면에 행복한 사람들의 삶의 기술은 '관계'라는 것이다.

우선 돈과 행복의 관계에 대해선 1974년 리처드 이스털린 (Richard Easterlin) 미국 USC대 경제학 교수가 발표한 이론을 보자. 이는 소득이 일정 수준을 넘어 기본 욕구가 충족되면 소득이 증가해도 행복은 더 이상 증가하지 않는다는 가설로 '이스털린의 역설'이라 불린다.

『행복의 조건』의 저자인 조지 베일런트(George E. Vaillant)는 한 인터뷰에서 "인생에서 가장 중요한 것은 바로 다른 사람들과의 관계다"라고 단언한 바 있다. 그는 이 책에서 건강하고 행복한 노년을 가져오는 7가지 조건을 제시하고 있다. 그 가운데 으뜸은 부, 명예, 학벌이 아니라 성숙한 방어기제라 불리는 '고난에 대처하는 자세'였다. 그리고 그것을 뒷받침하는 것은 그 사람이 이룩한 인간관계였다는 것이다.

한 지역 공동체 사람들의 소셜네트워크를 분석한 결과는 의외로 간단하다. 행복한 사람들 주변엔 행복한 사람들이 모여 있지만, 행복하지 않은 사람들 주변에는 사람이 없다는 것이다. 유유상종(類類相從), 근묵자흑(近墨者黑)의 의미를 관통하는 결론이다. 최인철 서울대 심리학과 교수는 이를 가리켜 "행복하고 싶다면 행복한 사람 옆으로 가라"고 요약한다.

한편 행복은 감사와 불가분의 관계다. 아리스토텔레스는 "행복은 감사하는 사람의 것이다"라고 말했다. 인도의 시성 타고르가 "감사의 분량이 곧 행복의 분량이다"라고 했듯이, 사람은 감사한 만큼 행복하게 살 수 있다. 즉, 행복은 소유가 아니라 감사에 정비례한다는 사실을 깊이 새겨둘 일이다.

또 한 가지, 행복이나 불행의 판단 기준, 즉 행복의 잣대는 각기 다르다는 사실이다. 유럽을 제패했던 나폴레옹 황제는 죽을 때 "내 생애에서 행복한 날은 6일밖에 없었다"고 고백했다. 그러나 눈도 안 보이고 귀도 안 들리던 헬렌 켈러(Helen Keller)는 20세기 최고의 수필로 꼽힌 『사흘만 볼 수 있다면(Three days to see)』에서 "내 생애에 행복하지 않은 날은 단 하루도 없었다"고 고백했다.

행복을 불러오는 가장 좋은 방법은 기도와 명상이다. 이 두 가지가 이른바 기적(奇蹟)의 원료인 셈이다. 기도(祈禱)는 자신을 들여다보며 생각을 하는 것이고, 명상(冥想)은 어두운 곳에서 자신의 깊은 내면과 만나는 일이다. 특히 명상(meditation)이란 말은 약(medicine)과 그 뿌리가 같다. 명상을 하는 것은 영혼 안에 좋은 약을 집어넣는 것이며, 좋은 씨를 내면에 뿌리는 것과 같다고 한다. 결국 행복은 긍정에서 태어나고, 감사를 먹고 자라며, 사랑으로 완성된다.

아래는 철학자 칸트가 말한 행복의 세 가지 조건이다.
첫째, 할 일이 있고
둘째, 사랑하는 사람이 있고
셋째, 희망이 있다면 그 사람은 지금 행복한 사람이다.
당신은 지금 행복하십니까?

내려놓으시지요(放下着)

어렸을 적 교회에 나가보면 정말 이해가 안 되는 구절이 있었다. 그것은 바로 그 유명한 마태복음 5장 3절의 구절이다. "마음이 가난한 자는 복이 있나니 천국이 너의 것이요(Blessed are the poor in spirit, for theirs in the kingdom of heaven)."

어린 나로선 그럼 마음이 부유한 자는 복이 없다는 말인가? 가진 게 없어도 마음만은 부자여야 하는 거 아닐까?라는 생각에 심한 혼란에 빠졌던 기억이 있다. 일반적으로 교회에선 "마음을 가난하게 하다"는 집착을 버리라는 말이라고 해석한다. 나는 오랜 시간이 걸려서야 가난함(poor)이 비움(empty)의 뜻이란 걸 알게 되었다. 사실 자신의 내면이 물질이나 욕망으로 꽉 차 있는 상태에선 예수님 할아버지라도 들어올 여지가 없을 것이다.

불교에선 열반에 이르는 데 장애가 되는 가장 근본적인 세 가지 번뇌를 가리켜 '삼독(三毒)'이라 한다. 탐심(貪心), 진심(瞋心), 미혹(迷惑)이 그것이다. 이는 탐욕, 노여움(분노, 화), 어리석음을 가리키며, 보통은 줄여서 탐(貪), 진(瞋), 치(癡)라고 쓴다.

이러한 마음의 독을 버리고 자신을 비운다는 것을 불교에선 '방하착(放下着)'이라고 한다. 한문을 직접 풀이하면 "아래로 내려놓다"는 의미로, 보통은 놓아버려라로 쓰인다. 쉽게 말해 이는 집착하는 마음을 내려놓아라 또는 마음을 편하게 가지라는 뜻이다. 우리들 마음속에 얽혀 있는 온갖 번뇌, 갈등, 원망, 집착 등을 모두 벗어 던져버리라는 말이다(응무소주 이생기심, 應無所住 而生其心). 그러나 이는 결코 쉬운 일이 아니기 때문에 사람들은 '방하착'하지 못하고 '계속 지고 가는(착득거, 着得去)' 것으로 귀결되는 것이 대부분이다. 그러고 보면 우리 인생도 결국 앞 못 보는 장님과 크게 다를 바 없음을 깨닫게 된다.

그렇다면 과연 비우고 버린다는 것은 무슨 의미일까?

법정 스님은 수필집 『텅 빈 충만』에서 다음과 같이 적고 있다. "빈방에 홀로 앉아 있으면 모든 것이 넉넉하고 충만하다. 텅 비어 있기 때문에 가득 찼을 때보다 오히려 더 충만하다."

그렇다. 평소 머릿속에 생각이 많으면 정작 좋은 생각들은 버려지게 되는 경우가 많다. 아무것도 없는 가운데 일어나는 생각이 진짜 쓸모가 있는 법이다. 불가에선 이런 상태를 가리켜 '진공묘유(眞空妙有)'라 한다.

텅 비어 있는 상태는 우리 삶의 영속을 위해서 반드시 필요하다. 불교에서는 이를 '공(空)'이라고 한다. 텅 비어 있지만 아무것도 없는 것이 아니라, 무언가 의미 있는 것들로 꽉 차 있는 상태라는 것이다. 혜민 스님은 『멈추면 비로소 보이는 것들』에서 공(空)을 이루기 위해 불교에서 가르치는 보편적 방법론인 지관겸수(止觀兼修)를 권하고 있다. 기독교에서도 비움은 채움을 위함이요, 채움은 나눔을 위함이라고 가르친다.

텅 빔을 통해 채워지는 충만감이란 과연 어떤 느낌일까? 이를 위해선 무엇보다 마음에 깨끗함과 안정을 찾아야 한다. 알고 보면 어렵고 깊은 수행법이 아니어도 일상생활에서 쉽게 공(空)을 체험할 수 있다고 한다. 뭔가 가벼워지고 편안하고 깨끗해진 상태 즉, 차담이나 청소, 목욕을 하면서 마음을 정리하고 씻어내는 것 등은 일상의 공(空)이라 할 것이다.

무심히 하늘을 나는 새 한 마리에게서도 배울 것이 있다. 높이 나는 새는 몸을 가볍게 하기 위해 많은 것을 버리고 비워야 한다. 심지어 뼛속까지도 비워야 하는데, 이러한 상태가 '골공(骨空)'이다. 또한 비어 있다는 의미에선 공(空)과 비슷하지만 또 다른 개념이 장자의 '허(虛)'다. 공(空)이 절대적 개념인 데 반해, 허(虛)는 상대적이며 보다 구체적이다.

일찍이 노자는 "있음은 이로움을 위한 것이지만, 없음은 쓸모가 생겨나게 하는 것이다"라고 설파했다. 이러한 공(emptiness)의 철학은 현대 산업디자인에서도 깊숙이 발현되고 있다. 인공지능(AI) 시대에 소외되는 인간들에겐 오히려 더 크게 어필할 것이라는 예상도 나온다.

유명한 일본 무인양품 무지(MUJI)의 사례를 보자. 일본 디자인업계의 거장, 무사시노 대학의 하라 켄야(原研哉) 교수는 비움의 철학을 제품에 반영하여 무엇이든 담아내는 '빈 그릇'으로 초대박 히트를 쳐 무너져가던 회사를 일으켜 세웠다. 친환경 소재만을 사용하는 이 회사의 7500여 개에 달하는 생활용품은 심심한 무채색에 너무나 간결한 디자인으로 제품 어디에도 로고가 없다. 꾸밈이나 허세가 없는 특징을 타고 일본의 국민 브랜드로 정착했다. 현재 무인양품은 그 영역을 확장해 1인용 도심 오두막과 무지하우스, 무지호텔까지 만들어서 판매 중이다. 이른바 비움의 미학이자 산업화다.

마지막으로 스티브 잡스가 스탠퍼드 대학 졸업식에서 행한 연설에 나오는 그 유명한 구절도 오버랩 되어온다. 이 대목은 비움의 서양적 사고를 반영한 것이라고 볼 수 있다. "늘 갈망하고, 바보처럼 도전하라(Stay Hungry, Stay Foolish)."

최고의 처세는 겸손이다

관심은 관찰을 낳고, 관찰은 관계를 낳는다고 한다. 어차피 인간은 관계의 동물이다. 인간에서 '간(間)'이란 글자는 바로 '관계'를 의미한다. 우간(牛間), 견간(犬間)이란 말은 들어본 적이 없다. 인간이 다른 동물과 구별되는 이유이기도 하다. 우수한 사람이나 조직도 한마디로 정의하면 결국 관계의 품질(quality of relationship)이 높다는 것에 다름 아니다.

인생사 가장 어렵다는 게 인간관계이고 보면, 평생 동안 이 명제를 안고 살아야 하는 우리들은 어떻게 살아가는 게 옳은가? 쉬운 말로 하면 처세술이고, 고상하게 말하면 관계론이다.

고(故) 신영복 선생은 그의 저서 『담론』에서 이렇게 설파하고 있다. "주역에서 발견하는 최고의 관계론은 성찰, 겸손, 절제, 미완성,

변방입니다. 앞의 네 가지의 덕목은 그것이 변방에 처할 때 최고가 됩니다. 변방이 득위의 자리입니다. 이 네 가지 덕목을 하나로 요약 한다면 단연 겸손입니다." 관계론의 최고 형태로서 겸손은 자기를 낮추고 뒤에 세우며, 자기의 존재를 상대화하여 다른 것과의 관계 속에 배치하는 것임을 강조하고 있다.

필자 또한 어릴 적부터 어머니로부터 귀에 못이 박일 정도로 들 어온 것이 "늘 겸손해라"는 이야기였다. 내 어머니는 "인생은 더하기 (+)가 아니라 곱하기(x)다"라고 하셨다. 다른 건 아무리 잘해도 하나 가 문제면 인생은 곱하기라서 결국 빵점이라는 거였다.

사람은 누구나 내 자신을 자랑하고 뽐내고 싶어 한다. 이것은 인간의 본성인 것 같기도 하다. 아부꾼을 멀리하라고 그렇게나 진언 을 해도 결국 아부꾼과 간신에 둘러싸여 몰락한 임금이 어디 한둘이 던가? 사람이 겸손하기란 결코 쉬운 일이 아니다.

그렇다면 진정한 겸손이란 무엇일까? 보통은 겸손의 반대어로 교만함, 건방짐 등을 말한다. 문학사에서 셰익스피어에 이어 영국 작가 No. 2로 평가받는 제인 오스틴은 그의 대표작 『오만과 편견』 에서 이렇게 말하고 있다. "편견은 내가 다른 사람을 사랑하지 못하 게 하고, 오만은 다른 사람이 나를 사랑할 수 없게 만든다." 또한 역 사학자 아놀드 토인비(Arnold J. Toynbee)는 실패하거나 몰락한 역사적 사건의 원인은 '교만(휴브리스, hubris)'에 있다고 설명한다. '휴브리스'는 절대 권력을 가진 그리스 왕이 하늘의 신과 맞먹으려 했던 행태를 가리키는 용어다.

최근 나는 새로운 사실을 깨닫게 되었다. 정작 겸손의 핵심은 나를 낮추는 것이 아니라, 남을 높이는 데에 있다는 점이다. 겸손이 란 결국 아득한 우주 속에서 자신의 위치를 자각하는 것이며, 동시 에 타인의 소중함을 깨닫는 일이다. 따라서 겸손해지는 일이야말로 정말로 위대해지는 일이 아닐 수 없다. 겸손해지면 어디에서나 자연 스럽고 누구를 만나도 어떤 일을 해도 두렵지 않기 때문이다.

중요한 사실은 겸손의 본질은 타인과 있을 때보다는 자신과 마 주할 때 깊이 있는 훈련을 통해 다듬어진다는 점이다. 유교의 경전 『대학(大學)』에서는 이를 '신독(愼獨)'이라고 했는데, 이는 "홀로 있을 때 삼가야 한다"는 뜻이다. 아예 자신의 호를 신독재(愼獨齋)라 지었 던 선조 때 유학자 김집(金集)의 묘비에 새겨진 글이다. "혼자 갈 때 그림자에 부끄러울 것이 없고, 혼자 잘 때 이불에도 부끄러울 것이 없다."

아래는 고시 공부를 하던 한 청년이 해인사 백련암에 기거하던 성철 스님을 찾아갔을 때의 일화다.

"스님, 좌우명을 하나 주십시오."

삼천배로 녹초가 된 청년에게 스님이 말했다.

"쏙이지 말그래이."

뭔가 굉장한 말씀을 기대했던 청년은 투박한 경상도 사투리로 툭 던지는 스님의 말씀에 실망해 떨떠름한 표정을 지었다.

"와? 좌우명이 그래 무겁나. 무겁거든 내려놓고 가거라."

청년은 그 길로 머리를 깎고 출가했다. 성철 스님이 입적할 때까지 꼬박 20년을 곁에서 모셨던 원택 스님의 이야기다.

자기 마음을 속이지 말라는 뜻의 '불기자심(不欺自心)'은 본래 성철 스님 자신의 화두였다고 한다. 백련암에는 성철 스님이 쓴 이 휘호가 액자로 걸려 있다. 한때의 세상을 속일 수는 있어도 자기 마음까지 속일 수는 없는 법이다. 살아 있는 시대의 죽비 소리가 아닐 수 없다.

마지막으로 필자의 신작, 『두줄칼럼』 중에서 이 화두에 대한 내용을 소개한다.

• 겸손(I)
"고개를 숙인다고 겸손은 아니다.
겸손은 머리의 각도가 아니라 마음의 각도다."

• 겸손(II)
"겸손의 반대는 교만이 아니라 무지다.
많이 아는 사람은 겸손할 수밖에 없다."

감사는 인생의 항체다

이 세상에서 가장 아름다운 영어 단어는 과연 무엇일까? 그것은 서양인들도 우리와 마찬가지로 '어머니(Mother)'라고 꼽았다는 조사 결과가 있다. 그렇다면 이 세상에서 가장 아름다운 말은 무엇일까? 보통 어른들이 사용하는 수만 개 단어 중에서 다른 사람을 가장 기쁘게 하는 말은 바로 '감사합니다!'라고 한다.

일찍이 신학자 존 헨리(John Henry)는 "감사는 최고의 항암제이자 해독제이자 방부제다"라고 하였으며, 철학자 토머스 제퍼슨(Thomas Jefferson)은 "과거의 은혜를 회상함으로써 감사는 태어난다. 감사는 고결한 영혼의 얼굴이다"라고 했다. 감사하면 감사할 일이 계속 생긴다. 따라서 감사는 이 세상에서 가장 쉽게 재생되는 에너지이자 만

병통치약이다. 한 사람의 인간성 또한 결국 감사에 대해 어떻게 생각하는가에 따라 판단된다고 할 수 있다.

감사의 영어 어원을 보면 '감사하다(thank)'와 '생각하다(think)'는 그 유래가 같다. 독일어로 보아도 'danken(감사하다)'은 'denken(생각, 사색하다)'에서 온 것이라 한다. 즉, 감사는 생각하고 헤아려보라는 것으로, 결국 생각하는 사람만이 감사하게 된다는 것이다.

사실 대부분의 사람이 건강을 위한 노력과 시간 투자를 하고 있지만 감사하려는 마음을 가지기 위해 별도로 훈련하지는 않는다. 「하버드 정신건강회보(Harvard Mental Health Letter)」에 실린 한 기사에 따르면 "감사하는 태도와 행복이 깊은 관련이 있다는 점은 일관되게 증명된 사실이다. 감사를 표현하는 사람은 더 긍정적이 되고 즐거운 경험을 하게 되며 건강도 더 좋아진다. 또 어려운 일을 잘 이겨내고 다른 사람과도 친밀한 관계를 맺게 된다"고 기술하고 있다. 흥미로운 것은 의도된 감사라 할지라도 효과가 있다는 것으로, 이는 과학적으로 밝혀진 사실이다.

감사의 성향을 가진 사람의 특징은 가족, 직업, 삶 자체 등 여러 방면에서 사소한 일에서도 감사를 자주 느낀다. 특히, 긍정적인 결과를 얻은 일을 내가 아닌 다른 사람들의 노력으로 돌리는 경향이 있다. 그래서 많은 사람에 대해 긍정적 인식을 할 뿐 아니라, 스트레스나 외상을 경험한 후에도 오히려 그 경험을 성장의 자원으로 활용한다고 한다. 요컨대, '덕분에'와 '때문에'의 차이다.

사람의 병은 대부분 스트레스에서 온다. 스트레스의 원인은 주로 부정적인 생각에서 비롯된다. 그러나 감사하는 마음은 스트레스와 병을 이길 수 있다. 우리가 1분간만 웃고 감사하면 24시간의 면역체계가 생기고, 1분간 화를 내면 6시간의 면역체계가 떨어진다고 한다. 1998년 미국 듀크 대학병원이 실험한 결과에 의하면, 매일 감사하며 사는 사람은 그렇지 않은 사람보다 평균 7년을 더 오래 산다는 사실을 밝혀냈다.

종교적으로 인용되는 감사의 단계 중 가장 높은 단계는 '감사할 것이 없어도 감사하는 것'이라고 한다. 실제로 병원 중환자실에 가 보게 되면 느끼게 되는 일이지만, 내가 지금 숨 쉬고 있는 것조차 너무나 감사하다는 말이 저절로 나오게 된다. 이런 면에서 보면 감사는 과학적 실체이며, 한마디로 인생의 항체다.

감사의 위력은 한 사람의 일생도 뒤바꿔버린다. 미국 최초의 흑인 국무장관이 된 뉴욕 빈민가 출신 콜린 파월 장관의 사례다. 그도 한때는 거친 일을 하는 공장에서 다른 인부들과 함께 도랑을 파는 일을 하게 되었다. 그때 한 사람이 삽에 몸을 기댄 채 회사가 충분한 임금을 주지 않는다며 불평하고 있었다. 그 옆에서 한 사람은 묵묵히 열심히 도랑을 파고 있었다고 한다. 몇 해가 지난 후 다시 그 공장에 아르바이트를 하러 갔을 때, 여전히 그 사람은 삽에 몸을 기댄 채 불평을 늘어놓고 있었지만, 열심히 일하던 사람은 지게차를 운전하고 있었다. 또 여러 해가 흘러 그곳에 다시 갔을 때 삽에 기댄 채 불평만 하던 그 사람은 원인을 모르는 병으로 장애인이 되어 회사에서 쫓겨났지만, 열심히 일하던 그 사람은 그 회사 사장이 되어 있었다고 한다.

　서양 속담 중엔 이런 명언이 있다. "행복은 언제나 감사의 문으로 들어와서 불평의 문으로 나간다." 세상과 고립되어 있는 감옥과 수도원이 다른 게 있다면 불평하느냐, 감사하느냐의 차이뿐이다. 운동과 체벌의 차이처럼 감옥이라도 감사하면 수도원이 될 수 있다는 거다. 요컨대, 감사는 행복을 여는 대문이다. 행복이란 결국 감사하는 마음이다. 불평을 일삼는 사람은 스스로 그 불평의 열매를 따 먹게 마련이나, 감사는 그에 상응하는 열매를 가져다준다. 유대인의 경전 『탈무드』는 세상에서 가장 지혜로운 사람은 배우는 사람이고, 세상에서 가장 행복한 사람은 감사하며 사는 사람이라고 가르치고 있다. 감사할 줄 모르는 자를 벌하는 법은 없지만, 감사할 줄 모르는 삶 자체가 형벌인 셈이다.

　재미있는 이야기 중에 '밥사자격증'이란 게 있다. 석·박사보다 더 높은 학위는 '밥사'다. 까칠한 세상에서 내가 먼저 따뜻한 밥 한 끼를 사는 마음은 석·박사보다 더 높다는 인생의 학위란 뜻이다. '밥사'보다 높은 것은 '감사'이고, 감사보다 더 높은 것은 '봉사'라고 한다. 그리 보면 인생 최고의 학위는 감사와 봉사인 셈이다.

　실제로 올림픽 메달리스트들의 만족도를 조사해본 결과 놀라운 사실이 나타났다. 당연히 금메달리스트가 가장 만족도가 높을 것 같지만, 더 높은 만족도를 느낀 사람은 동메달리스트였다고 한다. 영광의 금메달리스트라면 누구나 "내가 이걸 이루었다"는 최고의 감동을 느낄 것이다. 그러나 동메달은 자칫 천길 벼랑에서 떨어질 뻔한 처지에서 기사회생한 것이고 보면, 저절로 감사의 눈물이 흐른다.

금메달리스트와 동메달리스트의 눈물은 그 화학 성분이 다르다. 감동을 이기는 것이 감사다.

먼저 벗이 되어라

학창 시절, "세 명의 친구를
가지면 성공한 인생이다"란 말을 담임선생님에게서 들었을 때 매우
의아해했던 기억이 난다. 그러나 살아보니 진짜는 한 명도 어렵다는
걸 실감하게 된다.

친구나 벗을 지칭하는 용어는 동서양이 다르고, 한·중·일 또
한 각각 다르다. 대개 한국은 친구(親舊), 중국은 펑여우(朋友), 일본은
도모다찌(友達)를 쓴다. '붕(朋)'은 봉황이 날듯 새 떼가 함께 무리 지
어 나는 모습이며, '우(友)'는 서로 손(又)을 잡고 돕는다는 의미다. 구
체적으로 붕(朋)은 동문(同門) 수학한 벗이고, 우(友)는 동지(同志)로서
의 벗이다. 따라서 같은 스승 밑에서 공부를 함께 하고 뜻을 같이한
벗을 '붕우(朋友)'라 한다.

예로부터 그 사람의 미래를 알고 싶으면 사귀는 벗을 보라고 했다. 그러나 친구라고 다 친구는 아니며, 또한 누구에게나 친구는 누구에게도 친구가 아니다. 성공은 친구를 만들고, 역경은 친구를 시험한다. 아리스토텔레스는 "불행은 누가 친구가 아닌지를 보여준다"고 했다. 인디언들도 친구를 가리켜 '내 슬픔을 등에 지고 가는 자'라 했다. 역시 친구는 어려울 때 힘이 되는 친구가 진짜다.

"모진 바람이 불 때라야 강한 풀을 알 수 있다(질풍지경초, 疾風知勁草)"라는 글귀처럼 어렵고 위험한 처지를 겪어봐야 인간의 진가를 알 수 있다. 인간 세상이란 염량세태(炎涼世態)라서 잘나갈 때는 사람들이 구름같이 몰려들지만, 몰락할 때는 썰물처럼 빠져나가기 마련이다. 현역 시절 잘나가던 친구가 갑자기 몰락하고 병을 얻어 세상을 뜬 후 빈소가 너무나 쓸쓸한 것을 보면 남의 일 같지 않아 마음이 납덩이처럼 무거워진다. 오죽하면 옛날에도 "정승집 개가 죽으면 문전성시고, 정승이 죽으면 텅텅 빈다"라는 말이 생겨났겠는가.

많은 이들이 "다니던 직장을 그만두게 되니 공백기 동안 진실한 인간관계가 무엇인지 확실히 재정리가 되더라. 정말 값진 시간이었다"라고 말한다. 남편은 집안이 가난할 때라야 좋은 아내가 생각나는 법이다. 동양에는 가난할 때의 참다운 친구라는 뜻의 '빈천지교(貧賤之交)'란 말이 있다. 지금 같은 난세에는 특히나 마음을 툭 터놓고 지낼 친구가 그립다.

『명심보감』「교우편(交友篇)」에서 말하는 '급난지붕(急難之朋)'이 그것이다.

"주식형제천개유(酒食兄弟千個有)

급난지붕일개무(急難之朋一個無)."

이는 술 먹고 밥 먹을 땐 형, 동생 하는 친구가 천 명이나 있지만, 급하고 어려울 때 막상 나를 도와주는 친구는 한 명도 없다는 뜻이다. 현재 나의 친구들이 주식형제(酒食兄弟)인지 급난지붕(急難之朋)인지, 동시에 나는 그들에게 과연 어떤 사람인지 다시 한 번 곰곰이 생각해봐야 할 것이다.

이런 이야기를 할 때면 꼭 떠오르는 인물이 추사 김정희(金正喜)다. 한때 잘나가던 추사가 멀고도 먼 제주도로 귀양을 가보니 그렇게 많던 친구들은 다 어디로 갔는지 누구 한 사람 찾아주는 이가 없었다. 그런 그에게 소식을 전한 이가 있었는데, 예전에 중국에 사절로 함께 간 이상적(李尙迪)이라는 선비다. 그는 중국에서 많은 책을 구입해 그 먼 제주도까지 부쳤다. 극도의 외로움에 육체적, 정신적으로 힘들어하던 추사에게 그의 우정은 큰 위로와 감동을 주었고, 추사는 절절한 우정을 한 폭의 그림에 담았는데 그것이 바로 유명한 〈세한도(歲寒圖)〉이다. 세한도라는 이름은 "날씨가 차가워지고 난 후에야 소나무의 푸르름을 안다(세한연후 지송백지후조야, 歲寒然後 知松栢之後彫也)"라는 『논어』구절에서 따온 것이다.

보통 인생의 5가지 부자로는 돈, 시간, 친구, 취미, 건강을 꼽는데, 그중에서도 '친구 부자'야말로 인생 후반이 넉넉한 진짜 부자라고 할 것이다. 외롭고 힘든 인생길에서 따뜻하고 정겨운 우정보다 소중한 것은 없다. 어쩌면 가족보다 더 가까운 사이가 친구다. "부모 팔아 친구 산다"는 속담까지 생겨난 이유다. 아무리 돈이 많고, 권력이 있어도 주위에 마음을 기댈 친구가 없다면 그 사람은 필시 불행한 인생임이 틀림없다. 세계적 갑부인 월마트의 창업자, 샘 월튼(Sam Walton)도 임종이 가까워져 자신의 삶을 되돌아보니 그에겐 친구라고 부를 수 있는 사람이 없음을 한탄하며 크게 후회했다고 한다. 결국 "내가 친구가 없는 이유는 내가 그 사람의 친구가 되어주지 않았기 때문이다"라는 말에서도 알 수 있듯이, 좋은 친구를 얻는 일은 전적으로 자신이 하기에 달려 있다.

한편 친구로 삼지 말아야 할 사람으로는 예로부터 '오무(五無)'를 들고 있다. 이는 무정(無情), 무례(無禮), 무식(無識), 무도(無道), 무능(無能)한 인간을 말한다. 그러나 자신부터 여기에 해당되는 사람은 아닌가를 살펴야 함이 도리일 것이다.

그렇다면 과연 '참된 친구'란 어떤 친구일까?

이와 관련해서 『논어』의 「계씨편(季氏篇)」에는 공자가 제시한 세 가지 기준이 나온다. 유익한 세 친구(익자삼우, 益者三友)는 정직한 사람, 신의가 있는 사람, 견문이 많은 사람이다. 반면 해로운 세 친구(손자삼우, 損者三友)는 아첨하는 사람, 줏대 없는 사람, 겉으로만 친한 척하고 성의가 없는 사람이라고 설파하였다.

흔히 친구는 쉽게 네 가지 종류로 나눈다.

첫째, 화우(花友) : 자기가 좋을 때만 찾는 꽃과 같은 친구

둘째, 추우(錘友) : 이익에 따라 저울과 같이 움직이는 친구

셋째, 산우(山友) : 안식처와 다름없는 산과 같이 편안하고 든든한 친구

넷째, 지우(地友) : 언제나 한결같은 땅과 같은 친구

참고로 제갈공명은 "장수는 심복(心腹), 정보(情報), 조아(爪牙)가 있어야 한다"고 했다. 여기서 '조아(爪牙)'란 독수리의 발톱(爪)과 호랑이의 이빨(牙)을 의미한다. 리더에게 있어 조아(爪牙)는 힘들고 어려울 때 진정한 충고를 해주고 도와줄 수 있는 친구 또는 적으로부터 위기에 처했을 때 몸을 바쳐 구해줄 수 있는 신하를 말한다. 요컨대, 자기를 보호해주는 강력한 인적 무기로서, 공자는 이를 가리켜 '쟁우(諍友)'라고 했다. 쟁우는 중국의 고대 처세서인『지전(智典)』에 등장하는 말인데, 잘못을 솔직히 말해주고 고치게끔 도와주는 고마운 친구를 가리킨다.

진정한 벗은 수보다 깊이가 중요하다. 따라서 내 목을 내주어도 좋을 '문경지교(刎頸之交)' 수준의 벗은 아닐지라도 쟁우(諍友), 산우(山友), 지우(地友) 정도의 친구가 최소한 한 명이라도 있다면 성공적인 인생이라고 해도 과언은 아닐 것이다.

"여러분과 리무진을 타고 싶어 하는 사람은 많겠지만, 정작 여러분이 원하는 사람은 리무진이 고장 났을 때 같이 버스를 타줄 사람입니다." 미국의 흑인 여성 방송인 오프라 윈프리의 말이다.

당신은 진정 친구가 힘들 때 우산을 같이 쓰고 있는가?

송무백열(松茂柏悅)

-'사촌이 땅을 사야 나도 잘된다'

송무백열(松茂柏悅)!

이 말은 중국 서진(西晉) 때의 문인, 육기(陸機)가 지은 『탄서부(歎逝賦)』에 나오는 글귀로 원문은 "신송무이백열 차지분이혜탄(信松茂而柏悅 嗟芝焚而蕙歎)"이다. 직역하면 "소나무가 무성하면 잣나무가 기뻐한다"는 뜻인데, 벗이 잘되는 것을 기뻐할 때 비유적으로 쓰는 말이다. 여기서 '백(柏)'은 보통 잣나무로 쓰고 있지만 원래는 측백나무를 가리킨다. 예로부터 소나무와 잣나무는 겨울에도 푸른빛을 잃지 않아 선비의 꼿꼿한 지조와 기상의 상징으로 어울려 쓰였다. 송백지조(松柏之操), 송백지무(松柏之茂) 등이 그 예다.

그 짝이 되는 말이 '지분혜탄(芝焚蕙歎)'이다. 이는 "지초가 불에 타면 혜초가 한탄한다"는 뜻으로 동류의 불행을 같이 슬퍼함을 뜻한다. 이런 까닭으로 춘추전국시대 초나라의 백아(伯牙)는 자신의 거문고 소리를 알아주던 절친한 벗 종자기(種子期)가 죽자, 거문고 줄을 끊어버리고 다시는 타지 않았다고 한다.

한편 그리도 못살던 내 사촌이 갖은 고생 끝에 드디어 땅을 사게 되었다면, 가장 가까운 친척인 나도 기뻐야 정상적인 인간이다. 그러나 우리나라에는 "사촌이 땅을 사면 배가 아프다"라는 말이 어느덧 전국에 퍼져버렸다. 물론 서양 속담에도 "부자란 자신보다 더 많이 버는 동서다"라는 말이 있기는 하다.

그러나 전통적 씨족사회를 거치면서 길러진 한국인들의 경도된 평등의식은 실로 유별난 것으로 평가되고 있다. 무한경쟁 시대인 현대 경제사회에서 이러한 심리는 개인은 물론이고 조직, 나아가 국가 경쟁력을 저하시키는 요인으로 지목되고 있다. 도무지 자기보다 잘난 사람을 인정하려 하지 않으려는 고약한 풍토는 도처에서 심각한 부작용을 일으키고 있다. 자유민주주의에서 평등이란 기회의 평등이지 결코 결과의 평등은 아니기 때문이다. 공정과 공평에 대한 집단적 혼동도 마찬가지다. 나아가 이러한 속성은 특유의 냄비근성 및 부화뇌동 심리와 맞물려 간단한 여론 조작과 자극만으로도 마치 야수와 같은 집단 히스테리로 표출되기도 한다.

더 큰 문제는 우리 자신의 치부를 드러내는 이런 식의 이야기가 꾸준히 확대 재생산되어 유통되고 있다는 사실이다. 심지어 최근에는 "배고픈 건 참아도 배 아픈 건 못 참는다"라는 업그레이드 버전까지 나돌고 있다. 이럴 땐 우리 사회에 대해 한심한 수준을 넘어 참담함을 느끼게 된다.

원래 우리 민족은 그런 속 좁은 민족이 결코 아니다. 여기서 상기 천박한 이야기는 일제시대 우리 민족의 단결력을 와해시키고자 그들이 퍼뜨린 이간계에 우리가 놀아난 것이라는 유력한 설도 있다. 좁은 국토의 촌락 공동체에서 협력과 상생은 생존의 필수 조건이었다. 그 결과 향약, 두레 등등 상부상조 전통은 전 세계 어느 곳보다도 오랜 기간 면면히 이어져왔음은 엄연한 사실이다. 또한 남들이 다 부러워하는 국가적 OS인 효(孝) 시스템을 갖고 있는 유일한 나라이기도 하다.

과거 일본인, 중국인들이 드라마 〈겨울연가〉나 〈대장금〉에 열광했던 가장 근본적 이유가 그들에겐 이미 사라져버린 우리나라만의 정신가치였음은 널리 알려진 사실이다. 이제는 "사촌이 땅을 사야 나도 잘 된다"는 것을 깊이 깨닫고, 이를 제대로 바로잡는 인성교육을 범국민적으로 강화해나가야 할 것이다.

사람을 보는 지혜

"열 길 물속은 알아도 한 길 사람 속은 알 수 없다"고 한다. 사람의 외양만 보고 판단해서 일을 그르친 경우가 어디 한두 번이던가? 사람을 알 수 있다는 것은 오랜 경험과 세월을 필요로 한다. 사실 오래 같이 살아온 가장 가까운 사람조차 그 속을 알 수 없는 경우도 허다하다. 삼성 창업자인 이병철 회장이 신입사원 면접 시 관상 전문가를 데리고 했다는 이야기는 유명하다.

하늘은 봄, 여름, 가을, 겨울의 사계절과 아침, 저녁의 구별이 있지만, 사람은 꾸미는 얼굴과 깊은 감정 때문에 알기가 매우 어렵다. 행여 포커페이스를 만나기라도 하면 그 속은 도무지 알 길이 없다. 특히 자신을 배신한 유형을 토로하는 사람들을 만나보면, 겸손한 태도를 보였던 사람이 뒤통수를 친 경우가 더 많다는 이야기를 한다. 일견 자존심이 세고 건방져 보이기까지 한 사람이 오히려 안심이 되는 아이러니가 벌어지는 세상이 되어버렸다.

우선 그 사람이 어떤 사람인가를 파악하기 위해 가장 중요한 건 역시 얼굴이다. 당나라 때부터 내려오던 관리 등용 기준 4가지인 신언서판(身言書判)에서도 첫 번째로 꼽는 '신(身)'이 바로 얼굴이다. 우리는 가끔 '얼이 빠졌다'는 표현을 쓴다. 그 외에도 어른, 어린이, 얼간이, 어리석은, 얼토당토않다 등도 '얼'과 관계된 단어들이다. 여기서 말하는 '얼'이란 바로 영혼(soul)이다. 따라서 얼굴은 말 그대로 얼의 모습이다.

최근 유튜브에서 공개하자마자 1억 뷰를 넘겼다는 방탄소년단(BTS)의 뮤직비디오 앨범 타이틀은 〈페르소나〉이다. '페르소나(Persona)'란 용어는 원래 고대 그리스 연극에서 배우들이 쓰던 가면을 뜻하는 라틴어에서 유래된 말로 '외적 인격' 또는 '가면을 쓴 인격'을 뜻한다. 이 말은 스위스의 정신분석학자, 융(Carl Gustav Jung)에 의해 세상에 널리 알려지게 되었다. 그에 따르면 사람의 마음은 의식과 무의식으로 이루어지며, 여기서 그림자와 같은 페르소나는 무의식의 열등한 인격이자 자아의 어두운 면이라고 설명한다. 또한 세상에는 지킬 박사와 하이드같이 완벽한 이중인간 또는 다중인격자도 존재한다. 심리학에서는 처한 환경에 따라 착한 사람이 악마가 될 수도 있다는 것을 '루시퍼 효과'라고 한다.

사실 우리 사회에서 "첫인상이 중요하다"란 명제는 하나의 이데올로기로 자리잡고 있다. 각종 면접장이나 공개 오디션에 가보면 하나같이 쫙 빼입고 말쑥함을 뽐낸다. 그러나 곰곰 되돌아보면 근본적인 의문도 생긴다. 이는 첫인상이 좋은 사람 치고 끝이 좋은 사람은 드물다는 수많은 임상 경험에서 얻게 된 것으로 필자 또한 외부 인상보다는 내부 심상(心相)을 파악하려 애쓰는 편이다.

비즈니스에서도 그 원리는 마찬가지다. '서울에서 최고로 맛있는 통닭'을 내걸고 개업한 식당을 보라. 고객의 기대를 한껏 부풀린 결과는 뼈아픈 실패로 되돌아오는 법이다. "고객의 기대를 낮추고, 실행치를 높여라"는 것은 경영학의 오랜 진리다. 역시 기대가 크면 실망이 큰 법이기 때문이다.

한편 겉과 속이 다른 꿍꿍이형 인간을 가리켜 우리는 '표리부동(表裏不同)'이란 표현을 사용한다. '표리'는 원래 설날에 왕과 조정 관리들이 모인 자리에서 검소하게 생활하고 가난한 백성들의 어려움을 되새기자는 뜻으로 올리는 무명 옷감이다. 여기서 '표(表)'는 거친 흰 무명의 겉감이고, '리(裏)'는 그 안감을 나타내는 말이다. 그렇지만 실제로는 누구도 이 표리로 옷을 해 입지 않고, 단지 행사용으로 그치고 마는 데서 "표리가 부동하다"는 말이 나왔다고 한다. 표리부동한 인간을 살펴보면 대개 성격이 간사 교활하고, 말과 행동이 다른 위선자들이다. 교묘한 말과 거짓 웃음을 띠면서 얼굴 표정을 일부러 부드럽게 하는 짓을 가리키는 '교언영색(巧言令色)'도 유사한 표현이다. 겉으로는 착하지만 속은 악한 것을 말하는 '외선(外善)'이란 바로 이런 것일 게다.

2000년 전에 나온 『여씨춘추(呂氏春秋)』라는 책에 보면 '팔관육험법(八觀六驗法)'이라 하여 사람을 뽑아 쓸 때는 일단 다음 8가지, 즉 '팔관(八觀)'을 살피라고 하였다. 이 사항들은 관리를 뽑을 때 적용하는 기준이지만, 다른 분야에서 사람을 뽑을 때 사용해도 좋을 것이다.

첫째, 잘나갈 때 어떤 사람을 존중하는가?

둘째, 높은 자리에 있을 때 어떤 사람을 쓰는가?

셋째, 부유할 때 어떤 사람을 돌보는가?

넷째, 남의 말을 들을 때 어떤 행동을 취하는가?

다섯째, 한가할 때 무엇을 즐기는가?

여섯째, 친해진 뒤 무슨 말을 털어놓는가?

일곱째, 좌절했을 때 지조가 꺾이는가?

여덟째, 가난할 때 무엇을 하지 않는가?

일찍이 공자도 사람 속 알기의 어려움에 대해 "무릇 사람의 마음은 험하기가 산천보다 더 하고, 알기는 하늘보다 더 어려운 것이니라"고 했다. 공자가 말한 사람을 보는 9가지 지혜는 다음과 같다.

첫째, 먼 곳에 심부름을 시켜 그 충성을 본다.

둘째, 가까이 두고 써서 그 공경을 본다.

셋째, 번거로운 일을 시켜 그 재능을 본다.

넷째, 뜻밖의 질문을 던져 그 지혜를 본다.

다섯째, 급한 약속을 하여 그 신용을 본다.

여섯째, 재물을 맡겨 그 어짊을 본다.

일곱째, 위급한 일을 알려 그 절개를 본다.

여덟째, 술에 취하게 하여 그 절도를 본다.

아홉째, 남녀를 섞여 있게 하여 그 이성에 대한 자세를 본다.

이상의 아홉 가지 결과를 종합해서 놓고 보면 그 사람을 알아볼 수 있게 된다는 것이다.

사람을 딱 보고 단번에 평가하는 왕도는 없다. 물론 사주나 관상을 풀어보는 방법이 있겠으나, 결국 오랫동안 인품을 보고 판단하는 길밖에 없다. 인품이란 곧 인간의 품질이다.

소설가 박경리는 유고시집 『버리고 갈 것만 남아서 참 홀가분하다』에서 사람의 됨됨이에 대해 이렇게 적고 있다. "가난하다고 다 인색한 것은 아니다. 부자라고 모두가 후한 것도 아니다. 그것은 사람의 됨됨이에 따라 다르다. 인색함은 검약이 아니며, 후함은 낭비가 아니다. 인색한 사람은 자기 자신을 위해 낭비하지만, 후한 사람은 자기 자신에게는 준열하게 검약한다. 후한 사람은 늘 성취감을 맛보지만, 인색한 사람은 먹어도 늘 배가 고프다. 이는 천국과 지옥의 차이다."

한편 리더의 경우엔 더욱 특별하다. 전국시대 한비(韓非)의 법가사상은 추상적이고 관념적인 유가사상에 비해 매우 현실적이고 구체적인 실전형 이론으로, 우리나라에서는 조선시대 말기까지 절대군주의 통치사상의 밑바탕이 되었다. 『한비자(韓非子)』는 삼성그룹 임원의 필독서이며, 일본에서는 『논어로 망한 조직, 한비자로 살린다』라는 책도 나왔다.

한비는 첫째, 리더는 자신의 속마음을 함부로 내비쳐서는 안 되며, 둘째, 리더의 행동 하나가 조직 전체에 큰 영향을 미칠 수 있음을 항상 주의하라고 강조한다. 한 발 더 나아가 그는 자신의 속마음을 숨기는 비장의 두 가지 방법, 즉 '허정(虛靜)'과 '무위(無爲)'로 속내를 감추면서 사람을 다루는 법을 제시하였다. 이는 허정과 무위를 이용해 보고도 못 본 척, 들어도 못 들은 척, 알면서도 알지 못하는 척하면서 상대가 본바탕을 드러내게 하고 스스로 움직이도록 조정하는 고수의 경지다.

한비 주장의 핵심은 사람을 움직이는 동기는 애정, 배려, 의리, 인정이 아니며 오로지 이익이 사람을 움직이는 동기로서 작용한다는 것이다. 또한 그는 의리나 충성과 같은 인간의 감정에 기대지 말라고 충고하며, 어설픈 신뢰보다는 당근과 채찍이 더 효과적이라고 강조하고 있다. 한비는 지독한 말더듬이였지만 글 쓰는 재주는 남달랐다고 한다. 아이러니한 건 그 또한 친구 이사(李斯)의 모함에 의해 사약을 받게 되었다는 점이다.

"인간의 진정한 가치는 그가 자신에게 아무런 도움도 되지 않는 사람을 어떻게 대하는가에서 드러난다." 영국의 시인, 새뮤얼 존슨(Samuel Johnson)의 말을 다시금 되새겨본다.

인생 부등식

삶과 사람은 같은 글자라고 봐도 된다. 우리들 삶에 정답은 없지만 해답은 있다. 우리 선조들은 이미 '인생 부등식'을 만들어놓았다. 이는 '머리 〈 태도 〈 운수 〈 인복 〈 수명'으로 나타낼 수 있다.

즉, 아무리 머리가 좋아도 태도가 좋은 이를 이기지 못하고, 그 두 개가 좋아도 하늘의 운수발이 좋은 이를 이기지 못하고, 그 세 개가 좋아도 인복이 많은 이를 극복 못 하고, 그 네 개가 좋아도 오래 사는 이를 능가하지 못한다는 이야기다. 마지막으로 명복이 길다 해도 종국에 우주 질서 앞에는 한낱 먼지일 뿐이라는 것이다.

먼저 깨달아야 할 것은 머리 좋은(才) 사람은 태도 좋은(德) 사람을 이길 수 없다는 것이다. 세상에는 재능(talent)이 특별한 사람이 많다. 그중에서도 선천적으로 타고난 재능은 천부적(天賦的, gifted) 재능이라고 한다. 영화 〈아마데우스〉에서 살리에리가 모차르트에게 느끼는 막막함을 상상해보라. 그러나 어릴 적 IQ가 200에 달하는 천재들이 요절하거나 나이 들어 별 볼일 없게 전락해버리는 경우를 보면, 역시 재능만 가지고 험한 세상을 살아가기에는 버거운 모양이다.

소질과 태도의 차이는 면접 장소 등 현장에서 더욱 뚜렷하다. 서비스 혁신으로 유명한 포시즌스 호텔의 이사도어 샤프(Isadore Sharp) 회장은 직원 채용 시 지식보다는 인품에 더 많은 비중을 두고 직원을 뽑는다고 한다. 다른 분야도 그러하겠지만 호텔리어의 가장 큰 자질은 '소질(aptitude)'이 아닌 '태도(attitude)'라고 보기 때문이리라. 미국 최고의 CEO로 등극했던 사우스웨스트항공(SWA)의 창업자, 허브 켈러(Herb Kelleher) 회장도 "기술은 가르칠 수 있지만 태도는 가르칠 수 없다"고 잘라 말했다.

흥미로운 것은 알파벳 26자에 숫자를 부여한 다음(a=1, b=2, c=3···), 슈퍼컴을 돌려 웹스터 사전의 수십만 단어에 대한 각각의 값을 구해보면 100점짜리 단어는 바로 'attitude'라고 한다. 우연한 결과이지만 "인생에서 태도만큼 중요한 것은 없다"는 말은 하늘의 뜻이란 생각도 들게 만드는 대목이다.

그러나 아무리 태도나 습관이 좋은 사람도 운빨 앞에선 소용이 없는 법이다. 노련한 사업가들은 하나같이 운이 안 따라주면 큰 사업도 한순간이라고 고백한다. 소위 노름판의 타짜들도 여기에 대해선 이견이 없다.

일단 운(運) 하면 떠오르는 사자성어는 '운칠기삼(運七技三)'이다. 이 말의 유래는 중국 괴이문학의 걸작인 『요재지이(聊齋志異)』에 수록되어 있다. 저자인 포송령(蒲松齡)은 청나라 초기의 소설가 겸 극작가로, 일찍부터 그 재능을 인정받았으나 그 뒤 향시(鄕試)를 여러 번 치렀어도 급제하지 못했다고 한다.

이하는 관련 스토리다. 한 선비가 자신보다 변변치 못한 자들은 버젓이 과거에 급제하는데, 자신은 늙도록 급제하지 못하고 패가망신하자 옥황상제에게 올라가 그 이유를 따져 물었다. 옥황상제는 정의의 신과 운명의 신에게 술 내기를 시키고, 만약 정의의 신이 술을 많이 마시면 선비가 옳은 것이고, 운명의 신이 많이 마시면 세상사가 그런 것이니 선비가 체념해야 한다는 다짐을 받았다. 내기 결과 정의의 신은 석 잔밖에 마시지 못했고, 운명의 신은 일곱 잔이나 마셨다. 옥황상제는 세상사의 구조는 정의에 따라 행해지는 것이 아니라 7할은 운명에 따라 행해지되, 3할의 이치도 행해지는 법이니 운수만이 모든 것을 지배하는 것은 아니라는 말로 선비를 꾸짖고 돌려보냈다는 이야기다.

결국 인생에서 모든 일의 성패는 하늘(운)이 7할을 차지하고, 인간(노력)이 3할을 차지하는 것이어서 운이 따라주지 않으면 일을 이루기 어렵다는 심오한 뜻을 나타낸 말이다. 따라서 이 구조를 이해하고 더욱 겸손한 자세로 노력하라는 깊은 뜻이 담겨 있는데, 주위를 둘러보면 이 말의 의미를 전혀 이해하지 못하고 제멋대로 쓰는 경우가 태반이다. 경마에는 '마칠기삼(馬七騎三)'이 있다. 말의 능력이 7할, 말을 모는 기수의 능력이 3할을 차지한다는 뜻이다. 조리업에선 재료가 7, 솜씨가 3이라고 한다. 그러고 보면 인생 법칙은 대개 7 : 3의 비율이라고 보면 무난할 것이다.

그러나 이 모든 것이 따라주어도 복(福) 있는 사람에게는 당할 수가 없다고 하니, 세상의 이치란 알면 알수록 기묘할 따름이다.

한편 중국 속담에는 세 가지 불행 즉, 젊어서 부친을 잃는 것, 중년에 아내를 잃는 것, 그리고 늙어서 자식이 없는 것이 있다고 한다.

중국과는 다르게 우리나라에선 예로부터 인생을 망치는 세 가지 경우가 전해지고 있다.

첫째, 소년등과(少年登科)

어릴 때 과거에 급제한 인물들 중 상당수가 쓰라린 인생 경험의 결핍과 자만심으로 인해 안하무인이 되기 십상이고, 주위에서 전부 등을 돌리게 되어 끝내는 제 인생을 망쳐버린다는 것이다. 어린 나이에 고시 패스해서 젊은 영감님이 되어버린 이 땅의 판검사들이 늘 자중과 신독해야 할 이유가 여기에 있다.

둘째, 중년상처(中年喪妻)

40~50대에 부인을 떠나보내게 된 남자는 완전 개털이 되는 법이다. 정말이지 "있을 때 잘해"가 절로 떠오른다.

셋째, 노년무전(老年無錢)

젊을 때는 돈을 써야 하지만, 늙어서는 돈을 모아야 한다. 친구 자식들 혼사에 낼 부조금도 없는 심정을 생각해보라. 가난은 죄가 될 수는 없지만 자랑도 아니며 일종의 무능이다.

역시 잘나간다고 교만할 게 아니며, 못 나간다고 좌절할 것도 아니다. 인생 최고의 처세는 겸손 그 하나다. 여기서 필자가 겸손의 반대는 교만이 아니라 무지라는 걸 깨닫게 된 건 50대가 되어서다. 많이 아는 사람은 반드시 겸손하기 마련이다. 왜냐하면 그렇게 하지 않을 경우 반드시 닥쳐올 위험을 너무나 잘 알고 있기 때문이다.

내 운명을 바꾸는 방법

인생은 운인가 능력인가?

필자가 만난 동양학 대가는 수십만 자가 넘는 한자에서 딱 한 글자만 고른다고 한다면, 그것은 바로 '운(運)'이라고 말한다. 운이란 기본적으로 A에서 B로 옮긴다(deliver)는 의미다. 좋은 곳으로 옮겨지면 운이 풀리는 거고, 나쁜 곳으로 옮겨지면 고생길이 열린다고 보면 된다. 문제는 이걸 내 마음대로 할 수 있는 게 아니라는 데 있다.

사람들은 앞으로 자신의 운명이 어떻게 될지 너무나 궁금해한다. 만약에 운이 좋은데도 불구하고 브레이크를 밟는다면 이보다 바보스러운 일은 없을 것이며, 반대로 운이 나쁜데도 액셀러레이터를 밟는다면 그건 곧 죽음이다. 정치가는 물론이고 세계적 CEO들조차 인수합병(M&A) 같은 중대사 앞에서 역술가나 점쟁이를 찾아가는 이유다.

큰 사업을 일으킨 사업가들을 만나보면 하나같이 운이 안 따라주면 아무리 큰 사업도 한 방에 갈 수 있다고 말한다. 운이 안 따라주어 무대에서 사라져간 비운의 주인공들은 셀 수 없이 많다. 반대로 외모도 실력도 변변치 못한데 '운빨'로 유명세를 구가하며 돈방석에 올라탄 사람도 꽤 있다.

요컨대, 인생은 '운(運)'과의 함수다. 한 사람의 인생에서 가장 중요한 것은 바로 이 '운'이란 것을 어떻게 해석할 것인가에 달려 있다고 할 수 있다. 문제는 내가 이 운을 스스로 컨트롤할 수 있는가, 없는가 하는 점이다. 운명론적 관점에서 운명은 정해져 있다고 본다. 그렇다면 노력해봤자 결과는 정해져 있다는 말인가? 평생 이 문제에 대한 의문을 갖고 살고 있지만, 누구도 시원한 답을 주지 않아 늘 아리송한 게 사실이다.

우선 '운(運)'에 대한 사전적 정의는 인간을 포함한 모든 것을 지배하는 초인간적인 힘, 또는 앞으로의 생사나 존망에 관한 처지다. 운명과 비슷한 말로 '명운'이란 말도 자주 쓰인다.

영어로는 'fate' 또는 'destiny', 'doom'이라고 하는데 각기 차이가 있다. 보통 'fate'는 인간의 힘으로는 어찌할 수 없는 불가피한 운명, 즉 숙명을 말하는데 대개 불운을 뜻한다. 1987년 영화 〈위험한 정사〉의 원제인 'fatal attraction'은 직역하면 치명적 유혹이란 뜻이다. 또한 요부(妖婦)란 의미의 '팜므파탈(femme fatale)'에서와 같이 'fate'는 '죽음, 파멸, 최후'라는 불길한 의미를 내포하고 있다. 반면에

'destiny'는 피할 수 있는 운명이라고 알려져 있다. 노력은 운명을 바꿀 수 있다고 하는 것처럼 한 인간이 헤쳐 나가는 위대한 결말을 암시한다. 그리고 'doom'은 'destiny'나 'fate'가 가져오는 두렵고 불안한 종국(終局)을 의미한다.

결국 운이란 세상을 지배하는 어떤 필연적이고 초인간적인 힘을 상징한다고 보는 것이 타당하다. 운명에 대한 관념은 인간 존재의 근본을 이루는 것으로, 지역과 민족에 따라 크게 달라져왔다. 체념을 일종의 미덕으로 여기는 전통을 가진 한국인 대부분은 운명은 개개인의 문제라고 받아들이고 있다. 우리 선조들의 경우, 큰일을 앞두곤 반드시 시운(時運)과 천명(天命)을 따져 일을 도모하는 게 상식이었다.

그렇다면 과연 좋은 운(運)이 내게 오도록 하기 위해선 나는 어떻게 해야 하는가?

일본의 석학, 오마이 겐이치는 사람의 운명을 바꿀 수 있는 세 가지 방법을 제시한 바 있다. 그중에 "나와 전혀 다른 사람을 만나라"는 말은 끼리끼리, 유유상종에 젖어 있던 젊은 시절 내겐 일종의 충격이었다. 그러나 나이가 들수록 사람의 운명은 나와 전혀 다른 사람을 만날 때에만 비로소 바뀔 수 있다는 의미를 실감하게 되었다.

강호 명리학자인 조용헌 칼럼니스트는 운명을 바꾸는 6가지 방법을 제시한다. 그것은 순서대로 적선(積善), 명사(明師), 독서(讀書), 기도(祈禱), 명당(明堂) 그리고 명리(命理)다. 여기선 두 가지만 거론해 본다.

일단 운명 전환의 첫걸음은 '적선(積善)'이다. 착하고 좋은 일을 많이 해야 좋은 운이 시작된다. 우리 사회 유명 인사들의 어린 시절을 들어보면 대부분 가난했음에도 적선지가를 실천해온 이야기들이 많다. 지속적인 선행은 누군가의 감사와 감동으로 이어지고, 이는 다시 그 집안에 화목이나 경사로 이어지는 것이 운의 선순환 프로세스다.

"적선지가 필유여경(積善之家 必有餘慶)"은 『주역』의 「문언전(文言傳)」에 나오는 구절이다. 그 의미는 "선을 쌓은 집안에는 반드시 경사가 찾아온다"는 뜻으로 인생 최고의 덕목이 아닐 수 없다. 자기 집도 그리 넉넉지 못한데 지나가는 거지도 환대한 할머니의 공덕이 손자에게 미치는 업보는 일종의 과학이다.

일찍이 자동차 왕, 헨리 포드는 "젊은이여! 돈을 써라"고 말했다. '적금(積金)'이란 글자 그대로 돈(金)을 쌓는 일이다. 적금을 드는 이유는 가난해지지 않기 위함이며, 보험을 드는 이유는 한 방에 무너지지 않기 위함이다. 부자가 되려면 자신에게 투자하는 길이 제일 확실하다. 따라서 젊은 시절, 제대로 먹지도 못하고 저축만 하는 이는 일종의 바보다. 젊음이란 그 자체로 강력한 보험이기 때문이다. 노년무전(老年無錢)만큼 비참한 건 없기에 노인은 돈을 모아야겠지만, 인생을 펼쳐보기도 전에 돈부터 모으려 드는 헛똑똑이(wise fool)들이 너무나 많다. 여기에는 '노후 대비는 젊을 때부터'라는 금융기관들의 솔깃한 광고도 한몫을 하고 있다. 여기에 가세하여 부모들이 "젊을 때 한 푼이라도 더 벌어라"라고 다그치는 입김도 자식의 미래를 축소시키는 길임을 알아야 한다.

젊은 시절부터 쌓아야 할 건 돈이 아니라 '선(善)'이다. 선을 쌓으면 돈은 자연히 따라오게 되어 있는 게 인생살이의 깊은 교훈이다. 자신을 비싸게 만든 사람이 돈 걱정하는 것은 본 적이 없다.

다음으로는 '독서(讀書)'의 중요성이다. "세상의 모든 리더(leader)는 리더(reader)다"라는 말이 있듯이, 동서양 고수들이 남긴 글귀나 예술 작품들은 짧은 인생의 향기이자 보석이다. 특히 수천 년 인류의 유산인 고전(classic)은 막강한 정화력을 갖고 있어서 이들을 접하면 저절로 힐링이 되고 영혼이 맑아져 얼굴에 빛이 나는 법이다. 필자는 이것을 '영혼의 샤워'라고 부른다. 정신의학자들은 자신의 내면을 들여다보고 다독이는 방법으로 글과 그림을 권유한다. 그 가운데 그림은 보다 직관적이고 시각적인 표현이다. 글이 사유로의 침잠이라면 그림은 탈출이다.

한편 살다 보면 누구나 시련과 고비를 맞게 된다. 그러나 그 후의 결과는 사람에 따라 판이하다. 왜 누구는 포기하고 누군가는 더 성공할까? 같은 환경에서 어떤 기업은 망하고, 어떤 기업은 승승장구할까? 어떤 사람은 위기라고 하는데 어떤 사람은 왜 기회라고 말할까? 결국 중요한 것은 "하늘이 부여하는 운(運)을 어떻게 하면 내가 받을 수 있을까" 하는 문제로 귀결된다.

『운을 읽는 변호사』를 쓴 일본 변호사, 니시나카 쓰토무는 지난 50년 동안 알게 된 1만 명 넘는 의뢰인들의 삶을 통해 깨달은 '운이 좋은 삶을 사는 비결'을 적었다. 그는 몇 번이나 똑같은 곤경에 빠져 자신을 찾아오는 '운이 나쁜 사람'과 하는 일마다 승승장구하며 행복한 인생을 사는 '운이 좋은 사람'의 공통점을 발견한 뒤, 운을 좋아지게 하는 법이 있다는 확신을 갖게 되었다고 한다.

제 아무리 능력이 출중해도 성공하지 못하는 사람, 일견 성공한 듯 보이지만 결국엔 파국으로 치닫게 되는 사람의 삶 속에는 어떤 문제가 있는 걸까? 그 이후 그는 분명 운이 좋은 사람과 그렇지 않은 사람은 각각의 공통점이 있다고 보고, 오랫동안 어떻게 좋은 운을 부르고 나쁜 운을 내쫓는지 구체적인 사례를 연구해왔다.

최종적으로 그가 밝혀낸 '운을 좌우하는 6가지 요소'는 다음과 같이 요약된다.

1. 아무리 출중해도 운 없이는 성공할 수 없다. 겸손이 중요하다.

2. 운이 들어오게 하는 방법은 분명히 있다. 도덕적 과실을 피하라.

3. 저절로 운이 좋아지게 만들 수 있다. 다툼은 불운의 씨앗이다.

4. 일상의 일들이 운의 바탕이 된다.

5. 상대를 대하는 태도가 운을 좌우한다. 성공적인 소통과 대화가 관건이다.

6. 운이 좋아지는 삶은 더 큰 운을 만든다.

재미있는 사실은 '운'을 거꾸로 뒤집어보면 '공'이 된다. 역시 공을 들이면 운이 따르게 된다는 게 진리인 듯하다.

이상 74세 노 변호사가 밝힌 운(運)에 대한 설명은 한마디로 '도덕과학'이다. 운이 좋고 나쁨은 결국 도덕성이 결정한다는 것이다. 따라서 운이 좋은 사람과 나쁜 사람들은 끼리끼리 모이게 되는 법이니 타인의 행복을 생각하는 사람과 가까이하라고 충고한다. 봉사해도 운이 없는 사람은 그 속에 교만이 있기 때문이며, 부모 은혜를 깊이 깨닫고 남 얘기 잘 들어주면 운이 트이게 된다고도 했다. 특히 인상 깊은 말은 "운은 하늘의 사랑과 귀여움을 받는 것이다"라는 표현이다. 나는 운을 이처럼 쉽고 적확하게 표현한 것을 본 적이 없다.

한편 운(運)이 도망을 못 가게 하는 방법도 있다. 『맹자』에 정통한 하금곡(河錦谷) 선생의 말씀을 발췌해서 소개해본다. 누구에게나 인생에서 두세 번은 대운이 찾아오는데, 중요한 것은 본인의 준비라고 한다. 여름 장마철이 되면 소나기가 내리기 마련이다. 이때 어느 정도의 그릇을 준비하느냐에 따라 각기 다른 용량의 빗물을 받는다. 찻잔을 준비한 사람은 찻잔만큼의 빗물(운)을 받고, 드럼통을 준비한 사람은 드럼통 크기만큼 받을 수 있다. 만약 내공 없이 운을 받게 되면 내 그릇은 이를 감당하지 못하고 결국 깨져버리고 말 것이다. 그러므로 너무 빨리 다가오는 행운은 두려워해야 한다는 것이다.

사실 우리 주위엔 늘 운과 관련된 이야기가 차고 넘친다. 일이 잘 안 풀리거나 실패한 경우, 많은 사람들은 '운칠기삼(運七技三)'을 들먹거리거나 재수가 없었다고 치부한다. 그러나 업보(業報)란 말이 있듯이 거기에는 반드시 눈에 안 보이는 이유가 있기 마련이다. 운이 없다는 건 운을 차지할 자격이 미달이라는 얘기와도 같다.

또한 성공한 스토리에 공통점이 하나 있다면 바로 긍정적이라는 것이다. 긍정적인 사람과 가까이하면 긍정적이 된다는 것이다. 바로 긍정의 힘이다. 운이라는 것도 결국 긍정의 함수다. 인도 철학에서 말하는 긍정의 힘을 보자. "낙관론자는 모든 문제에서 가능성을 찾아내고, 비관론자는 모든 가능성에서 문제를 찾아낸다."

평소 불평이 많거나 늘 실패한 루저들이 내뱉는 변명의 대부분은 자신의 실력은 충분한데 운이 나빴다는 것이다. 알고 보면 운은 버스와 같다. 버스는 또 오지만 준비가 안 된 사람은 탈 수가 없다. 이러한 원리를 알고 보면 진정 운도 실력의 일부라는 것을 깨닫게 된다.

운시도래(運時到來).

결론적으로 하늘이 자신을 이 별에 내려보낸 진짜 이유를 깨닫고, 분수에 맞게 행동하면서 남에게 선하고 좋은 일을 하나하나 해나가다 보면 운은 저절로 찾아오는 것이 아닐까 생각해본다.

"운명은 용기 있는 사람에게는 약하고, 비겁한 사람에게는 강하다." 로마 시대 스토아 철학자인 루키우스 세네카(Lucius A. Seneca)가 남긴 명언이다.

이동규 교수의 두줄칼럼

당신처럼

글은 헤밍웨이처럼,
스피치는 링컨처럼.
비유는 셰익스피어처럼,
사랑은 당신처럼.

THINK AUDITION

INSIGHTFUL
INSPIRATIONAL

INSIGHTFUL

INSPIRATIONAL

5장.

생각을 수출하라
1등보다
1류가 되어라

난세의 영웅

난세는 약자의 지옥이고, 태평성대는 강자의 지옥이라고 한다. 이 말은 뒤집어보면, 평소에 갈고닦아 온 내공은 난세에 이르러서야 비로소 빛을 볼 수 있다는 의미를 강하게 담고 있다.

호황기에 영웅이 나온다는 이야길 들어본 일이 있는가? 다 잘 나가는데 내게 특별한 기회가 생길 리 없기 때문이다. 따라서 틈틈이 내공을 길러온 사람에게는 난세야말로 자신의 진가를 보여줄 절호의 기회가 되는 셈이다. "난세에 영웅이 나온다"는 말이 생겨난 이유다.

난세란 정치와 경제 두 가지 축이 다 뿌리째 흔들리는 걸 의미한다. 특히 보통 사람들에겐 먹고사는 절박함이 달려 있다. 이럴 때일수록 가장 중요한 것은 기본을 튼튼히 하여 자신만의 내공을 기르는 것이다. 소시민들은 비록 약자이지만, 역설적으로 난세는 자신만의 내공을 다질 수 있는 좋은 때이기도 하다.

따라서 난세에 가장 필요한 건 바로 '역발상'이다. 실패 사례를 정리해 실패학이란 분야를 개척해온 일본의 경우, 불황에 견딜 수 있는 지혜를 모아 '불황학'으로 승화시켜왔다. 일종의 불황의 심리학인 셈이다.

불황기의 장점은 역설적으로 회심의 찬스라는 것이다. 무엇보다 인재를 저비용으로 구할 수 있고, R&D에 전념할 수도 있고, 기존의 불필요한 자산 매각 등 비즈니스 다이어트를 통한 체질 개선을 할 수 있는 호기이기도 하다. 따라서 "불황에 투자하라"는 역설이 가능하게 된다. 과거 일본의 마쓰시타전기는 최악의 불황에서 단 한 명의 직원도 해고하지 않고 버텨나갔는데, 경기가 풀리고 좋은 날이 왔을 땐 펄펄 날았다. 이는 아무나 할 수 있는 것은 아니다. 불황은 장점을 극대화시키고 미래를 준비하는 타이밍이다. 역시 미래는 준비하는 자의 몫이다.

그러나 보통 사람들에게 이런 이야기들은 비현실적으로만 들린다. 도대체 영웅은 언제 오는가, 누가 영웅인가, 정말 오기는 하는 걸까?

아일랜드 출생의 프랑스의 소설가이자 극작가인 사무엘 베케트(Samuel Barclay Beckett)는 『고도를 기다리며』라는 소설로 1969년 노벨

문학상을 수상했다. 그는 1952년 파리에서 초연된 동명의 희곡이 성공하면서 일약 그 이름이 알려졌으며, 앙티 테아트르(Anti-Théâtre, 반연극)의 선구자가 되었다. 그는 세상의 부조리와 그 속에 절망적인 인간의 조건을 일상적인 언어로 허무하게 묘사하였다.

저자는 이 작품을 희비극이라고 부르는데, 기본 구성은 2막으로 되어 있다. 마치 그리스신화에서 시지프스가 받게 된 신의 형벌처럼, 수십 년이 흘러도 결코 오지 않는 '고도(Godot)'를 기다리는 두 명의 부랑자 주인공의 의미 없는 대화는 현대인의 고독과 소외된 삶을 상징한다. 여기서 블라디미르(Vladimir)는 인간의 지성적인 면을 상징하며, 고도가 나타나 자신들을 구원해줄 것이라고 믿는다. 이에 반해 에스트라공(Estragon)은 인간의 육체적이고 탐욕스러운 면을 상징하는데, 고도를 기다리는 것을 힘들어하며 친구에게 계속해서 떠나자고 한다.

'고도'가 무엇을 의미하는지는 관객들 사이에서도 끊이지 않는 의문으로 남아 있으며, 다양한 해답들이 제시되어 왔다. 혹자는 그리스신화에 나오는 프로메테우스가 인간의 마음속에 심어놓은 맹목적인 희망이라고 해석하기도 한다. 고도(Godot)라는 이름이 영어의 'God(신)'와 프랑스어의 'Dieu(신)'를 압축한 합성어라는 해석도 있으나, 고도에 대한 정의는 여전히 관객의 몫으로 남아 있다.

예전에는 "개천에서 용 났다"는 말이 심심치 않게 언론을 장식하곤 했다. 그런데 이제는 개천도 없고, 용은 더더욱 없다고 한다. 부와 지위의 대물림, 현대판 음서제 등등 사회계층 간 불평등과 양극

화가 가속화되면서 벌어지고 있는 더 삭막해진 사회의 단면이다. 특히 유례없는 한반도 핵전쟁 위기 속에 정치적 혼란과 경제적 위기가 맞물리면서 국민들은 정신적으로 피폐해져 가고, 한국판 '고도'에 대한 기대치는 점점 높아져만 가고 있다.

이 와중에 유럽을 석권한 피아니스트 조성진, 베트남 축구의 영웅 박항서 감독 그리고 꿈의 빌보드 차트 연속 1위를 달성한 방탄소년단(BTS) 등 우수한 한국인들의 눈부신 활약상이 우리들 마음에 큰 위로를 주고 있다. 그 외에 치열한 수출 현장에서 묵묵히 땀 흘리며 힘든 업적을 쌓아온 수많은 기업가들도 있다. 실로 이 어려운 난세에 자랑스러운 영웅들이다.

음양 이론상 어둠과 밝음은 종이 한 장 차이다. 물은 멀리서 보면 어둡지만 가까이서 보면 맑다. 또한 불은 가까이서 보면 어둡지만 멀리서 보면 밝다. 불황과 호황도 마찬가지다. 결국 호흡을 길게 하고 각자의 장점을 극대화해나가며 호황으로 만들어가는 참지혜가 절실한 때가 아닐 수 없다. 사실 우리가 언제 어렵지 않았던 적이 있었던가?

리더는 따라가는 사람이다

구글에서 한글로 '리더십'을 검색하면 약 1000만 개가 넘는 검색 결과가 나온다. '리드(lead)'란 단어의 어원은 "앞장서서 이끌다"란 뜻이다. 무슨 일이 일어날지 모르는 낯선 상황에서 무리를 이끌고 나아갈 방향을 제시하는 일은 결코 쉬운 일이 아니다.

이와 관련해서 미국 미시간대 비즈니스스쿨의 프라할라드(C. K. Prahalad) 교수는 세 가지 리더십 덕목을 제시한다. "리더는 미래 지향적이어야 하며, 양치기 개가 되어야 하고, 또한 절대 타협할 수 없는 원칙을 가져야 한다"는 것이다. 양치기 개는 언제나 뒤에서부터 이끌어야 하고, 시끄럽게 짖어대는 것은 괜찮지만 절대로 양을 물어서는 안 되며, 또한 양을 한 마리도 놓쳐선 안 된다는 의미를 함축하고

248

있다.

　현대 경영학의 아버지라 불리는 피터 드러커(P. Drucker)는 생전에 "리더십은 가르칠 수 없으나 배울 수는 있다"라는 명언을 남겼다. 그가 리더십을 체계적으로 다룬 최초이자 최고로 평가한 책은『키로파에디아(Cyropaedia)』이다. 이는 아테네의 장군 크세노폰(Xenophon)이 적국 페르시아의 대군주, 키루스(Cyrus)의 탁월한 리더십과 일대기를 대화체 형식으로 요약해 작성한 것이다. 저자인 크세노폰은 소크라테스의 제자이며 플라톤과는 동문 수학한 사이다. 이 책은 기원전 6세기에 페르시아제국을 세운 키루스 대왕이 받은 교육에서부터 성장하며 대제국을 만드는 과정, 그리고 그를 따르는 사람들을 교육시켰던 내용을 담고 있다. 기원전 4세기에 쓰였지만 오늘날까지 읽히는 이 책은 리더십의 핵심을 담고 있는 고전으로, 서구에서는 리더가 될 사람은 한 번쯤 읽어야 할 책으로 평가받고 있다.

　"3류 리더는 자기의 능력을 사용하고, 2류 리더는 남의 힘을 사용하고, 1류 리더는 남의 지혜를 사용한다." 이는 전국시대 말기 통치술과 제왕학의 창시자라 불리는 한비(韓非)의 말이다. 오늘날 유명한 우스갯소리 중 최악의 상사 스타일은 '머리는 나쁜데 부지런한 사람'이고, 최고의 스타일은 '머리는 좋은데 게으른 사람'이란 말이 있다. 이 말은 괜히 만들어진 게 아니다.

　"기업 경영에서 가장 중요한 요소 하나만 꼽는다면 경영자의 그릇이다. 경영자가 어떤 주관을 갖고 어떻게 꾸려나가느냐에 따라 기업의 생명과 진로는 크게 달라진다." 마쓰시타 고노스케, 혼다 소이치로와 더불어 일본에서 가장 존경받는 3대 기업가로 꼽히는 교세라의 창업자, 이나모리 가즈오(稲盛和夫)의 말이다. 조직은 제1인자의 고민을 먹고 자란다고 한다. 우수한 경영자는 기업의 운명을 바꾼다고도 한다. 어떤 이는 기업의 가치가 1000냥이라면 CEO의 가치는 900냥이라고도 한다. 실제로 CEO 1인의 결단과 판단에 따라 기업 전체가 생과 사의 능선을 넘나드는 것이 다반사다. 결국 기업 경영의 성공 여부는 무엇보다 최고경영자가 얼마나 효과적인 리더십을 발휘하느냐에 달려 있다. 그렇다면 수많은 경영 요소 중에서 가장 영향력이 크다고 평가되는 리더십은 과연 무엇일까?

리더십(leadership)에 관한 연구는 1920년대 미국 군대에서 본격적으로 연구되기 시작하였다. 현대적 의미의 리더십은 관리자가 조직의 목표를 달성하기 위하여 개인이나 집단 행위에 영향력을 행사하는 과정으로 파악되며, 그 핵심은 목표 지향성, 집단 성원 간의 관계, 영향력·권력(power)의 3요소다. 그러나 무엇이 바람직한 리더십인가에 대한 명쾌한 합의는 불가능하다. 오죽하면 "리더십의 정의는 이 세상 리더 수만큼 있다"라는 말이 생겨났겠는가?

그러나 어떤 정의를 내리더라도 리더의 유일한 공통점은 따르는 사람(follower)이 있다는 점이다. 또한 그것은 결국 성과라는 최종 산출물로 귀결된다. 경영이란 한마디로 리더십을 발휘하여 성과를 내는 게임이기 때문이다. 따라서 현대적 경영에 있어 성과를 못 내는 사람은 아무리 좋은 사람이라 하더라도 리더가 될 수 없다. 미국 하버드대 비즈니스스쿨의 존 코터(John P. Kotter) 교수는 저서 『기업이 원하는 변화의 리더(Leading Change)』에서 리더의 역할과 특성에 대해 다음 3가지로 구분해 설명하고 있다.

첫째, 조직의 방향 설정(Establishing direction)

둘째, 조직원의 정렬(Aligning people)

셋째, 동기부여와 고취(Motivating & inspiring)

결국 리더십이란 중요한 목표를 달성하기 위해 다른 사람들을 안내하는 기술이라 할 수 있다. 이와 관련해 역사상 가장 위대한 업적을 보였다고 평가되는 GE의 전 회장 잭 웰치의 말은 매우 의미심장하다. "리더십은 지위의 문제가 아니다. 위에서 내려다본다고 리더십은 생겨나지 않는다. 그것은 사람들과 동등한 위치에서 함께하면서 방향을 이끌어가는 것이다."

여기서 우리 사회에 만연한 리더십에 대한 오해는 크게 다음의 3가지다.

첫째, "리더는 선천적으로 타고난다"는 생각이다. 그러나 대개의 리더는 개인의 성장 과정, 교육·훈련, 직장 경험, 노력 등을 통해 후천적으로 개발된다.

둘째, "리더십은 조직의 최정상에만 존재한다"는 생각이다. 리더십은 비단 최고경영진만이 아니라 지위 여하를 막론하고 조직 각 계층에서 발휘될 수 있는 의식과 행동 패턴이다.

셋째, "리더에겐 강력한 카리스마가 있어야 한다"는 생각이다. 그러나 오히려 카리스마는 조직에 부정적인 영향을 미칠 수 있다는 것에 유념해야 한다. 보스(boss)와 리더(leader)의 차이를 되새겨볼 필요가 있다.

일반적으로 조직을 이끌기 위해서는 리더도 필요하고 관리자도 필요하다. 리더로서 경영자는 단순히 어떤 원리 원칙에 의거해 조직원들이 그를 따르게 하기보다는, 그들로 하여금 그들 자신의 능력을 최대한 발휘할 수 있도록 조직의 분위기를 만들어주는 것이 훨씬 중요하다. 리더와 관리자(manager)의 차이에 대한 아래 유명한 명언을 상기해보라. "Managers get other people to do, but leaders get other people to want to do."

결국 리더십의 요체는 열심히 하는 데 있는 것이 아니라, 열심히 하게 만드는 데 있는 것이다. 아메리카온라인(AOL) 창업자 스티브 케이스(Steve Case) 회장이 남긴 "나는 아무것도 하지 않는 CEO가 되고 싶다"라는 말의 심오한 뜻도 바로 여기에 있다.

한편 우리들 주위에서 흔히 볼 수 있는 국내 리더들의 공통점은 일단 매우 성실하고 솔선수범형이 대부분이다. 여기서 가장 바람직하지 못한 리더는 모든 걸 자신이 챙겨야 직성이 풀리는 만기친람(萬機親覽) 유형이다. "나를 따르라"고 외치는 리더도 결코 좋은 스타일은 아니다. 실패한 경영자 연구의 공통점 중에 항상 빠지지 않고 들어가는 항목이 바로 "조직원의 헌신을 이끌어내지 못한다"라는 사실은 역시 경영이란 사람의 마음을 다루는 기술이란 것을 새삼 느끼게 해준다.

동양의 마키아벨리라 불리는 한비(韓非)는 수천 년 전에 이미 이러한 진리를 꿰뚫고 "부하 한 사람 한 사람의 능력을 제대로 발휘시

키면 윗사람은 할 일이 없어진다. 위에 선 사람이 능력을 발휘하면 오히려 일은 제대로 되지 않는다"라고 갈파하였다. 말더듬이였던 그는 실제로 지엄한 군왕 앞에서 "폐하가 설치면 될 것도 안 됩니다"라고 간언했다고도 한다.

야후(Yahoo) 인수로 인생 밑바닥까지 추락했다가 중국 알리바바에 대한 투자 잭팟으로 기사회생한 소프트뱅크의 손정의 회장이 평소 강조하는 리더십 원칙 중 "내가 사원들을 육성하는 것이 아니라 사원들이 나를 키우고 있다"라는 말의 의미도 이와 일맥상통한다.

본격적인 제4의 물결이 넘실대는 작금의 지구촌 '리더십 전쟁(Leadership War)' 속에서 우리가 깊이 음미해야 할 역사 속 최고의 리더십 경구는 무엇일까?

"진정한 리더는 따라가는 사람이다."

19세기 빅토리아시대의 번영기를 이끈 위대한 의회정치가로 평가받는 영국의 전 수상, 벤저민 디즈레일리(Benjamin Disraeli)의 말이다.

위대한 기업가

한국에 있는 모든 엄마들의
꿈은 자식이 잘되는 것이다. 이는 결국 내 자식이 무슨 직업을 갖느냐
에 달려 있다. 일단 직업에 귀천은 없다고들 하지만, 현실은 다르다.
한국 사회에서 '사' 자 직업에 대한 염원은 결코 식지 않을 듯하다.

서양에서는 보통 생계를 위한 벌이와 관련된 활동을 '직업
(vocation)'이라고 하는데, 이것은 넓게는 커리어(career), 좁은 의미로는
오큐페이션(occupation), 그리고 최소 단위인 잡(job)으로 나눈다. 동양
적으로 보면, 직업이란 말은 직(職)과 업(業)으로 나누어볼 수 있다.
내가 이 세상에 온 이유, 즉 업을 달성하는 방법이 '직'이다. 우리 선
조들은 일찍이 그 엄중한 의미를 간파하고 "직으로 가면 업을 잃고,
업으로 가면 직을 얻는다"라는 혜안적 정의를 내려놓았다.

직업에 따른 신분상 귀천이 엄연한 현실인 우리 사회에서 자신들의 등급을 높이고자 하는 노력은 눈물겨운 몸부림 그 이상이다. 흥미로운 것은 같은 '사' 자라 하더라도 그 의미는 각각 다르다는 점이다. 앞서 3장의 '직(職)과 업(業)의 차이'에서 한 번 짚어봤듯이, 변호사는 선비 사(士), 검사와 판사는 일 사(事), 대사는 시킬 사(使), 그리고 의사와 목사는 스승 사(師) 자를 쓴다. 해당 직업의 본질을 꿰뚫는 핵심 정의라 할 수 있다. 이 직업을 가진 사람들의 공통점은 국가나 사회가 인정한 일정한 시험을 통과한 자격(라이선스)을 보유한다는 점이다. 그런 면에서 이들은 대부분 전문가라 불리며, 보통 원(員) 자로 끝나는 회사원, 은행원, 공무원 등과는 달리 정년이나 조기 은퇴에 대한 걱정이나 두려움이 현저히 작다는 장점을 지니게 된다.

이에 비해 특정한 분야에 오랜 경험과 철학을 통해 높은 경지에 오른 사람들에겐 '가(家)' 자가 붙는다. 정치가, 철학가, 예술가(작가, 화가, 연주가, 소설가 등) 등이다. 그들은 자신만의 세계를 가지고 정신적인 고도의 일을 한다. 경제적 여력을 떠나서 이 직업을 가진 사람들은 이름 석 자가 곧 명함이다. 이른바 "일가견(一家見)이 있다"라는 말은 아무나 얻을 수 있는 경지가 아니다.

한편 창업이나 사업하는 사람들에게 우리 사회는 보통 '자(者)'로 끝나는 이름을 붙여준다. 창업자, 자영업자, 사업자, 경영자 등등. 심지어 조그마한 가게에서 장사하는 사람들은 장사꾼이라고 낮추어 보기도 한다. 그러나 수많은 직원들을 고용하고 큰 사업을 개척해낸 이들은 정치가, 예술가와 같은 '가(家)' 자 반열에 올려 '기업가(企業

家)'라 부르고 있다. 사실 큰 기업을 일구고 국가 사회에 넉넉한 공을 쌓은 기업가의 정신적 가치야말로 '가(家)'의 직업군 중 으뜸이라고 해도 과언이 아닐 것이다.

여기서 '기업'이란 무엇인가? 기업을 뜻하는 영어로는 주로 company, corporation, enterprise 등이 사용된다. 보통 법인으로 통용되는 'corporation'의 어원은 라틴어 'corporare'인데, 그 뜻은 "한 몸을 이루다"는 의미다. 그리고 'company'는 "빵(pan)을 같이 나누어 먹다"는 뜻이다.

기업이란 단어를 쓸 때, 기(起) 자를 쓰는 일본과 달리 우리는 꾀할 기(企)와 업(業)으로 구성되는 단어를 쓴다. 요컨대, 기업(企業)이란 말은 "업을 만들어낸다"는 의미다. 사람들을 뽑아서 일과 급여를 주어 그들의 가족을 부양케 하는 것이야말로 어찌 보면 하늘이 행할 일을 인간이 대신해서 하는 성스러운 것이라고 볼 수 있다. 아무리 작은 소기업이라 할지라도 직원을 채용하고 부가가치를 만들어내는 이 땅의 수많은 경영자들에게 깊은 경의를 표해야 하는 이유가 여기에 있다.

기업은 동반자라는 오랜 역사적 배경을 가진 서구와 달리 가업이나 친족들끼리 공동과업의 의미가 강하게 전수돼온 결과, 국내 기업들은 각종 기업 운영의 행태와 윤리에서도 많은 차이를 보여온 것이 사실이다. 따라서 향후 한국형 노블레스 오블리주(Noblesse Oblige) 개념의 분명한 재정립과 솔선수범은 국가적으로도 매우 중요한 과제임이 분명하다.

문제는 자본주의의 꽃이자 한 나라의 부가가치 창출의 핵심인 기업가정신(entrepreneurship)이 한국에선 갈수록 크게 쇠퇴하고 있다는 점이다. 현재 OECD 최고 수준인 국내 수많은 자영업자들의 대부분은 어쩔 수 없이 창업한 '생계형'이다. 창업에 대한 열기도 그렇거니와 기존의 기업 현장의 사기와 열정도 이전과는 다르다. 우리 사회 일각에 존재하는 기업을 보는 비뚤어진 시각을 비롯해 여러 가지 원인이 지적되고 있음은 주지의 사실이다. 최근에는 굴지의 기업들이 사업장을 해외로 이전하는 오프쇼어링(offshoring)과 산업공동화 현상도 가속화되고 있다.

"장사꾼은 돈을 벌고, 경영자는 사람을 벌고, 기업가는 시대를 번다." 필자가 좋아하는 이 말의 의미는 매우 심장하다.

10년 후 한국은 수많은 직업 중에 기업가가 가장 우대받는 나라가 되어야 한다. 전 세계에 불고 있는 새로운 4차 산업혁명을 맞이해 전혀 새로운 업종과 글로벌, 윤리적 마인드로 무장한 기업가들이 수없이 출현하는 희망찬 소식을 기다려본다.

고수와 하수

세계에서 장사를 잘하기로 소문난 민족 3인방은 유대인, 중국인 그리고 일본인이다. 미국 이민 초기, 뉴욕 플러싱 지역을 잡고 있던 유대인 생선가게를 몰아낸 억척스런 한국 아줌마 전설 때문인지 한국인에 대한 평가도 대단하다. 이때 얻게 된 칭호가 '제2의 유대인(Second Jewish)'이다. 유대인이 장사를 시작한 자리에 중국인이 오면 유대인이 이사 가고, 중국인이 장사를 시작한 자리에 한국인이 오면 중국인이 이사 간다는 말이 있을 정도다.

그러나 세계적으로 최고봉은 역시 유대인을 꼽는다. 서로 뻔히 아는 좁은 사회에서 하는 장사인지라 우리는 '박리다매(薄利多賣)'를 당연한 걸로 알고 있다. 그러나 유대인은 어릴 적부터 배운 탈무드의 교훈에 따라 적게 팔고 이윤은 많이 남긴다는 '후리소매(厚利小賣)' 가 원칙이다. 세계적으로 가장 비싼 보석상이 즐비한 뉴욕 티파니 거리의 가게 주인은 태반이 유대인이다.

장사건 경영이건 고수와 하수 차이는 뚜렷하다. 인류 최고의 두뇌 싸움인 바둑의 경우, 하수가 아무리 잘 두어도 프로랑 맞두면 거의 만방으로 깨진다. 비즈니스나 세일즈에서도 수가 약한 사람이 센 사람과 붙으면 백전백패다.

과연 고수는 어떤 유형이며, 그들의 특징은 무엇일까?

이하는 필자가 7가지로 정리해본 고수와 하수의 차이다.

첫째, 고수는 불을 지피고 하수는 불을 쬔다. 일을 도모하는 게 어려운 것이지 차려준 밥상에 숟가락을 얹는 건 쉬운 일이다. 역시 지(知)보다는 행(行)이 중요하다. CEO의 'E'가 집행(execution)이라는 의미를 가졌다는 사실을 잊어선 안 될 것이다.

둘째, 고수는 쉽고, 단순하고, 재미있다. 하수는 어렵고, 복잡하고, 지루하다. 사람은 누구나 복잡한 건 싫어하는 법이다. 수없이 쏟아져 나오는 신제품 중에 대박을 터뜨린 경우는 대부분 조작이 쉽고 단순한 제품이라는 사실은 놀라운 일이 아니다. 유행가도 단순 반복하는 멜로디가 오래 사랑받는다는 건 널리 알려진 사실이다.

Simple is beautiful!

단순계는 언제나 복잡계를 이겨왔으며, 고객들은 늘 단순한 제품의 매력에 빠진다. 스티브 잡스의 i-시리즈는 단순함(simplicity)의 최정점을 달린다. 교실 수업이나 프레젠테이션 현장에서도 어렵고 복잡하게 얘기하는 사람은 본인이 완전히 이해를 못 하고 있다는 것을 반증한다. 고수일수록 쉽고도 재미있게 설명하므로 듣고 나면 이해도 빠르다.

'재미'의 위력은 이를 더욱 능가한다. 하지만 국내 어느 조직을 가봐도, 의미는 있는데 재미가 없다. 이러니 생산성은 커녕 창의가 자랄 수 없다. 매년 10대 히트 상품 조사를 해보면 늘 엔터테이닝과 관련된 제품이 상당수를 차지한다. 기분이 좋을 때 고객은 지갑을 열고, 직원은 마음을 열게 된다. 즐거움이 최고의 경영 전략이 되어야 하는 이유다. 역시 사람은 재미를 즐기는 것이 본능이다. 타고난 음주가무형 DNA를 지닌 한국인은 말할 것도 없다. 그러니 딱딱한 회의나 지겨운 혁신이 잘될 턱이 없다. 펀(Fun) 경영이 유행하면서 CEO 또한 'Chief Entertainment Officer'라 쓰이기도 하는데, 이제 직원을 즐겁게 고객을 즐겁게 하지 못하는 사람은 그 자격이 없다고 볼 것이다. "재미있지 않으면 인생은 비극이다." 세계적 물리학자, 고 스티븐 호킹 박사의 말이다.

셋째, 하수는 늘리고(+), 고수는 줄인다(-). 따라서 고수는 짧고, 하수는 길다. 즉 'Business Diet' 훈련이다. 각종 회의, 결재, 보고서 등 확 줄여야 한다. 특히 잡소리를 빼고, 핵심만 단순하게 말하는 법을 길러라. 결국 고수란 잡소리를 뺀 사람이다. 줄이면 살고 늘리면 죽는다는 각오로 생각근육을 키우는 훈련을 계속하다 보면 매우 큰 효과를 볼 수 있다. 생텍쥐페리는 "완벽함이란 더할 것이 없는 상태가 아니라 더 이상 뺄 것이 없는 상태다"라고 했다. 천재였던 마크 트웨인이 친구에게 보낸 편지는 촌철살인이다. "내가 시간이 없어 길게 써서 미안하네."

넷째, 하수는 결과에 치중하고, 고수는 과정에 치중한다. 경영학에서는 결과(Result) 중시형과 과정(Process) 중시형을 구별한다. 결과 중시형의 대표적인 사례는 일본이 과거 전면 폐지한 '3비 경영', 즉 전년대비, 동기대비, 타사대비다. 마케팅에서 "좋은 제품이 승자를 만드는 것이 아니라 승자가 좋은 제품을 만든다(Good product doesn't make winner. Winner makes good product)"라는 문구는 프로세스 중시를 강하게 함축하고 있다. "강한 자가 이기는 게 아니라 이기는 자가 강하다"란 교훈도 같은 맥락이다. 품질경영(TQM)의 격언에도 "하수는 결과(result)에 초점을 맞추고, 고수는 동인(動因, driver)에 초점을 맞춘다"는 말이 있다. 여기서 'driver'는 어떤 일이 생겨나게 하는(enabling) 원인적 실체를 의미한다.

다섯째, 하수는 똑똑해 보이고, 고수는 바보처럼 보인다. 이 말은 중국인이 가장 선호한다는 사자성어인 '난득호도(難得糊塗)'와 일맥상통하는 말이다. 어눌하게만 보이던 시진핑이 황제 자리까지 올라간 것을 보라. 노자가 언급한 대교약졸(大巧若拙, 큰 재주는 서툴게 보인다는 뜻), 대지약우(大智若遇, 크게 지혜로운 사람은 마치 어리석은 사람 같다는 뜻), 둔필승총(鈍筆勝聰, 둔한 붓이 총명함을 이긴다는 뜻)도 같은 맥락이다. 더불어 스티브 잡스가 스탠퍼드 대학 졸업식 연설에서 사용한 'Stay foolish'

도 그 깊은 의미를 새겨봄직하다.

여섯째, 하수는 베끼고(copy), 고수는 훔친다(steal). 이 말은 원래 파블로 피카소가 한 말인데, 스티브 잡스가 직원들에게 자주 들려주었다고 한다. 낯선 것들의 연결(맥락적 사고)이 가장 빛을 발하는 현재는 집단지성(collective intelligence)의 시대이기도 하거니와 이 세상에 널려 있는 고급 지식과 정보를 적극 파악하고 활용하라는 뜻일 것이다. 궁극에는 세상을 보는 자신만의 차별적인 눈을 가져야 함을 의미하고 있다.

일곱째, 하수는 싸운 다음에 이기려 하고, 고수는 이긴 다음에 싸운다. 이 말은 불후의 명저인 『손자병법』 최고의 문구다. 평생 곱씹어볼 만한 깊이를 지닌 글귀가 아닐 수 없다.

결국 진짜 고수의 세 가지 특장점을 꼽는다면 "가장 쉽게 말하고, 복잡한 걸 단순하게 처리하며, 엄청 재미있는 사람이다"라는 게 필자의 결론이다. 갑자기 짐 콜린스(Jim Collins)의 명저, 『좋은 기업을 넘어 위대한 기업으로(Good to Great)』에 쓰여진 기막힌 명구가 떠오른다. "좋은 것은 위대함의 적이다(Good is the enemy of great)."

4가지 황금법칙

진리가 뒷받침되는 자연과학 같은 분야에서는 법칙이라는 말이 통하지만, 늘 상대적일 수밖에 없는 사회과학 분야에서 법칙이라는 것은 다소 거슬리기 마련이다. 그럼에도 불구하고 인간은 뭔가에 기대고 싶어 하는 허전함이 있기 때문에 이런저런 법칙을 만들어낸다. 경제·경영학에서의 파레토 법칙, 롱테일 법칙, 마케팅 불변의 법칙 등등이 그렇다. 이것들은 나름대로 상당한 근거를 갖고 있다.

아름다움(beauty)을 대상으로 연구하는 학문은 바로 미학(aesthetics)이다. 고전 미학을 넘어 근대 미학의 방향을 개척한 사람은 라이프니츠 볼프학파(Leibniz Wolffische Schule)의 바움가르텐(A. G. Baumgarten)이다. 그는 그때까지 이성적 인식에 비해 한 단계 낮게 평가되고 있던 감성적 인식에 독자적인 의미를 부여했다. 특히 감성적 인식의 완전한 형태를 미(美)라고 간주하고, 논리학과 함께 철학의 한 부문으로 수립한 그것에 'Aesthetica'라는 명칭을 붙였다.

인류는 고대부터 현대까지 건축과 예술 분야 등에서 완벽한 대칭을 갖춘 디자인을 얻기 위해 수없는 시도를 해왔다. 미학적 관점에서 볼 때 가장 아름다운 구도에 대한 정의를 '황금비율'이라고 부른다. 황금비는 기하학의 창시자 유클리드가 기원전 300년 무렵에 정의한 것으로, 그 비율은 약 '1 : 1.618'이라고 한다. 황금비는 심미적으로 가장 아름다운 전체와 부분의 비율을 의미하기도 한다. 특히 고대인들은 여기에 인간의 지식으로는 설명할 수 없는 뭔가 특별한 힘이 있다고 믿었다.

황금비율을 적용한 것으로는 고대 이집트 쿠푸왕의 피라미드와 그리스의 파르테논 신전 등이 최고의 사례로 알려져 있다. 학자들은 예술작품에도 황금비율의 비밀이 숨겨져 있다고 말한다. 미켈란젤로의 〈아담의 창조〉, 다빈치의 〈모나리자〉, 바이올린의 명품 스트라디바리우스까지 황금비율 이론으로 설명하곤 한다. 흥미로운 것은 할리우드 최고의 미남으로 평가되는 조지 클루니의 얼굴을 매핑 기법으로 측정한 결과, 황금비율에 가까운 것으로 나타났다고 한다.

고도의 서비스 분야에도 황금률이 존재한다. 이는 서비스 분야에서 유일하게 미국의 국가품질상(대통령상)인 말콤 볼드리지(Malcolm Baldrige, MB) 상을 두 번이나 수상한 바 있는 리츠칼튼 호텔의 '황금표준(The Gold Standards)'이다. 이 호텔은 최고의 경영원리인 '직원 존중(People 1st)' 정책을 철저하게 시행해나가는 전통을 가지고 있다. 이는 현장 직원들에 대한 권한 부여(empowerment)로 이어지고 있다. 객실 청소원도 고객을 위해서라면 2000달러의 금액을 마음대로 쓸 수 있는 회사가 이곳이다.

경영 전문 컨설턴트인 조셉 미첼리(Joseph Michelli)는 저서 『리츠 칼튼, 꿈의 서비스』에서 너무나 유명한 리츠칼튼의 경영 모토인 "사람들을 리드하고, 과정을 관리하라(Lead people, Manage processes)"에 대해 소개하고 있다. "우리는 신사 숙녀를 모시는 신사 숙녀들이다"라는 특별한 사훈도 빠질 수 없다. 특히 글로벌 수준에서 수많은 세심한 고객정보를 공유, 활용하고 있는 고객인지 프로그램(CRP, Customer Recognition Program)은 하버드 대학에서 다룰 정도로 유명하다.

한편 조직 운영의 황금법칙으로 '1 : 2 : 7 법칙'이라는 것이 있다. 이는 개미들의 작업을 연구하다가 알아낸 것으로, 일명 '개미의 법칙'이라고도 한다. 그 어떤 조직이라도 구성원의 20%는 우수하고, 70%는 묻어가며, 나머지 10%는 잘라야 할 대상이라는 것이다. 재미있는 것은 10%를 잘라내도 어차피 또 10%가 생겨난다고 한다.

작금의 복잡다기한 SNS 세상에도 일정한 법칙은 존재한다. 이른바 '1 : 9 : 90 법칙'이다. 즉, 인터넷 이용자의 90%는 관망하며, 9%는 재전송이나 댓글로 확산에 기여하고, 단 1%만이 콘텐츠를 창출한다는 모바일 사회 법칙이다. 이는 덴마크의 인터넷 전문가인 제이콥 닐슨(Jakob Nielsen)이 만들어낸 것이다. 쉽게 말해, 한 명이 리드하고 9명이 댓글이나 이모티콘을 달고, 나머지 90명은 눈팅족이라는 이야기다. 당신이 가입하고 있는 밴드나 단톡방을 보라.

그는 이 법칙을 근거로 인터넷과 SNS를 통해 쌍방향 소통이 활발해질 것이라는 예상과 달리, 대부분의 이용자들이 게시된 정보에 대한 비판이나 참여 없이 일방적으로 관망만 하는 불균등이 심해지거나 악용될 수 있다고 지적해왔다. 심지어 지난 미국 대선에서 한 정치 컨설팅 업체가 페이스북 이용자 5000만 명의 개인정보를 유용해 정치 심리전을 진행한 사실이 폭로되어 파문이 일기도 했다. 이들은 페이스북 이용자의 친구 목록이나 '좋아요'를 누른 항목 등 다양한 활동을 분석하고, 그들의 소비 성향에서부터 관심 있는 사회 이슈, 정치·종교적 신념 등을 파악했다. 데이터 과학자들은 "이렇게 수집한 정보가 당신의 아버지나 애인이 당신에 대해 아는 것보다 더 정확하다"고 평가했다.

특히 한 표가 아쉬운 입장인 정치인들은 온라인상에서도 가급적 많은 관계망을 가지려 한다. 그러나 SNS상에서 만나 진정한 사회적 관계를 맺는 데에는 분명한 한계가 있다는 연구도 있다. 이는 인류학자 로빈 던바(Robin Dunbar)가 주장한 것으로, 한 인간의 아날로그 관계망은 150명이 적정 한도라고 하는 '던바의 법칙(Dunbar's Law)'이다. 내 폰에 저장된 연락처 가운데 일 년 동안 한 번 이상이라도 통화를 주고받은 사람들을 꼽아보면 쉽게 짐작이 갈 것이다.

이하는 던바의 법칙에 따라 보통 사람들의 인간관계 네트워크

(총 150명)를 친밀도에 따라 구분해본 것이다.

· Intimate friend(5) : 가족 같은 친구
· Trusted friend(15) : 믿는 친구
· Close friend(35) : 가까운 친구
· Casual friend(150) : 그다음 친구

여기서 우리가 얻어야 할 교훈은 정보 수신자는 절대로 정보 발신자를 이길 수 없다는 점이다. 내 지식과 정보는 숨기고 남이 가져다주는 좋은 것만 받아먹을 수 있다는 이기적인 생각을 할 수도 있지만 사실은 그 반대다. 정보는 흐름이다. 정보는 정보를 물어다 준다. 질 높은 정보를 받은 사람들은 네트워크상에서 질 높은 정보로 보답하게 되고, 시간이 지날수록 가진 자와 못 가진 자의 차이는 기하급수적으로 커지게 되어 있다. 디지털 시대의 정보 격차(digital divide)는 재산의 빈부 차보다 훨씬 더 큰 것이 현실이다.

물은 고이면 썩게 되어 있다.

썩으면 똥물이 된다. 퍼내야 샘물이 된다.

회색 코뿔소(Gray Rhino)의 위험

파티는 짧고 후유증은 길다. 평창 동계올림픽이 끝나자마자 곳곳에서 올림픽 시설들이 흰 코끼리가 되도록 해서는 안 된다는 이야기가 터져 나오고 있다. 역대 올림픽 개최국들은 공통으로 '흰 코끼리(White Elephant) 증후군'에 시달려왔다. 대표적인 것이 거대한 올림픽 경기장이다. 1998년 동계올림픽을 치른 일본 나가노 시와 2014년 아시안게임을 개최한 인천시도 큰 곤욕을 치렀다.

여기서 '흰 코끼리'는 겉으로 보기엔 근사하지만 돈만 많이 들고 처치 곤란한 물건을 비유하는 말이다. 즉, 외관은 화려하나 쓸모가 없는 애물단지란 의미다. 코끼리는 본래 우리나라엔 서식하지 않아 옛사람들도 쉽게 접할 수 있는 동물은 아니었다. 그럼에도 우리 조상들의 문화유산 중에는 코끼리를 소재로 한 장식이나 문양을 어렵지 않게 볼 수 있다.

휜 코끼리는 동양권 문화에선 최고의 영물이다. 우선 코끼리를 나타내는 한자어 '상(象)'이 길하다는 뜻을 가진 '상(祥)'과 동음인 것도 중요한 포인트다.

특히 불교에서 코끼리는 모든 힘의 원천이자 위용과 덕을 상징하는 동물로 각종 경전과 설화에 자주 등장한다. 인도의 마야부인은 6개의 상아를 가진 휜 코끼리가 옆구리로 들어오는 태몽을 꾼 뒤 석가모니를 낳았다고 전해진다. 덕을 상징하는 보현보살은 늘 휜 코끼리를 타고 연화대에 앉아 있는 모습으로 나타난다. 해인사가 있는 가야산의 '가야(伽倻, gaya)'가 바로 산스크리트어로 코끼리를 뜻하는 말이다.

태국의 경우, 휜 코끼리는 왕권 수호의 상징적 존재로 특별 관리 대상인데, 2016년 푸미폰 국왕의 장례식에는 휜 코끼리가 무려 9마리나 등장해 이목을 끌기도 했다. 흥미로운 것은 옛날 동남아 불교 국가에서 왕은 미운 신하에게 휜 코끼리를 하사했다고 한다. 왕으로부터 받은 휜 코끼리가 폐사라도 하면 이는 곧 죽음이기에 지극 정성으로 돌봐야 했다. 하지만 그 먹성이 엄청난 데다 수명도 길어 웬만한 재력으론 감당조차 어려웠다고 한다. 그러니 왕으로서는 껄끄러운 신하 다루기에 이만큼 좋은 수단도 없었을 것이다.

반면에 서양에서 코끼리는 쓸모도 없는 데다 돈이 너무나 많이 든다고 여겨졌다. 이런 유래로 인해 탄생한 '휜 코끼리'라는 경제 용어는 큰돈이 들어간 골치 아픈 투자를 비유하는 말이 되었다.

이외에 색깔과 관련된 유명한 경제 용어나 개념들 중에 '블랙 스완(Black Swan)'과 '회색 코뿔소(Gray Rhino)'라는 것이 있다.

우선 '블랙 스완'이란 전혀 예측할 수 없었던 일, 상상하기 힘든 일이 갑작스럽게 우리 곁에 일어나는 현상을 가리키는 말이다. 이 용어는 원래 서양 고전에서 '실제로는 존재하지 않는 것' 또는 '고정 관념과는 전혀 다른 상상'이라는 은유적 표현으로 사용되어 왔다.

17세기 말 서구인들은 '백조(스완)'라고 하면 누구나 흰색을 생각했다. 그런데 1697년 호주를 방문했던 유럽인들이 처음으로 그곳에서 검은색 백조(흑고니)를 발견했다. 이를 본 유럽인들이 본국으로 돌아가 검은색 백조가 있다고 말했지만 아무도 이를 믿지 않았다고 한다. 검은색 백조를 본 일이 없는 유럽인들에게 "백조는 희다"는 것이 경험상의 법칙이자 정설로 자리 잡고 있었기 때문이다. 코페르니쿠스(Copernicus)의 지동설도 마찬가지였다. 태양이 돈다는 천동설이 당시 사회를 지배하는 주류 패러다임이었기 때문이었다.

'블랙 스완'이란 용어는 그 이후 뉴욕 월가의 투자 전문가인 나심 니콜라스 탈레브(Nassim Nicholas Taleb)가 그의 저서 『블랙 스완』에서 서브프라임 금융위기를 예언하며 널리 알려졌다. 또한 대런 아로노프스키(Darren Aronofsky) 감독이 연출한 동명의 영화에서 주인공 발레리나 '니나' 역의 나탈리 포트만(Natalie Portman)의 소름 돋는 연기로도 대중에게 유명해진 바 있다.

탈레브는 "블랙 스완의 등장은 과거 경험과 데이터, 통계를 바탕으로 미래를 예측하는 게 거의 불가능한 세상이 되었음에도 사람들이 아직도 과거 사례에 집착하고 있기 때문에 일어난다"고 분석한다. 개인은 물론 기업이나 국가의 미래에도 갑자기 전혀 다른 운명으로 바뀔 블랙 스완이 발생할 수 있다는 사실을 유념해야 한다는 메시지다.

한편 2018년 말 궈수칭(郭樹淸) 중국 은행감독위원장이 글로벌 금융 시스템의 위험을 경고하며 인용한 '회색 코뿔소(Gray Rhino)'의 의미는 크게 다르다. 발생 가능성은 높지 않지만 일단 출현하면 큰 충격을 주는 위험을 블랙 스완이라 한다면, 회색 코뿔소는 지속적인 경고로 충분히 예상할 수 있지만 쉽게 간과하고 있는 위험 요인을 말한다.

만약 저 앞에 있는 엄청난 덩치의 코뿔소가 내게 덤벼온다고 생각하면 끔찍한 일인데도, 설마 하거나 눈으로 보고 있다는 이유 등으로 간과하거나 무시하다가 막상 코뿔소가 달려들면 그 위력과 속도에 눌려 큰 피해를 당하게 된다고 한다.

사실상 그 파괴력은 훨씬 크지만 경솔한 인간의 자만심, 나태함 등의 원인으로 인해 예측 불가의 블랙 스완보다 훨씬 위험한 것이 회색 코뿔소다. 현재 경제, 사회, 문화 각 분야에서 예상되는 잠재적 폭탄들은 대부분 이 코뿔소형 위험이란 점을 유념해야 할 것이다.

우리만 모르는 한국인

　　　　　　　　　　　　한국인의 의식구조에 대해
서는 과거 수많은 저술과 연구가 이루어져왔다. 그럼에도 불구하고
정작 우리 자신을 잘 모르고 있는 건 다름 아닌 우리 한국인들이란
사실을 새삼 깨닫게 하는 일련의 연구가 최근 잇따르고 있다.

　　제일 먼저 중국에서 교수로 재직하다 귀화한 첸란(陳染)의 견해
를 보자. 그는 『살벌한 한국, 엉뚱한 한국인』이란 제목의 저서에서
우리나라를 가리켜 체제는 자본주의, 의식은 공산주의인 나라라며
한국인의 지나친 평등 지향성을 지적했다. 또 어떤 사람은 이렇게
말한다. 전 세계에서 자본주의에 가장 어울리는 DNA가 중국인이
고, 사회주의에 가장 어울리는 민족성이 한국인이라는 것이다. 그런
데 실제로는 그 반대로 되어 있는 게 진짜 흥미롭다는 거다.

두 번째는 8년간 한국철학을 연구한 오구라 기조(小倉紀藏) 교토대 교수의 견해다. 그는 『한국은 하나의 철학이다(韓國は一固の哲學である)』란 제목의 책을 통해 매우 예리한 통찰력을 보여주었다. 이 책의 부제는 '理と氣の社會システム'이라 되어 있다. 그는 한국인의 원형질과 한국 사회의 근본적 작동 원리에 대해 이제까지의 연구와 달리 다양한 사회현상을 주자학의 '이(理)'와 '기(氣)'로 철저하게 해석했다.

우선 그는 두 나라의 차이에 대해 "일본인은 싸울 때 칼을 들지만, 한국인은 혀를 써서 상대를 벤다"라면서 한국을 지나친 도덕 지향적인 국가로 정의한다. 이에 반해 일본은 자타가 공인하는 현장 기술 중시형 실용주의 왕국이다. 물건을 만드는 일(모노즈쿠리)에는 혼을 넣어 만든다는 독특한 장인정신과 함께 엔지니어를 숭상하는 전통은 일본 열도를 세계 최강의 제조업 불침항모로 만들었다.

오구라 교수는 "한국에서 성리학, 주자학은 그냥 옛 이론이 아니다. 한국은 사회 전체가 주자학이고 사람의 일거수일투족이 주자학인 곳이다. 이유는 단 하나다. 오직 하나의 완전무결한 도덕, '이(理)'로 모든 것이 수렴된다는 원칙이 여전히 작동하는 사회이기 때문이다"라고 설파한다. 결국 수백 년 전 조선시대의 지배 이데올로기인 주자학이 아직도 21세기 4차 산업혁명기를 뚫고 나가야 할 한국인의 뇌 속에 뿌리박혀 사회적 정체 상태에 놓여 있다는 것이다.

그의 분석에 따르면, 한국 사회는 모든 것을 그 사람의 이(理) 함유량, 곧 '도덕 함유량'에 따라 평가한다. 이는 도덕과는 무관한 영역에서 활동하는 운동선수나 예술가들도 예외가 아니다. 한마디로 "누가 더 유능한가?"가 아닌 "누가 더 깨끗한가?"라는 게임이 판치는 사회라는 것이다.

이런 상태에선 정책의 품질보다는 일단 도덕성을 내세우는 것이 국가의 권력을 잡는 유력한 방법이 된다. 그다음에는 다시 집권 세력이 얼마나 부도덕적인가를 폭로하는 끝없는 반복성 싸움이 된다. 상대의 도덕을 싸잡아 비난할수록 인기가 오르게 된다. 결국 목소리 큰 사람이 이긴다는 속설이 가능하게 된다.

나아가 이런 극단적 잣대로 만사를 평가하는 우리 사회는 철저히 위계적인 사회인 동시에 극도로 반항적이며 혁명적 사회로 나갈 수도 있는 치명적 결함을 잉태하고 있다. 구체적으로 보면 수많은 전문 분야에서조차 시대착오적인 의사 결정, 인기 영합적 포퓰리즘의 만연 등 도저히 이해할 수 없는 비합리적 분위기가 대세가 되어 실로 어처구니없는 결과를 초래할 수도 있는 것이다.

세 번째, 현재 우리의 아픈 병소를 정확히 지적한 견해도 있다. 미국인 프랭크 에이렌스(Frank Ahrens)는 저서 『현대자동차 푸상무 이야기』에서 한국인의 도전정신 쇠퇴를 우려하며 다음과 같이 말했다.

"한국은 모험심 잃은 중년의 성인과 같다. 가난을 벗어난 지 얼마 되지 않은 나라라는 점을 감안하면, 사람들이 모험을 피하고 신중한 접근을 통해 그동안 이룬 것을 지키려는 경향이 있다는 점은 이해할 수 있다. 하지만 그렇게 되면 혁신이 아니라 정체의 길로 나아가게 된다. 조선소를 짓기 전에 배부터 수주한 정주영 회장의 모험 정신을 되살려야 한다." 부인할 수 없는 뼈아픈 지적이자 깊게 새겨야 할 교훈이 아닐 수 없다.

특히 자신의 신념과 주장을 내세우기보다는 "좋은 게 좋은 거다", "가만히 있으면 중간은 간다", "모난 돌이 정 맞는다" 등등 사회적 평가를 중시하는 비겁한 눈치 문화가 팽배해왔다. 이러한 정서는 부화뇌동 기질과 맞물리면서 최근에는 해방 이후를 방불케 하는 이념 갈등과 대립의 극단으로 치닫고 있다. 게다가 한반도를 둘러싼 국제정치외교 관계가 급변함에 따라 구한말처럼 우리의 생존 조건은 또 다시 강대국의 입맛에 따라 결정될 것이라는 우려도 급속히 퍼지고 있다.

내우외환의 위기 앞에서 가장 필요한 건 '신조선책략(新朝鮮策略)'의 구상과 전개다. 특히 우리 민족의 상실된 자존감을 되찾고 진정한 평화와 번영을 가져올 수 있는 영웅적 리더십의 출현이 간절하다. 바야흐로 권력자들의 대오각성과 전 국민의 심기일전이 절실한 때가 아닐 수 없다.

벚꽃과 진달래

일본은 국토 면적이 37만 7915km²로 한국의 4배 가량 큰 나라이며, 인구도 약 1억 3000만이나 되는 세계 3위의 부국이다. 그러나 일본이 통일 독일보다도 큰 나라임을 아는 한국인은 거의 없다.

원래 이웃나라 간에는 사이가 좋지 않은 게 일반적이다. 영국과 프랑스의 100년전쟁을 보라. 특히 세계에서 제일 센 4개국이 눈을 부릅뜨고 있는 한반도의 운명은 소위 '지형의 저주(Curse of Geography)'에 놓였다고 볼 수도 있다. 그렇다고 우리가 이사 갈 수도 없는 노릇이고 보면, 세계 최고급 시장인 부자 나라 일본을 인정하고 서로 힘을 합쳐야 한다는 건 글로벌 경제 시대의 상식이다.

우선 우리가 일상에서 쓰고 있는 말들을 보라. 현재 우리나라

모든 기업에서 쓰는 호칭인 사장, 부장, 과장, 대리부터 일본식 한자어다. 그 외에도 자유(自由), 문화(文化), 민족(民族), 경제(經濟), 종교(宗敎), 철학(哲學) 등 우리가 일상에서 자주 쓰는 한자어나 법률, 통신, 금융 등 전문분야의 용어들은 거의 일본에서 도입된 어휘다. 동아시아에서 일본이 가장 먼저 서구 문물을 받아들여 이를 내재화하면서 개념화했기 때문이다. 메이지유신 당시 그들이 만들어낸 어휘는 무려 2만 개에 달한다고 한다. 현대 중국어에서 사용되고 있는 어휘의 상당수도 일본에서 수입된 것이다. 이 어휘들을 일본에서는 일본이 만든 한자어라고 해서 '와세이캉고(和製漢語, わせいかんご)'라 하고 중국에서는 '신한위(新漢語, xinhanyu)'라고 한다.

우리가 논에서 소 끌고 쟁기나 갈고 있었을 1940년대 초반, 일본은 당시 자체 제작한 제로젠 전투기에 가미가제(神風) 특공대를 태워 미국의 태평양사령부 진주만을 폭격했다. 결국 미드웨이해전 승리와 히로시마 원폭으로 천황의 항복을 받아냈지만, 당시 미쓰이, 미쓰비시, 가와사키 등 막강한 공업력은 우리와는 비교조차 되지 않는 수준이었다. 그때 한 서양학자는 "일본이 공산품이라면 조선은 공예품이다"라고 묘사하기도 했다.

그 후 혜성처럼 등장한 박정희라는 불세출의 인물 덕분에 아프리카 가나보다 못살던 보릿고개 한국은 기적을 창조하였다. 1960~1970년대 한국의 벤치마크 대상은 놀랍게도 당시 10배나 잘살던 필리핀이었다. 도저히 불가능하게만 보였던 1인당 소득 1000달러, 수출 100억 달러란 목표는 1977년 겨울, 기한을 초과 달성하는 쾌거를 기록하였다.

당시 내건 새마을운동의 구호가 그 유명한 "잘살아 보세"였다. 불과 다섯 글자에 불과한 이 단어는 엄청난 마법을 발휘하였다. 경부고속도로 건설을 필두로 포항제철, 거제 조선소, 고리 원자력발전소 등등 누구도 감히 생각조차 못 했던 중화학공업 육성 프로젝트가 가동되었다. 여기에 이병철, 정주영, 박태준 등 걸출한 인물들이 속속 가세하면서 이른바 '한강의 기적'을 분만했다. 현재 한국 경제를 뒷받침하는 가장 든든한 하이테크 제품인 반도체만 해도 당시 삼성 이병철 회장의 엄청난 결단의 산물이었다. 이에 피터 드러커 교수는 "제2차 세계대전 이후 인류가 이룩한 성과 중 가장 뛰어난 것은 사우스 코리아다"라는 극찬을 보내기도 했다.

이미 삼성그룹의 매출액은 필리핀을 추월한 지 오래이며, 2019년 현재 전체 GDP 규모(1조 6000억 달러)는 아프리카 대륙 전체보다 많은 세계 10대 경제대국으로 성장했다. 2017년에는 수출 5700억 달러 달성으로 G7 국가인 이탈리아와 영국을 제쳤다. 지난 1950년대 경제개발 5개년 계획을 실시한 이래, 그 어떤 나라도 넘보지 못할 경이적인 기록을 세운 자랑스러운 대한민국임을 결코 잊으면 안 되는 충분한 이유가 바로 여기에 있다.

한편 일본이란 나라는 원래 '이(理)보다 공(工), 공보다 술(術)'을 강조해온 나라다. 현장 기술 중시와 엔지니어 숭상 문화는 오늘의 제조 왕국 일본을 키운 비결이다. 특히 물건을 만들 땐 혼을 넣어 만든다는 '모노즈쿠리(物作り)' 장인정신으로 일본은 'Quality Japan'이

란 국가 이미지를 갖게 되었다. 여기에 크게 기여한 사람이 미국 통계학 교수였던 데밍(E. Deming)이다. 그는 전후 일본 기업들에 품질관리의 이론과 기법을 전수함으로써 일본을 품질관리(TQC)의 종주국으로 우뚝 서게 한 일등공신이 되었다. 혼다의 오토바이, 아이와의 워크맨, 소니의 TV 등이 이런 분위기에서 속속 탄생하였다. Nikon, Nissan 등 유수의 일본 기업들이 회사명 앞에 쓰고 있는 'Ni~'는 품질 우위감에 충만한 일본(Nippon)을 드러내는 자신감의 표출이다.

패전의 결과 맥아더 군정하에서 군수에서 민수로 방향을 튼 이래, 일본은 기술 및 공정, 원가 혁신을 반복해 전공인 제조업에선 가히 무적함대를 달성하였다. 현재 일본 열도는 전체가 하이테크 공장이다. 도쿄가 있는 혼슈섬에 일이 터지면 전 세계 핵심 부품 공급은 그날로 마비된다. 일본의 대기업 집단은 말할 것도 없지만 중소기업들의 파워 또한 막강하다.

반면에 한국은 조선시대부터 중인(中人)이란 계층을 만들어 기술자, 예술가들을 격하시켜왔다. 화가를 환쟁이, 음악가를 딴따라, 이발사는 깍새로 부르는 등 기름때 묻은 투박한 손보다 하얀 선비의 손을 더 쳐주는 사농공상(士農工商)의 유교문화는 오늘날까지 이어지면서 간단치 않은 부작용을 초래하고 있다.

특히 실용을 숭상하는 전통을 가진 일본의 엔지니어들은 제대로 된 대접을 받아 그 자부심이 매우 높은 데 비해, 우리는 엔지니어 스스로 자신을 공돌이라 칭하고, 상인이 스스로 장사꾼이라 비하하고 있다. 국부를 늘리는 데 별 도움도 안 되는 대학 교수가 융숭한 대접을 받는 나라도 우리가 유일하다. 이렇듯 허울 좋은 먹물들의 관념 사회가 잉태한 문약한 정신은 나라를 통째로 일본에 빼앗기는 근본 토양을 제공하였다.

한편 한국의 키워드가 효(孝)라면 일본은 충(忠)이다. 우리나라 고전의 대표작이 『춘향전』임에 비해 일본은 『주신구라(忠臣蔵)』다. 이는 주군의 복수를 해낸 무사 47인의 실화를 바탕으로 한 것이다. 동양에서 유일하게 봉건시대를 거친 일본은 '오야붕'과 '꼬붕'의 문화가 기업 경영에도 이어져오고 있다. 집단주의 문화를 유지해온 일본의 기업 경영은 야구로 상징되는 미국식 경영에 비해 럭비에 비유된다. 개미 같은 성실성과 단결력은 세나 '사축(社畜)'이라고까지 불릴 정도로 구성원의 자율과 창의성이 떨어지는 부작용이 크다. 반면에 가족을 중시하는 우리는 늘 짜고 치는 고스톱 문화와 부패가 문제다. 오죽하면 "정치는 가신이 웬수, 재벌은 자식이 웬수"라는 말이 생겼겠는가?

특히 일본인에게 신용은 목숨이다. 예전에 비행기 추락 사고 시 조종사도 아닌 관제사가 할복(割腹)한 것을 보고 깜짝 놀랐던 기억이 난다. 그러나 한국인들은 뒤집기를 밥 먹듯이 하는 데다 오히려 덮어씌우기까지 한다. 오래전 한국은 의리(義理), 일본은 기리(의리와 한자가 같은 말)의 나라라고 했는데, 작금의 한국에선 배신과 뒤통수가 횡행하며 의리 있는 사람은 온 나라를 뒤져도 찾기 어려운 사회가 되어버렸다.

남을 속이는 면에서 과연 한국은 일본을 압도한다. 법률 통계 보도에 따르면, 위증죄는 3420명, 무고죄는 6244명, 사기죄는 29만 1128명으로 이는 일본과 비교하면 66배가 더 높은 수치이며 인구 규모를 감안하면 무려 165배가 더 많은 것이다. 인구 10만 명당 교도소, 구치소 숫자를 봐도 인구 1억 3000만 명인 일본이 45개, 한국은 114개로 비교 자체가 불가한 수준이다.

오늘날 일본 사회가 도덕과 질서를 유지하고 있는 근본적 이유는 어릴 적부터 몸에 밴 '메이와쿠(迷惑)' 즉, "남에게 폐를 끼쳐서는 안 된다"는 정신이다. 또한 '폼생폼사 코리아'에 비해 일본은 철저한 실용주의 국가다.

어떤 나라든지 가장 대표적 인물은 그 화폐를 보면 알 수 있다. 일본 1000엔권 지폐 인물은 세균학자인 노구치 히데요(野口英世)이고, 5000엔권은 천재 여류 소설가로 25세에 요절한 히구치 이치요(樋口一葉)다. 세종대왕 정도는 되어야 화폐 인물에 오르는 우리가 볼 때 놀랄 일이 아닐 수 없다.

특히 만엔 권의 인물인 후쿠자와 유키치(福澤諭吉)는 메이지 시대 최대의 사상가이자 교육자다. 도쿠가와 막부 말기 가난한 하급무사 출신인 그는 봉건적 신분제를 거부한 채 엄격한 자기 관리와 노력으로 서양학의 대가에 오른 입지전적 인물이다. 권리·문화·경쟁·사회·자유 등 일본식 한자어를 처음 만들었고, 일본이 다른 동양 국가들을 넘어서야 한다는 '탈아입구(脫亞入歐)'를 주장해 일본 근대화의 일등공신이 되었다.

최근 일본 정부는 2024년부터 지폐 속 인물들을 교체하기로 결정했다. 그중에서도 특히 눈길을 끄는 건 만엔 권 인물로 결정된 시부사와 에이이치(澁澤榮一)다. 그는 무려 500개의 기업과 600개의 공익단체를 설립한 메이지 시대의 기업인으로 '일본 자본주의의 아버지'라 불린다. 특히 그가 저술한 『논어와 주판』은 경제대국 일본을 굴기시킨 불멸의 상경(常經)이라 평가되고 있다. 그는 평생 논어의 가르침대로 살면서 논어(도덕과 윤리)와 주판(부의 축적)은 서로 상반되지 않음을 다각도로 증명해낸다. 그가 내세운 '사혼상재(士魂商才)' 즉, 사무라이 정신과 상인 재능의 결합이 그것이다.

근대 일본이 한국을 순식간에 큰 차이로 따돌린 원인은 무엇보다 개방성 차이다. 일본은 문을 열고, 우리는 닫아버렸다. 눈과 귀를 막아버린 국가는 이미 상대가 아니었다. 특히 19세기 말~20세기 초, 일본의 깨어 있던 20대 젊은이들은 당시 세계를 지배하던 영국, 프랑스, 독일 등 서구 열강으로 뛰쳐나갔다. 돈도 없고 외국어도 못하면서도 밀항선에 몸을 던졌다. 서구 열강에 맞서 대등한 일본을 만들기 위해선 무엇보다 그들의 실체를 철저히 알아야 한다는 각성이 그들을 일깨웠다.

훗날 이들은 우리에게 큰 해악을 끼친 인물들이지만, 자신들의 조국인 일본에서 볼 때는 엄청난 기여를 한 애국자다. 우리가 잘 아는 이토 히로부미, 야마가타 아리모토, 도고 헤이하치로 등이 그들이다. 그 어려운 시대를 겪으며 인재를 양성하고 정치 구조를 바꾼 결과로 탄생한 것이 1868년 메이지 유신이다.

그렇다면 일본인들이 최고로 치는 인물은 누구일까? 그는 메이지 유신 때 국가를 구하고 33세로 요절한 영웅, 사카모토 료마(坂本龍馬)다. "료마를 모르고는 일본인을 이해할 수 없다"라는 말이 있을 정도다. 그는 일본이 미국의 페리 제독에 의해 강제 개항당하고 미일화친조약을 맺을 무렵에 토사번의 하급 무사였는데, 선진 문물을 동경하며 격변하는 시대의 파도를 타고자 전국을 돌아다니게 된다. 드디어 그는 1866년 서로 대립 관계에 있던 사쓰마번(薩摩藩)과 조슈번(長州藩)의 동맹을 성사시켜 도쿠가와 막부를 무너뜨릴 수 있는 발판을 마련했다. 이듬해에는 막부와 번을 통일시켜 에도막부가 천황에게 국가 통치권을 돌려준 역사적 대사건인 '대정봉환(大政奉還)'의 구상을 성사시켰다. 이로써 일본은 675년 동안 계속되던 봉건시대를 끝내고, 근대국가로 나아갈 수 있는 발판을 마련하였다.

필자는 오래전 『일본인에 이기고 일본제에 지는 이유』란 책을 읽었던 기억이 새롭다. 사실상 국내 산업의 역사는 '일본 따라잡기(catch-up Japan)'의 역사다. 한국인 특유의 악바리 승부 기질은 철강, 반도체, 전자, 조선, 자동차 등에서 일본을 뛰어넘는 놀라운 기적을 연출해냈다.

과거 미국 증권거래소(SEC)에서 삼성전자가 소니의 시가총액을 넘어서는 초유의 사건이 터졌을 때, 현지 신문 헤드라인은 "개가 사람을 물다(Dog bites man)"라고 보도했다. 포스코(POSCO)가 신일본제철을 이기고, 첨단 디스플레이의 제왕 샤프를 삼성과 LG가 제치는 등 난공불락의 요새로만 여겨지던 일본을 침몰시키는 승전보는 이후에도 계속 이어졌다.

그 결과 1980년대 일본 GDP 규모의 5%에 불과하던 한국은 결코 무시할 수 없는 수준까지 따라왔다(일본 GDP는 약 5조 달러). 그럼에도 불구하고 실태를 냉정하게 들여다보면 아직도 상당한 격차임을 실토하지 않을 수 없다. 국교 정상화 54년이 흘렀지만, 일본과는 한 번도 무역흑자를 내본 적이 없는 것이 엄연한 현실이다. 핵심 부품에서부터 장비, 소재에 이르기까지 거의 전 산업부문에 걸쳐 일본에 의존해오고 있는 실정이기 때문이다.

한편 겉과 속이 다른 민족으로 많은 이들이 일본인을 꼽는다. 그들 스스로도 '혼네(ほんね, 本音)'와 '다떼마에(たてまえ, 建て前)'를 공공연하게 인정하고 있다. 우리말로는 각각 '속마음'과 '겉모습'이라는 뜻이다. 일본 연구서로 유명한 인류학자 루스 베네딕트(Ruth Fulton Benedict) 여사의 『국화와 칼』에는 이러한 일본인의 극단의 이중적 퍼스낼리티를 가리켜 'But Also' 민족으로 표현해내고 있다. 즉, 겉으로 보면 친절하지만 속은 그렇지 않다는 것이다.

현재 일본은 헤이세이(平成) 시대가 지나고, 새로운 연호(年號) 공표로 인해 전국이 뜨겁다. 2019년 5월 1일부터는 레이와(令和) 시대가 새롭게 시작된 것이다. 일본의 고전 시가집인 『만엽집(萬葉集)』에 실린 '레이와'의 전거(典據)는 '초춘영월 기숙풍화(初春令月 氣淑風和)'로서 "새봄의 좋은 달, 기운은 맑고 바람은 온화하다"는 의미다. 그러나 일본의 이중성은 여기에도 숨어 있다는 회의적 시각이 많다. 다도와 꽃꽂이를 즐기며 칼을 휘두르던 사무라이의 모습처럼 레이와의 겉과 속은 분명 다를 것으로 보이기 때문이다.

그러나 외국인의 관점에서 보면 한국은 진짜 이해하기 힘든 나라다. 남의 성공은 깎아내리고, 자신의 성공은 비하한다. 과거 전 세계가 두려워하던 나라가 일본이다. 현재도 일본은 세 손가락에 꼽히는 부자 나라이기도 하다. 그럼에도 우리는 여전히 '쪽발이' 운운하며 의도적 무시를 이어가고 있고, 최근에는 관제민족주의 논란도 터져 나오고 있다. 그러한 내면에는 식민지를 겪은 집단 콤플렉스가 자리 잡고 있다는 평가도 있다. 물론 일본이란 나라는 전쟁 가해국이긴 하나 현재는 미국과 동반해서 자유민주주의 최전선의 역할을 맡고 있는 중요한 나라다.

"원수 응징보다 실력이다"란 말이 있다. 결국 중요한 건 꾸준히 우리의 내공을 기르고 명실공히 경제와 문화 선진국으로 비상하는 일이다. 실로 지금이야말로 '한일 공진화 3.0 시대'로의 전환이 국가적 어젠다로 설정되어야 하는 시점이 아닐 수 없다.

한류 4.0, 생각을 수출하라

한국의 방탄소년단(BTS)의 인기가 하늘을 찌르고 있다. 동양인에겐 불가능하게만 보이던 빌보드 차트 우승을 연속 거머쥐더니 이제는 팝의 전설 비틀스에 비견되기에 이르렀다. 일단 BTS는 미국 빌보드 뮤직 어워드(Billboard Music Awards)에서 한국 가수 최초로 2관왕에 올라 K팝의 새 역사를 썼다. 가장 큰 인기를 끈 새 앨범 〈Map of the Soul : Persona〉는 지난 4월 빌보드 차트에서 1위를 차지했다. 1년 안에 〈빌보드 200〉 1위에 3장 앨범을 올려놓은 그룹은 영국의 비틀즈 이후 방탄소년단이 처음이다. 이를 계기로 소강상태에 들어갔던 한류 열기도 다시 힘찬 불꽃을 당기고 있다.

몇 년 전 SM의 이수만 사장이 한류 스타들의 파리 입성을 두고 "칭기스칸도 못한 걸 해냈다"고 감격하던 때가 엊그제 같더니, 이번엔 우리 청년들이 진짜 엄청난 일을 해낸 것이다. 최근 극적으로 FIFA U-20 결승에 진출한 우리 젊은 축구선수들의 쾌거도 마찬가지다. 다들 힘들어 어깨가 처진 국내 경제 위기 속에 들려온 청량제 같은 소식이 아닐 수 없다.

일찍이 공자가 『논어』「자한편」에서 언급한 '후생가외(後生可畏)'는 그 의미가 자못 심장하다. 즉, 후배는 젊고 기력이 왕성해서 쉬지 않고 배우니 그 진보의 깊이는 가히 두려워할 만하다는 뜻이다. 여기서 '두렵다(畏)'는 것은 공포가 아니라 존경(respect)의 의미다. 국내에선 '꼰대'니 '싸가지'니 해서 선후배 세대가 근거 없는 반목을 지속하고 있지만, 결국 큰일을 내는 건 젊은 후배들이라는 사실을 이번에 BTS가 명확히 보여준 셈이다. 실로 역사 발전에 있어 가장 큰 동력은 '청출어람(靑出於藍)'이 아닐 수 없다.

이제 한류는 거대한 중국, 동남아는 물론이고 미주, 유럽 그리고 중남미, 아프리카 신시장까지 콘텐츠 코리아(C-Korea)의 미래를 여는 황금열쇠가 되고 있다. 돌이켜보면 한류는 〈겨울연가〉, 〈대장금〉 등 TV 드라마로 시작하여 영화, K-Pop 등으로 체급이 크게 상향되었다. 현재는 K-Food, K-Beauty가 폭발적으로 성장하고 있다. 그러나 문제는 그 이후다.

지금까지 한류는 다른 나라 사람들의 눈과 귀, 입, 피부까지는 들어가게 되었지만 아직 그들의 뇌까지는 도달하지 못한 것이 사실이다. 그 넓은 중국만 해도 한국인들의 사고와 인식 구조 및 감성을 너무나 궁금해하지만 막상 볼 만한 책이나 자료는 현저히 부족한 것이 현실이다.

향후 '한류 4.0'은 우리 한국인만의 창조적인 사고, 그 자체가 되어야 한다. 그 핵심은 바로 그동안 우리가 치열하게 공부하고 시험을 치르며 길러온 경험과 익혀온 내공이다. 이것은 한마디로 한국의 국가적 학습이다. 지금까지 우리가 이루어낸 수많은 분야에서의 성공 스토리와 시스템들을 박리다매가 아닌 후리소매(厚利小賣)로 팔아야 한다.

몇 년 전 중남미 국가들에게 원 포인트 레슨 지도한 행정 시스템(행정 한류)을 필두로 아산병원, 인천공항, 한수원의 운영시스템 등을 중동 국가들에 수출하는 시도는 매우 고무적인 일이다. 베트남을 뒤흔든 박항서 감독의 축구 사례도 마찬가지다. 찾아보면 어디 그뿐이겠는가?

필자는 향후 이런 변화를 통칭해 한류 4.0의 키 슬로건으로 '국가학습(National Learning)'의 수출이란 범용 콘셉트를 제안하고자 한다. 요컨대, 향후엔 물건이 아니라 우리의 생각과 경험(스토리텔링)을 팔아야 한다는 이야기다. 이러한 개념 하에 "생각을 수출하라"는 키 슬로건도 개발해두었다.

예컨대, 베트남의 경우만 보아도 현재 삼성전자를 필두로 무려 8천 개에 달하는 한국 기업들이 진출해 있다. 20여 개 국립대학에는 이미 한국어학과가 설치되었는데, 한글은 아마도 대표적인 생각 수출품이 될 것이다. 5060은 산업화의 경륜과 노하우를 수출하고,

2030은 주특기인 정보화의 실력과 창조적 패기를 수출하면 될 것이다. 특히 '생각 수출'을 하고 싶은 베이비부머들 중에는 다양한 전문가들이 차고 넘칠 것으로 보인다.

오늘날 전 세계는 '제4의 물결'이라는 전대미문의 거대한 변화를 목도하고 있다. 그러나 이런 높은 파도를 휘어잡고 고난도 서핑을 즐길 민족은 전 세계에 우리들 외엔 별로 없을 것임을 확신한다.

인공지능 시대, 이제 아는 것은 더 이상 힘이 아니다. 창조란 한마디로 '최초의 생각'이자 '낯선 것들의 연결'이다. 선진국이란 결국 다른 나라가 못 한 생각을 해내는 나라다. 여기서 새로운 생각은 결코 검색으로 되는 것은 아니다. 가장 우수한 우리 아이들이 죄다 핸드폰에 머리 박고 검색에만 빠져 있는 한 선진국의 꿈은 요원하다.

우리가 도우미로 개발한 스마트 로봇을 부리는 주인 역할을 제대로 해내기 위해서라도 젊은 세대들에게 깊은 사색의 즐거움과 현명한 지혜를 가르쳐야 한다. 그리하여 세계 최고의 창조적 DNA를 가진 한국인만의 '생각의 창고'를 힘껏 열어젖혀야 한다.

사실 머리 좋고 부지런한 우리 민족의 DNA가 결합하면 못 해낼 게 없다. 특히 우리는 전 세계가 부러워하는 경이적인 성과를 만들어낸 기적의 주인공들이다. 더구나 우리 조국에는 아직도 팔 것이 너무나 많다.

한 명을 위해
연주하라

당신 앞에 한 사람만 만족시켜라.
그 사람이 전부다.

THINK AUDITION

INSIGHTFUL
INSPIRATIONAL

위대한 설득과 도전

우리나라는 6·25전쟁 후 잿더미에서 일어나 불과 반세기 만에 '한강의 기적'을 이루며 세계 5대 공업국, 7대 무역국, 10대 경제대 국이란 눈부신 위업을 달성하였다. 수많은 후발국에게 벤치마크로 부상한 한국의 주요 기업들은 유수의 세계적 대기업이 되었다. 그 결과 아시아의 작고 가난했던 한국은 현재 아프리카 대륙 전체보다 많은 GDP 1조 6천억 달러 규모의 강소국이 되었다. 더욱이 인구 5 천만 명 이상에 1인당 소득 3만 달러를 넘긴 이른바 '5030 클럽'에 세계 7번째 국가로 자리매김했다. 이는 우리나라가 미국, 일본, 독일, 프랑스, 영국, 이탈리아에 이어 막강한 자본주의 부자 국가 반열에 오른 것을 의미한다.

날아갈 것인가, 떨어질 것인가?

그러나 세계 제조업을 견인해온 3차 산업혁명의 리더는 제4차 산업혁명이란 거대한 파도 앞에선 주춤거리며 특유의 도전정신은 눈에 띄게 쇠퇴하고 있다. 인공지능(AI)으로 대표되는 초연결 지능 사회의 도래는 실로 현란한 위험이자 엄청난 기회다. 따라서 새로운 융합경제(convergenomics) 시대에 필요한 건 기존과는 전혀 다른 스마트한 사고와 입체적 상상력이다.

안타까운 것은 우리 사회가 좌우 이념상 끝없는 갈등과 분열 속에 국가의 두 가지 구동축인 경제와 안보 모두 심각한 위기를 맞고 있다는 사실이다. 이 와중에 우리나라의 국가경쟁력은 지난 2010년부터 하락 행진을 지속해오고 있다. 또한 올해 UN이 공개한 '세계 행복보고서'에 의하면 한국은 10점 만점에 5.895점을 받아 54위를 기록했다. 선진국 부자클럽에 가입했다는 나라의 행복지수가 여전히 후진국 수준에 머물고 있는 답답한 현실이 아닐 수 없다.

이 대목에선 필자가 어려움을 느낄 때마다 위안을 받는 인도인의 지혜를 소개한다. "모든 기회에는 어려움이 있고, 모든 어려움에는 기회가 있다(Every opportunity has a difficulty. Every difficulty has an opportunity)."

돌이켜보면 불과 수년 전 세계를 강타한 글로벌 금융위기 때에도 한국은 가장 먼저 이를 극복한 국가로 기록되었다. 주요 외신들은 한국의 경이적인 오뚝이 회복력을 평가하며 '교과서 사례(textbook recovery)'라는 제목을 달았다. 역시 한국인들의 위기 극복 능력은 가히 세계 최강 수준임에 틀림없다. 이헌재 전 부총리는 현재 한국의 상황을 '밝아오다'는 뜻의 '炫(현)'으로 설명했다. "검을 현(玄)이 암중 모색해야 하는 현실이라면 옆에 쓴 불 화(火)는 변화를 뜻한다."

알고 보면 우리 스스로 단점이라 생각해온 것도 사실은 큰 장점이 되고 있다. 우선 중소기업에서 최강 경쟁력을 갖춘 대만 기업인들이 사석에선 자신들은 한 대도 못 가진 삼성, 현대, LG 등 한국의 항공모함 군단을 부러워하는 건 잘 알려진 사실이다. 또한 최강 반도체에서의 한국의 굴기는 세계적 불황기에 일본을 비롯한 경쟁국들이 미적거리는 사이 소위 오너 체제인 한국만의 재빠른 의사결정 시스템이 결정적 우위를 낚아챈 것임을 알아야 한다.

외국 기업인들의 진솔한 견해도 큰 힘을 실어주고 있다. 최근 보도에 따르면, 해외 기업인들은 한국의 '빨리빨리' 문화가 오히려 "혁신을 위한 최고 환경을 만들어준다"고 말했다. 어떤 외국계 임원은 "한국인들은 아이디어를 제시하면 다음 날 시제품 도안이 올 정도로 열정적이다"라고 말했다.

이러한 평가는 젊은 외국인일수록 더욱 긍정적이다. 그들은 미국 실리콘밸리가 인재와 투자 네트워크를 보유하고 있다면, 한국의 판교밸리는 세계 최고 수준의 ICT 인프라에 반도체·디스플레이·신소재 등 하드웨어까지 갖추고 있다는 점을 강력한 경쟁력으로 꼽고 있다. 더불어 한국 소비자들이 새로운 제품/서비스에 대한 관심이 많은 매우 까다로운 고객이라는 점도 신기술 테스트베드의 훌륭한 조건이라고 했다. 이런 남다른 생각들은 이 땅의 수많은 젊은 인재들의 가슴을 뒤흔들고 흥분케 하고도 남음이 있다. 이들을 믿고 격려해서 글로벌 유니콘으로 길러내야 할 책임은 바로 우리 모두에게 있다.

천국과 지옥의 차이

그러나 우리가 반드시 극복해야 할 과제도 적지 않다. 우선 눈부신 경제발전 성과에 비해 일반 국민의 삶은 점점 팍팍해져만 가고 있어 그들이 느끼는 괴리감은 상상 이상이다. '조물주 위에 건물주'란 말이 나올 정도로 높은 임대료, 비현실적인 최저임금, 천정부지로 뛰는 살인적 물가, 게다가 주52시간 근무제 등으로 인해 '저녁이 있는 삶'은커녕 대부분의 자영업과 중소기업들은 한계 상황으로 내몰리고 있다. 과거 한국경제를 지탱해온 수출까지 줄어들고 경제 한파로 인한 구조조정의 칼바람이 연중 몰아치고 있는 가운데, 청년실업률은 역대 최고 기록을 갱신해가고 있는 실정이다. 한국판 '잃어버릴 10년'의 시작으로 보는 우울한 전망이 퍼지고 있는 이유다.

한편 "한국은 즐거운 지옥이고, 미국은 재미없는 천국이다"는 말이 있다. 전 세계적으로 경이적인 경제성장을 이룩한 희귀한 국가임에도 불구하고, 유독 우리나라 사람들은 자신의 조국에 대해 너무나 심한 자기 폄하 내지 자학 증상을 보이고 있다. 도저히 이해할 수 없는 이러한 한국인들의 태도에 대해 멋지고 세련된 한류 스타들에 푹 빠진 대부분의 외국인들은 고개를 절레절레 흔들고 있다.

현재 국내 유수 대학에는 선진 한국을 배우겠다고 세계 각국에서 유학생들이 쏟아져 들어오고 있다. 그러나 그들 앞에서 황당하게 국적 불명의 '헬조선'을 외치는 한국인들도 수두룩하다고 한다. 5포 세대라 불리는 젊은이들의 막막한 입장은 그렇다 치자. 멀쩡한 직장 인들마저 아무렇지도 않게 자신의 조국과 몸담고 살아온 사회를 비 하하고 저주함에 동조, 부화뇌동하는 모습에는 그저 기가 막힐 따름 이다. 이러한 철없는 행동은 본인의 알량한 내공에 기인한 것이겠지 만, 깊이 따지고 보면 자신을 길러준 부모와 조국에 대한 일종의 배 신이다.

지금 우리가 누리는 각종 제도와 인프라는 어느 선진국 못지않 게 높은 수준이다. 예컨대, 무진장 저렴한 의료보험제도를 비롯하여 세계 최고 수준의 무료 WiFi 모바일 통신 시스템, 치약 하나도 배달 해주는 온라인 쇼핑과 택배 시스템, 첨단 교통카드와 지하철-버스 통합환승체계 그리고 펑펑 틀어대는 에어컨 등등 구미 선진국에서 온 여행객들조차 눈이 휘둥그레지는 일은 이뿐만이 아니다. 실제로 아무 나라나 단 며칠만 여행해봐도 대한민국이 얼마나 안전하고, 편 리하며, 발전된 나라인지는 누구라도 금방 피부로 느끼게 된다.

진짜 천국에 살면서 스스로 지옥이라 부르는 이들을 보면 절로 한숨이 나온다는 지각 있는 사람들이 더 많다는 데에 일말의 위안을 느끼는 게 어디 필자만의 심정이겠는가? 지금부터라도 근거 없는 자학의 함정과 고통의 우상숭배를 과감히 떨쳐버리고, 자신감 넘치 는 자랑스런 한국인들로 되돌아와야 할 각종 이유가 여기에 있다.

한편 본인의 비루한 처지가 다른 이들 때문이라는 비뚤어진 인 식 속에 질시와 미움으로 금쪽같은 인생을 낭비하는 사람들도 적지 않다. 그러나 이들이 분명히 알아야 할 것은 성공한 인물들 중에는 유산 상속 등 조상 덕으로 살아온 금수저형에 비해, 본인의 피나는 노력으로 자수성가한 소위 흙수저형이 압도적 다수였다는 사실이다.

실제로 몇 년 전 영국의 마케팅 조사업체인 버브 서치(Verve Search)가 빌 게이츠, 마크 저커버그, 스티브 잡스 등 세계적으로 성공한 인물들의 배경을 조사해본 결과는 충격이었다. 그들의 최종 학력을 살펴보니 조사 대상자의 4분의 1은 대학 또는 고등학교 중퇴자들이었다. 구체적으로 보면, 자수성가한 부호 100명 가운데 절반가량만 4년제 대학을 마친 학사였으며, 석사는 20%, 박사는 단 5%뿐이었다고 한다.

진심은 감동을 만들고, 감동은 기적을 만든다

일찍이 피터 드러커(P.Drucker)는 "미래 예측의 최고 좋은 방법은 그걸 창조해내는 것이다"라고 했다. 이스라엘의 지성인 유발 하라리(Yuval Noah Harari)도 외친다. "역사를 만들어가는 사람들은 뒤를 돌아보는 대중이 아니라, 앞을 내다보는 소수의 혁신가다."

그렇다! 한국의 희망은 누가 뭐래도 이 땅의 푸른 청춘들이다. 그러나 작금의 사회 첫 출발선에서부터 고난의 행군을 감당해야 하는 그들에게 "젊을 때 고생은 돈 주고도 못 산다"는 식의 땀과 노력의 중요성만을 강조하거나, 혹은 "아프니까 청춘이다"와 같은 허망한 위로를 건네는 것은 필시 진부하거나 무책임한 일일 것이다. 진실로 선배로서 그들에게 해주어야 할 것은 일시적 몰핀성 위로가 아니라 진정한 꿈과 이상의 가치, 그리고 도전의 위대함에 대한 설득이다.

이 땅의 젊은이들이여, 이젠 적금을 깨라! 가능한 다양한 일을 해보아라. 가능한 멀리 가보아라. 가능한 많은 곳을 가보아라. 가능한 다른 사람들을 만나보아라. 인생은 짧고 예술은 길다지만 인생도 그리 짧지만은 않다. 먼 훗날 그대가 디뎌온 땅과 돌들은 미래에 그대 인생에 어느 하나 버릴 것 없는 보물로 변할 것이니…. 젊을 때 우는 사람은 늙어서 웃을 수 있으나, 젊을 때 웃는 사람은 늙어서 울게 되는 것이 인생사 법칙이다. 인생의 가치를 '성공'보다는 '성장'에 둔다면 삶은 전혀 다른 향기로 다가올 것이다.

이제 미래의 주인공인 이 땅의 젊은이들은 어깨를 쫙 펴고, 하루라도 젊을 때 저 넓은 세상으로 뛰어들어야 한다. 역시 세상은 넓고 할 일은 많다. 다양한 경험이야말로 가장 소중한 자산이며, 인생 최고의 운전면허다. 그리하여 이 땅의 숨겨진 천재들이 각 분야에서 세계적 스타로 부상할 계기를 만들어야 한다. 특히 수많은 젊은 기업판 방탄소년단(BTS)이 출현하는 날들을 기대해본다.

영국의 역사학자인 시어도어 젤딘(Theodore Zeldin)은 "가장 흔한 형태의 자살은 희망을 잃는 것이다"라고 말했다. 영화 〈다키스트 아워(Darkest Hour)〉에서 윈스턴 처칠은 외친다. "위험이 다가왔을 때 도망치려고 생각해서는 안 된다. 그렇게 되면 도리어 위험이 배가가

된다. 그러나 결연하게 위험에 맞선다면 위험은 반으로 줄어든다. 무슨 일을 만나거든 결국 도망쳐서는 안 된다. 우리는 절대로 항복하지 않을 것이다(We shall never surrender)." 결국 지금 우리에게 가장 필요한 것은 용기다. 용기란 두려움이 없는 상태가 아니라 두려움에 맞서 싸우는 것이다.

사필귀정(事必歸正)이라 했던가!

전 세계가 인정하는 지금 이 나라는 어느 날 뚝딱 만들어진 것이 절대 아니다. 선배 세대들 역시 그들보다 더하면 더했지 외롭고 힘든 청춘의 가시밭길을 걸어온 사람들이다. 너무나 힘들고 어려운 환경 속에서 이를 악물고 온갖 피눈물 흘리며 여기까지 끌고 온 것임을 알아야 한다.

아무리 힘들고 어려운 시기라 할지라도 세월이 지나면 모두 제자리를 찾아 앉게 되는 역사의 자정작용이 작동하게 마련이다. 오늘날 우리가 직면한 난국도 언젠가는 강인한 민족의 원형질로 위기를 돌파해나간 위대한 역사의 한 페이지가 될 것으로 믿는다.

마지막으로 동시대를 살아가는 이 땅의 모든 생활인들에게 전하고 싶은 것은, 이 세상 모든 것이 정신없이 변해만 가는 것 같지만 "중요한 것은 변하지 않는다"는 믿음이다. 진심은 언젠가 통하고, 진실은 거짓을 이기게 되며, 밝음은 어둠을 물리친다는 단순하지만 깊은 진리가 그것이다.

KI신서 8685

Think 4.0 시대의 역발상 콘서트
생각의 차이가 일류를 만든다

1판 1쇄 발행 2019년 10월 25일
1판 12쇄 발행 2023년 12월 29일

지은이 이동규
펴낸이 김영곤
펴낸곳 (주)북이십일 21세기북스

출판마케팅영업본부 본부장 한충희
출판영업팀 최명열 김다운 김도연
제작팀 이영민 권경민

출판등록 2000년 5월 6일 제406-2003-061호
주소 (우 10881) 경기도 파주시 회동길 201(문발동)
대표전화 031-955-2100 **팩스** 031-955-2151 **이메일** book21@book21.co.kr

(주)북이십일 경계를 허무는 콘텐츠 리더

21세기북스 채널에서 도서 정보와 다양한 영상자료, 이벤트를 만나세요!
페이스북 facebook.com/jiinpill21 포스트 post.naver.com/21c_editors
인스타그램 instagram.com/jiinpill21 홈페이지 www.book21.com
유튜브 www.youtube.com/book21pub

서울대 가지 않아도 들을 수 있는 명강의! 〈서가명강〉
유튜브, 네이버, 팟캐스트에서 '서가명강'을 검색해보세요!

ISBN 978-89-509-8341-3 03320